清华大学经济学系列教材

MICROECONOMICS
THIRD EDITION

微观经济学

（第3版）

蔡继明 王勇 靳卫萍 ◎ 编著

清华大学出版社

北京

内 容 简 介

本教材主要讲授了消费者的理性选择、企业的生产均衡、产品与要素市场的完全竞争与不完全竞争、不完全信息与市场失灵等内容,并介绍上述领域最新的理论前沿。此外,为弥补西方教科书对中国经济实践内容的缺失,本教材融入了"技术创新与新质生产力""新型生产要素与按要素贡献分配""有效市场与统一大市场建设"等我国微观领域的重大经济实践,以帮助学生更好地理解我国的经济运行与产业发展,提高分析现实经济问题的能力。

本书封面贴有清华大学出版社防伪标签,无标签者不得销售。
版权所有,侵权必究。举报: 010-62782989,beiqinquan@tup.tsinghua.edu.cn。

图书在版编目(CIP)数据

微观经济学 / 蔡继明,王勇,靳卫萍编著. -- 3 版. -- 北京: 清华大学出版社,2024.7. -- (清华大学经济学系列教材). -- ISBN 978-7-302-66687-5

Ⅰ. F016

中国国家版本馆 CIP 数据核字第 20248K1H35 号

责任编辑: 王巧珍
封面设计: 李召霞
责任校对: 王荣静
责任印制: 宋 林

出版发行: 清华大学出版社
网 址: https://www.tup.com.cn, https://www.wqxuetang.com
地 址: 北京清华大学学研大厦 A 座
邮 编: 100084
社 总 机: 010-83470000
邮 购: 010-62786544
投稿与读者服务: 010-62776969, c-service@tup.tsinghua.edu.cn
质量反馈: 010-62772015, zhiliang@tup.tsinghua.edu.cn
印 装 者: 河北鹏润印刷有限公司
经 销: 全国新华书店
开 本: 185mm×260mm
印 张: 16.5
字 数: 398 千字
版 次: 2002 年 5 月人民出版社第 1 版 2024 年 8 月第 3 版
印 次: 2024 年 8 月第 1 次印刷
定 价: 58.00 元

产品编号: 100680-01

第 3 版

修订说明

为响应党中央加强教材建设,推进自主知识体系建设的号召,更好地满足当代大学生学习经济学的需要,清华大学成立了经济学教材编写委员会,组织开展经济学系列教材的编写工作。其中,《微观经济学》是重点教材之一。党的二十大后,我们对《微观经济学(第二版)》(清华大学出版社 2011 年)进行了大幅修订形成了现在的第三版。第三版不仅客观、准确地介绍微观经济学的基本理论和方法,更是融入中国实践和中国素材,不仅能够使学生了解市场经济运行的一般规律和微观经济主体的行为方式,也有助于深入认识我国市场化改革的逻辑和取得的成就,在增进对国情认识的基础上,提高分析现实经济问题的能力,以体现《高等学校课程思政建设指导纲要》提出的"价值塑造、能力培养和知识传授"三位一体的育人理念。

本书与同类教材相比,具有如下特点。

(1) 强调基础:本书着重介绍微观经济学的基本理论和方法,以文字叙述为主,尽可能避免使用较复杂的数学工具(数量表述以初等数学为主,必要的地方涉及少量的微积分),重要理论的数学处理大都放在附录中,以满足具有不同数学基础学生的不同需要。

(2) 对接前沿:本书在内容安排上,参考了国外通行的教科书,并吸收了国内若干统编教材的优点,其中以较多的篇幅对微观经济学的新近发展作了较详细的介绍,如不确定性条件下的消费者选择、博弈论、信息经济学、产权理论、公共选择理论等,帮助大学生了解微观经济学的理论前沿。

(3) 融合中国实践:本书结合我国经济实践,在相关章节中总计开辟了多个课程思政专栏,包括价值理性与工具理性、技术创新与新质生产力、新型生产要素与按要素贡献分配、有效市场与统一大市场建设、市场失灵与有为政府等内容。这些内容紧密围绕我国市场化改革的重大经济实践,运用经济学逻辑解读我国的经济政策与方针,从而起到帮助同学们建立批判性思维,认识有关理论的局限性,更好地开展理论创新与自主性知识体系构建。

本书主要供大学本科经济学专业和管理学专业学生作为微观经济学的教材,也适用于非经济管理专业本科学生及广大读者自学,同时可供研究生参考。本书共设 14 章,每章 3~6 节;每节 3~5 小节,适合于每周 3 学时的一学期教学计划,在内容上不需要作较大幅度的增删。另外,我们还提供了复习思考题,并借助二维码提供课堂自测,这些题目不仅有助于任课教师布置作业,也尽可能吸收国内一些重点大学硕士生入学考试的微观经济学试题,以便考研的学生进行复习备考。

本书此次修订工作由蔡继明、王勇、靳卫萍负责,参与修订工作的包括高宏、张玮艺、傅芳宁、秦北辰、窦彬、吕毅韬等清华大学理论经济学博士生。本书编修工作得到了清华大学出版社的大力支持。对于以上老师和同学们以及出版社的付出表示由衷感谢。

蔡继明　王勇　靳卫萍

2024 年 3 月 18 日

目 录

第Ⅰ篇 概 论

第1章 经济学的对象和方法 ·········· 3
  1.1 经济学的研究对象 ·········· 3
  1.2 经济学的研究方法 ·········· 6
  1.3 经济学的地位和作用 ·········· 12
  课堂自测 ·········· 18

第2章 市场机制 ·········· 19
  2.1 市场和价格 ·········· 19
  2.2 需求分析 ·········· 20
  2.3 供给分析 ·········· 25
  2.4 市场机制：均衡价格的决定和变动 ·········· 29
  2.5 政府干预的效应 ·········· 33
  2.6 规范经济学的逻辑基础 ·········· 35
  复习思考题 ·········· 38
  课堂自测 ·········· 38

第Ⅱ篇 消费者行为与生产者选择

第3章 消费者行为 ·········· 41
  3.1 消费者偏好 ·········· 41
  3.2 消费者均衡 ·········· 45
  3.3 货币收入变化的影响 ·········· 50
  3.4 价格变化的影响 ·········· 52
  3.5 个人需求曲线和市场需求曲线 ·········· 54
  本章附录：需求理论的数学处理 ·········· 57
  复习思考题 ·········· 60
  课堂自测 ·········· 60

第4章 生产者选择：技术、成本与收益分析 ·········· 61
  4.1 厂商的定义和目的 ·········· 61

4.2　生产技术 ··· 61
　　4.3　生产成本 ··· 68
　　4.4　利润最大化原则 ··· 80
　本章附录：生产理论和成本理论的数学处理 ······························· 82
　复习思考题 ·· 86
　课堂自测 ··· 87

第Ⅲ篇　完全竞争的市场：局部均衡与一般均衡

第5章　完全竞争的产量和价格 ·· 91
　　5.1　完全竞争的基本假定 ·· 91
　　5.2　产品市场的短期均衡 ·· 94
　　5.3　产品市场的长期均衡 ·· 99
　复习思考题 ·· 104
　课堂自测 ··· 105

第6章　完全竞争的要素价格和使用量 ···································· 106
　　6.1　要素的需求 ·· 106
　　6.2　要素的供给 ·· 110
　　6.3　要素市场的均衡 ·· 113
　　6.4　资本市场与利率的决定 ··· 115
　　6.5　欧拉定理 ··· 120
　本章附录 ··· 121
　复习思考题 ·· 123
　课堂自测 ··· 124

第7章　一般均衡与效率 ·· 125
　　7.1　一般均衡的性质及存在条件 ··· 125
　　7.2　简单的一般均衡模型 ·· 127
　　7.3　均衡与效率——福利经济学定理 ··································· 133
　　7.4　效率与公平 ·· 137
　复习思考题 ·· 141
　课堂自测 ··· 142

第Ⅳ篇　不完全竞争的市场：市场势力

第8章　完全垄断 ··· 145
　　8.1　完全垄断的特性及成因 ··· 145
　　8.2　卖方垄断的均衡 ·· 147

8.3 卖方垄断厂商的定价策略 150
8.4 买方垄断 156
8.5 完全垄断与完全竞争的比较 159
8.6 政府对垄断的管制 161
本章附录：边际收益与平均收益之间的关系 164
复习思考题 164
课堂自测 165

第9章 垄断竞争与寡头 166

9.1 垄断竞争的均衡价格和产量 166
9.2 寡头市场的均衡 170
9.3 产量竞争 171
9.4 价格竞争：伯特兰模型 175
9.5 空间竞争 176
9.6 卡特尔 179
9.7 价格领先制 180
9.8 承诺行动 182
复习思考题 183
课堂自测 183

第10章 博弈论与决策行为 184

10.1 概述 184
10.2 博弈的描述 187
10.3 上策均衡和纳什均衡 189
10.4 子博弈与子博弈精炼纳什均衡 194
复习思考题 197
课堂自测 198

第11章 不完全竞争的要素价格和使用量 199

11.1 产品市场的卖方垄断与完全竞争的要素市场 199
11.2 买方垄断的要素市场 201
11.3 双边垄断的要素市场 204
11.4 工会的目标 206
本章附录：要素边际成本与要素供给之间的关系 208
复习思考题 208
课堂自测 209

第Ⅴ篇 不完全信息与市场失灵

第12章 作为组织的企业及其治理 ………………………………………… 213

12.1 企业与资源配置 ……………………………………………………… 213
12.2 企业的组织形式 ……………………………………………………… 216
12.3 公司中的激励与控制 ………………………………………………… 219
12.4 公司的法人地位和公司治理结构 …………………………………… 223
复习思考题 ……………………………………………………………… 228
课堂自测 ………………………………………………………………… 228

第13章 市场失灵与政府的作用 ………………………………………… 229

13.1 非对称信息与市场失灵 ……………………………………………… 229
13.2 外部性和产权配置 …………………………………………………… 233
13.3 公共物品和公共资源 ………………………………………………… 239
复习思考题 ……………………………………………………………… 245
课堂自测 ………………………………………………………………… 246

第14章 公共选择 ………………………………………………………… 247

14.1 集体选择与阿罗的不可能性定理 …………………………………… 247
14.2 直接投票与资源配置 ………………………………………………… 249
14.3 代议制政府 …………………………………………………………… 251
复习思考题 ……………………………………………………………… 255
课堂自测 ………………………………………………………………… 255

第 I 篇

概 论

第 1 章　经济学的对象和方法
第 2 章　市场机制

本篇作为全书的开篇,着重介绍微观经济学的对象、方法和基本范畴。全篇共由两章构成。

第 1 章从人类社会所面临的基本经济问题谈起,在阐明资源的稀缺性和需要对资源在各种可供用途上进行配置必要性的基础上,提出了经济学的一般定义和研究对象,然后分别界定了微观经济学与宏观经济学的划分及相应的研究范围,接下来介绍了经济学的方法,最后讨论了经济学的地位、作用以及学习经济学的目的。

第 2 章介绍微观经济学最基本的模型——供给和需求模型,以阐述微观经济运行的基本原理:市场机制或价格机制,并在此基础上分析了政府干预经济的效应,讨论了规范经济学的逻辑基础。

本篇的分析不仅能为微观经济学的学习奠定必要的方法论和基本理论基础,还将有助于宏观经济学及其他理论经济学科的学习。

第 1 章

经济学的对象和方法

微观经济学作为经济学的一个分支,它的研究对象自然是整个经济学研究对象的一个组成部分或侧面,它的研究方法自然也遵循着经济学的一般方法。正因为如此,本章以经济学对象和方法为题,试从经济学的一般对象和方法入手,逐步转入对微观经济学对象和方法的具体讨论,最后阐明经济学(包括微观经济学)的地位、作用以及学习经济学的目的。

1.1 经济学的研究对象

界定经济学的研究对象,实质上就是给出经济学的定义。如果说经济学就是研究经济问题的科学,这似乎是同义反复。问题在于,一个社会面临的基本经济问题是什么?这些经济问题是怎么产生的?解决这些经济问题有哪些可供选择的方式?下面,我们就循着这样的思路来讨论经济学乃至微观经济学的研究对象到底是什么。

1.1.1 需要的无限性和资源的稀缺性

当我们观察人类生活时,首先会发现一个显而易见的事实,就是人们想要的东西总是超过他能得到的东西——我们很难想象一个所有的需要都能被满足的社会。你可以花一点时间列出你所喜欢但目前尚未得到的东西。或许你想拥有一台最新款式的笔记本电脑、一只功能最全的手机、一套考究的时装、一幢豪华的别墅或一辆高档轿车,或者更愉快的旅游和更默契的朋友,只要你目前列出的需要超出了你满足这些需要的能力(这是确定无疑的),你就会面临稀缺问题。并不是因为我们相对贫穷才会产生稀缺问题。所有人都对他们的物质生活不满意,因为他们总是希望得到更多。这表明每个人都有一个稀缺问题——欲望永远得不到满足。

不仅单个人有稀缺问题,整个社会也同样面临稀缺问题。各国政府在平衡其预算方面都有很大麻烦。政府所面对的需求极大地超过向选民征税的意愿。总是有大量的社会工程值得去做;穷人的生活条件应该改善;应该建立更多的学校和培训更多的教师;需要建设或重建更多的高速公路;需要雇用更多的警察和消防队员;需要建立更强大的国防;等等。

这里,我们涉及人类社会的一个基本规律,即**稀缺规律**(the Law of Scarcity)。这一规律表明,对于每个人和社会来说,某些物品是稀缺的。这些物品不能以充足的数量满足人们现有的需要。**稀缺物品**(Scarce Goods)被称作经济物品(Economic Goods)，必须节约使用。① 世间并非所有物品都是稀缺的。非稀缺物品能够以充足数量满足所有希望消费它的人的需要，人们对这种物品可以随心所欲地消费而不会影响他人的享用，因此，这种物品也叫**自由取用物品**(Free Goods)。例如风和日丽的春天和迷人的夏日，作为一种景观，就是自由取用物品。自由取用物品的种类是屈指可数的，现实中的绝大多数物品都是稀缺物品。

消费品之所以稀缺，最终的根源在于用来生产消费品的资源是稀缺的，这些稀缺的生产性资源就是通常所说的**生产要素**(Production Factors)，它们包括土地、劳动、资本和企业家才能。这些生产要素组合起来可以生产出人们希望消费的最终物品和服务。

土地是自然资源的总称，它包括陆地、森林、水域、地下矿藏和空间等所有自然存在物或自然的恩赐。土地无论是对农业生产，还是对工厂、住宅、公路、铁路和机场建设，都是必不可少的。土地的稀缺性是不言而喻的，自然的恩赐本来就是一次给定，不可能追加的。

劳动作为人力资源的总称，是指工人、农民、教师、科学家、艺术家以及运动员等可用于生产物品和服务的脑力和体力。一般而言，劳动力的数量是随着人口的增长而增加的，所以，对于人口众多的国家如中国和印度来说，劳动资源是相对充足的，但由于劳动力的质量一方面取决于天赋，另一方面取决于后天所受的教育，无论从哪方面看，高质量的、复杂的、熟练的劳动力对于任何国家来说都是稀缺的。

资本是为了提高生产能力而利用土地和劳动制造出来的投入品，包括机器、设备、建筑、道路等，它们构成**物质资本**(Physical Capital)。同样地，由于教育和岗位培训能够提高劳动的效率，与此相关的投资则形成所谓的**人力资本**(Human Capital)。

企业家才能是指雇用其他资源以生产物品和服务所必需的特殊能力。劳动、资本和土地必须通过有机的组合才能生产出物品和服务，而这些生产要素归不同的人所有，要使用它们必须向其所有者支付相应的报酬，如工资、利息和地租。通常没有任何保证使一种经济冒险有利可图。只有企业家能够保证向所雇用的劳动者支付工资，向所租用的土地支付地租，向所获得的资本支付利息。而产品的销售收入可能高于、也可能低于上述要素成本，其中的风险则由企业家承担。

以上所述生产性资源无一充足到可自由取用的程度，它们都是稀缺的，因而都是经济资源。

上述普遍存在的稀缺性与人类需要的无限性之间的矛盾，成为任何社会所面临的基本经济问题，而经济学就是研究如何对稀缺资源进行有效配置以便最大限度地满足人类需要的一门社会科学。这一定义从消极的角度强调了一个重要的事实，就是资源的稀缺性构成人类满足各种需要的约束条件：一个社会只能在资源允许的范围内实现经济增长；一个人的花费不能超过其收入，后者归根结底又取决于他的资源禀赋。这一定义也从积极的角度强调了一个真理，就是稀缺的资源必须节约使用，正所谓"好钢要用在刀刃上"。从这个意义上说，经济学是关于节约的科学，经济问题和经济学之所以产生，就是因为稀缺性的普遍存在迫使我们必须节约。如果资源是可以自由取用的，每个社会成员都可以得到他想得到

---

① "经济"(Economy)一词无论是在中文还是在英文中都有"节约"的意思。马克思就曾经指出，时间节约和社会总劳动按比例分配是存在于任何社会的一般经济规律(见《马克思恩格斯全集》第46卷上册，第120页)。中国一些服务行业如饭店挂出"经济小吃""经济实惠"的招牌，无非是向消费者传递"物美价廉"的信息，价格便宜，也就节约了消费者的支出。

的任何东西,根本没有节约的必要,经济学也就无从产生了。

1.1.2 生产可能性曲线、机会成本和选择

经济资源往往具有多种用途,比如,土地既可以用于耕种,也可以用来修筑高速公路,还可以用来建游乐场。正因为如此,一个社会给定的经济资源才能满足社会成员的多种需要。由于资源的数量是有限的,在给定技术的情况下,当我们把一定量的资源用于生产某种物品时,我们就必须放弃另一种物品的生产,所放弃的另一种物品的产量,就是生产当前物品的**机会成本**(Opportunity Cost)。以图1.1为例。假定一个社会把全部资源用来生产食品,其产量为 OF,若把全部资源用来生产服装,其产量为 OA。AF 曲线所代表的是该社会全部资源所能生产的服装与食品的各种组合,经济学称之为**生产可能性曲线**(Production Possibility Curve)或**生产可能性边界**(Production Possibility Frontier)。在给定资源配置后,如 D 点上,如果社会要增加1单位食品的生产,就必须放弃 $d-e$ 单位服装的生产,这 $d-e$ 单位服装就是1单位食品的机会成本。

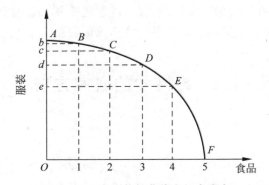

图1.1 生产可能性曲线和机会成本

显然,一个社会不可能只消费一种物品,它必须把稀缺的资源在多种物品的生产之间加以配置,以满足社会不同成员的不同偏好。同样地,一个社会也不能只顾眼前消费,把全部资源都用于消费品生产,它必须把有限的资源在消费品和资本品生产之间加以配置,以便兼顾社会成员的眼前利益和长远利益。总之,需要的无限性和多样性与资源的稀缺性和用途的多样性,要求我们必须在各种资源配置之间做出选择。确切地说,经济学就是要研究人们如何做出选择,以便使用稀缺的或有限的资源来生产各种物品和服务,并把它们分配给不同的社会成员以供消费。

1.1.3 微观经济学与宏观经济学

经济学分为两个主要分支:**微观经济学**(Microeconomics)和**宏观经济学**(Macroeconomics)。[①]
微观经济学研究的是单个经济单位的行为。这些单位包括消费者、工人、投资者、土地所有

---

① 这里的英文前缀 Micro-和 Macro-均来自希腊语词,前者的意思是"微小的",后者的意思是"宏大的"。所以,Microeconomics 也被翻译成"小经济学"或"个体经济学",Macroeconomics 也被翻译成"大经济学"或"总体经济学"。

者、厂商，以及在经济运行中发挥作用的任何个人或团体。微观经济学阐明这些单位如何进行经济决策，以及为什么做出这样的决策。例如，微观经济学要说明消费者是如何做出购买决策的，他们的选择是如何受价格变动和收入变动影响的。它也要阐明厂商如何决定雇用多少工人和工人如何决定在哪里工作，以及花费多少时间工作。

微观经济学研究的另一个问题是经济单位如何相互作用以构成更大的单位——市场和产业。例如，微观经济学有助于我们理解为什么中国的电信业会形成目前的格局，电信服务商和电信消费者在电信市场上如何相互作用，电信价格如何决定，中国电信业为什么要在海外上市，国内电信资费的调整为什么会导致其海外股价的波动等。通过研究单个厂商和消费者的行为及其相互作用，微观经济学将揭示行业和市场是如何运行和演进的，为什么它们各不相同，它们是如何受政府政策，以及全球经济环境影响的。

相比之下，宏观经济学所研究的则是诸如一国产出的水平和增长率、利率、失业和通货膨胀等经济总量。不过，近些年来，微观经济学与宏观经济学之间的界限越来越模糊了，这是因为宏观经济学也涉及对诸如物品和服务的总量市场、劳动的总量市场以及公司债券的总量市场的分析。要理解这些总量市场是如何运行的，人们必须了解构成这些市场的厂商、消费者、工人和投资者的行为。所以，宏观经济学越来越关注总体经济现象的微观经济基础，宏观经济学的很大部分实际上是微观经济学的扩展。

1.2 经济学的研究方法

1.2.1 理性假定

经济学是一种思维方式，其核心是经济分析，也被称作经济理论。几乎全部经济理论的基础是**理性**(Rationality)假定，即个人在计算了全部成本的前提下将做出使其净收益最大化(满足最大化)的选择。这一假定可由如下三个基本命题加以解释。

(1) 当一种可选方案的个人收益增加时，决策者更愿意选择这一方案；相反，当一种可选方案的个人成本增加时，决策者更愿意放弃这一方案。这一命题假定个人既能估计收益，也能估计成本。这里所说的收益是指个人从某一种选择而不是另一种选择中所得到的满足，而成本则是指前述的机会成本。确切地说，机会成本是选择一种行为时必须放弃的评价最高的其他选择。既然一种行为的机会成本是必须放弃的评价最高的选择，那么，在考察必须放弃的各种选择中，一定可以发现机会成本。机会成本或失去的机会，是做出某种选择而不是另一种选择的真实成本。

(2) 所有经济成本都是机会成本。如果一个小姑娘用1元钱购买了1卷口香糖，但她还很想要1盒水果糖。如果没有这些口香糖，她就会选择水果糖。她放弃的水果糖就是选择口香糖的机会成本。由此，我们似乎很容易解释，为什么在春天的第一个风和日丽的天气，课堂的出勤率往往很低，因为外面的天气太迷人了，对于许多学生来说，坐在教室里听一个教授枯燥无味的讲课的机会成本太高了，以致不愿意支付它(即不愿意放弃春游的选择)。[①]

---

① 同学们可以根据自己的经验列出上大学的成本，然后根据经济学中有关"机会成本"的定义，检查一下自己把哪些不该列入的成本列进去了，哪些应该列入的成本又被遗漏了。

(3) 经济决策者的选择是有目的的,并且总是力图节约。决策者总是力图以尽可能低的成本达到某一目的;或者反过来,他们总是在成本给定时力图实现最大的满足。经济学家假定经济决策者能够估价从一种选择中得到的收益或满足。决策者能够识别可以使他们的境遇得到改善的机会和使他们的状况恶化的危险,从而能够在它们之间进行选择。既然资源是稀缺的,那么决策者不会故意浪费资源,而总是力图以可能的最低成本达到一个既定目的。

1.2.2 边际分析与决策规则

经济学在考察经济行为主体的理性行为时,通常采用**边际分析**(Marginal Analysis)方法。因为几乎所有经济决策都涉及做出边际改变,即对现状进行净增加或净减少。事实上,"增加的(Additional)"与"边际的(Marginal)"是同义词。

边际分析就是研究相对于某种现状的微小变动的效应。将所有经济决策都作为边际决策,并在对成本与利益变动加以比较的背景下进行分析,是很有意义的。拍卖场上的买者在决定是否喊出更高价格时,会把竞价的提高与他们对物品的个人估价进行比较;生产者在决定供给多少产量时,会把增加一单位产量所引起的成本的增加与销售该单位产量所获得的收益的增加进行比较。

从以上边际分析思想和理性假定可推导出经济决策规则。所有经济选择都是在边际或变化点上做出的。边际决策规则被称作**理性行为原则**(Principle of Rational Behavior),它表明一个经济决策者应该采取任何能从中获取正的净利益的行动。而只有当增加的利益超过增加的成本时,才会存在正的净利益。

经济学家通常把做出一种选择而不是另一种选择所产生的利益变动称为**边际利益**(Marginal Benefit,MB),而把做出一种选择而不是另一种选择所导致的费用变动称为**边际成本**(Marginal Cost,MC)。一个经济决策者将选择任何使其边际利益超过其边际成本的行为;反过来,他将放弃任何使其边际利益小于边际成本的行为。**实现最终净利益最大化的一般原则是边际利益等于边际成本,即 MB=MC**。

当某种资源有多种用途时,随着在任何一种用途上所分配的该资源数量的增加,其边际利益最终会出现递减的趋势。因此,一个经济决策者将按照**等边际原则**(Principle of Equal Margin)[①]配置其资源。也就是说,任何决策者要从数量给定的该种资源的使用中得到最大利益,必须使分配在每一种用途上的最后一单位资源所产生的利益即边际利益相等,这就是所谓的等边际原则。以图 1.2 为例。假定某人拥有的某种资源为 5 单位,该资源只有 A、B 两种用途,用途 A 的边际利益曲线与用途 B 的边际利益曲线相比,距纵轴较远,与纵轴的交点也较高,这表明该资源在用途 A 上的任何使用量的边际利益都大于在用途 B 上同等使用量的边际利益。那么,最佳的配置是将 3 单位分配到用途 A 上,将 2 单位分配到用途 B 上,这样使两种用途上最后 1 单位资源的边际利益都相等,从而使此人从 5 单位

---

① 本书第 2~6 章和第 11 章将具体分析消费者效用最大化的购买原则、效用最大化的均衡商品组合原则、厂商生产要素最佳组合原则、厂商利润最大化的产量决定原则以及完全竞争条件下和不完全竞争条件下厂商利润最大化的要素使用原则。

资源的配置中所获得的总利益(图 1.2 中的阴影面积)最大。

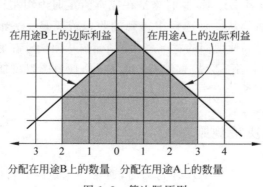

图 1.2　等边际原则

1.2.3　经济模型

像任何科学一样,经济学要对所观察的现象进行解释和预测。例如,为什么厂商在生产过程中所必需的原材料价格变动时,往往增加或减少工人的使用量？如果原材料价格上升 10%,可能会有多少工人被一个厂商或一个行业雇用或解雇？经济学家对经济现象的解释和预测是通过模型进行的。

经济模型是用来描述和预测与所研究的经济现象有关的经济变量之间相互关系的理论结构。构建经济模型的步骤有以下五个。

(1) 界定所要考察的问题极其范围。比如,某种特定的经济行为为什么会发生？它是如何发生的？当经济环境发生变化时,决策者的行为如何调整？这些调整又会产生什么影响？

(2) 形成假设。形成假设就是寻找所考察的经济现象的规则和秩序。一个假设就是对行为的因果(Cause-Effect)的尝试性或试验性(Tentative)解释。比如,厂商是根据边际收益等于边际成本的原则确定其产量的,商品的需求量与商品的价格负相关,等等,都是经济学家提出的重要假设或命题。

假设不同于**假定**(Assumption)。假定是假设赖以做出的必要前提。在形成假设的过程中,经济学家往往做出许多相关的假定以便使所研究的问题简化。

比如,"**其他条件不变**"(the Ceteris Paribus；All other Relevant Factors Remain Constant)就是所有经济模型中都采用的假定,因为与大多数科学一样,经济学中所使用的模型也是旨在描述相对简单的关系。以小麦市场的模型为例,它可能试图用诸如农业工人的工资、降雨量和消费者收入等少许可量化的变量来解释小麦的价格。这种在设定模型变量时的吝啬可以使有关小麦定价的研究在一个简化的背景下进行,从而可能了解特定的因素是如何发挥作用的。经济学家在做出上述假定时,并非否认诸如小麦病害、农业生产资料的价格以及消费者偏好等因素的存在及其对小麦价格的影响,而是假定它们在所考察的时期内保持不变,唯有这样才能在一个简化的背景下研究少数几种或某一种特定的因素所产生的影响。

经济模型中另一个基本假定,如第 1.2.1 小节中所述,就是理性假定或最优化假定。前述边际收益等于边际成本假设的前提之一,就是假定厂商是以利润最大化为目标的;本书第 3 章消费者均衡的假设同样是以消费者追求效用最大化为假定前提的。

(3) 根据假设对现实做出解释或进行预测。这是经济模型的主要功能。比如,根据供求定理(参见第 2 章),人们可以预测,如果佛罗里达降霜,橘子的价格将上升;价格管制必然导致短缺、排长队和(或)黑市(Black Market);政府在通过立法对农产品实行价格支持的同时,将不得不处理食品剩余问题。也就是说,该模型解释了为什么这些影响会在过去发生,并且预测它们将来在同样环境下会再次出现。

(4) 对经济模型进行检验。很显然,并非所有的经济模型都是好模型,正如其他科学一样。但究竟如何检验经济模型的有效性,经济学家的认识并不一致。

第一种观点强调经济模型进行有条件预测的能力,并认为一个模型应该是导致对未来有预测性的可检验的命题。如果一个模型不能根据预测条件做出准确的预测,该模型就是无效的。也就是说,经济模型无论是在原理方面还是在实践方面,都要通过与实验科学中的理论相同的检验。

第二种观点强调经济模型的解释力,并认为从科学的角度看,没有预测的解释是足够的,而没有解释的预测是无结果的。持此观点的经济学家主张,被提升的预测力是具有前后一致解释力的副产品。在具有同等解释力的模型中,预测能力最强的模型是最好的。然而,预测力并不是逻辑上因果关系的必然结果。

第三种观点认为,上述两种标准都各有所长,哪一种标准应赋予更大的权重,主要取决于模型设计的目的。一方面,即使一个模型不具有任何解释力,也不该判定它是无效的。如果建立一个模型的主要目的是预测,那么,只要它能以相当的频率做出预测就足够了。另一方面,一个模型或许与该模型赖以建立的条件相矛盾,因此从未用于预测,但这一模型可能在解释和理解某一历史事件方面具有很大的相关性。

第四种观点认为,应该根据一个模型的假定是否具有现实性来判定该模型是否有效。虽然该模型的假定应该与现实有一定的联系,但多数经济学家认为,不能根据假定的现实性来判断模型的有效性。因为建立模型的目的不是为了复制现实世界,而是要对现实进行抽象。假定的本意就在于简化,任何模型都是建立在非现实的假定基础上的,而许多具有非现实假定的模型运行良好。例如,假定太阳和其他星球围绕地球转,这显然是不真实的,但在此假定前提下建立的全球导航模型运行良好。所以,判断一个模型是否有效要根据建立该模型的目的是否能实现,而不是根据该模型的假定是否具有现实性。

(5) 根据检验结果放弃、修改或接受模型。经济模型的有效性和有用性取决于它是否能够成功地解释和预测它旨在解释和预测的经济现象。根据这一检验标准,可能有部分经济模型被接受,有部分经济模型被放弃,还有部分经济模型会经过修改或进一步完善,这一检验和完善经济模型的过程对于经济学发展成一门科学是至关重要的(见图 1.3)。

在检验和评价经济模型时,重要的是记住模型总是不完善的。例如,厂商并非总是在追求利润最大化。或许因为这一点,厂商理论在解释诸如资本投资决策的时序等厂商行为的某些方面,只具有有限的效力。尽管如此,该理论还是能够解释有关厂商和产业的行为、增长与演化的大量现象,因此,它已成为管理者和政策制定者的一个重要工具。

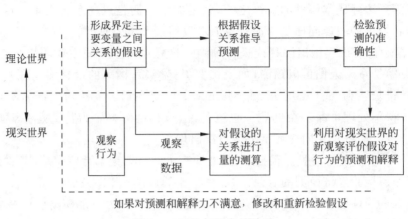

如果对预测和解释力不满意，修改和重新检验假设

图1.3　理论与现实的关系

1.2.4　实证分析和规范分析

上述经济模型所涉及的解释和预测，就是通常所说的**实证分析**(Positive Analysis)。实证分析的显著特点在于，它是对有关命题的逻辑推导，旨在理解经济过程"实际是什么"或"将会是什么"，而不涉及对结果好坏以及公平与否的判断。实证分析既涉及定性问题，也涉及定量问题。实证分析所涉及的命题可以从其基本逻辑和经验证据两方面进行检验，实证经济学最接近于作为科学的经济学定义。

除了实证分析之外，经济学也常常需要对经济制度和政策结果的好坏做出判断，回答诸如经济过程或经济政策"应该是什么"之类的问题，这就涉及**规范分析**(Normative Analysis)。经济学家在进行规范分析时，往往都是从一定的价值判断出发。从性质上看，价值判断是非科学的，它不可能用事实、证据或逻辑来证明正确或错误。人们可能一致认为一种特殊政策会产生某种效应，但有些人会认为其结果是好的，另外一些人则认为其结果是坏的，因为他们的价值判断不同。

规范分析往往是制定政策的基础。比如，汽车进口，一方面会使国内市场汽车价格下降，从而使消费者受益；另一方面又会冲击国产汽车市场，使国内汽车行业的工人状况恶化。到底是应该限制还是鼓励汽车进口，这既取决于前述实证分析的结果，也取决于政策制定者的价值判断：是应该保护消费者的利益，还是应该照顾生产者的利益，消费者从进口汽车获得的利益是否能够超过汽车行业工人的损失。虽然经济学不可能证明哪一种价值判断是好的，哪一种价值判断是坏的，从而也无法证明哪一项政策是最好的，但它可以为规范分析提供必要的实证基础，从而有助于决策者做出政策选择。

"规范"的字面含义是指建立一种标准。经济学中使用最普遍的标准是效率标准，有关效率的逻辑命题提供了实证经济学与规范经济学之间的重要联系。尽管政策制定有时可能依赖于价值判断，但规范经济学并非完全是主观的。相反，规范经济学从一组相对弱的价值判断得出有关效率的一般原理，这些原理将政策制定中的主观因素与客观因素明显地区别开来。

有关效率问题的命题是从以下三个基本假定中推导出来的：①平等和财产分配问题不

可能通过分析得到解决，它们或者被忽略，或者被分别处理；②个人是对自己福利的最佳裁判；③如果一个社会的某些成员的状况得到改善，而没有任何人的状况由此恶化，该社会的福利就得到了提高。假定②通常被称为个人主权（Sovereignty）或消费者主权。假定③被称作帕累托标准（Pareto Criterion）。经济效率是与帕累托最优（Pareto Optimality）相关的，后者是指这样一种状态：如果不使其他人的状况恶化就不可能使任何一个人的状况得到改善。根据这些假定可以从逻辑上推导出一个命题：两个理性的、知情的个人之间的自愿交换会增进社会的福利，只要第三方没有受到负面影响。自愿的和以准确信息为基础的交换是互利的（Mutually Beneficial），其中任何一方由本人估价的福利都得到提高。正是个人主权假定和帕累托标准使总福利得到提高。

1.2.5 均衡分析

均衡（Equilibrium）即平衡，本是物理学中的一个概念，指的是作用在质点上的所有力的合力（或矢量和）为零时的状况。经济学中的均衡是指经济行为主体意识到进一步改变决策行为已不能获得更多利益，从而不再改变其行为的状态。均衡分析就是假定经济变量中的自变量为已知和固定不变的，然后考察因变量达到均衡状态时所出现的情况以及实现均衡的条件。经济学中广泛使用均衡分析的方法，均衡概念也是经济学中的一个重要概念。从一定意义上说，微观经济学研究微观经济行为主体的目的，都是为了揭示微观经济行为达到均衡的条件，比如，消费者行为理论就是在给定消费者偏好、收入及商品价格的情况下，研究消费者购买行为达到平衡时的条件；生产者行为理论则是在给定生产要素价格和生产函数的情况下，研究生产者实现生产要素最佳组合（即生产要素购买行为达到平衡）的条件。

均衡分析包括局部均衡和一般均衡，前者假定一种商品的均衡价格只取决于该种商品本身的供求状况，而不受其他商品供求状况的影响；后者则假定一种商品的价格受包括该商品本身在内的所有商品供求状况的影响，因此，一种商品的均衡价格只有在所有商品的供求都达到均衡时才能决定。本书主要采用局部均衡分析，只是在第 7 章中对一般均衡理论做了简要介绍。

1.2.6 静态分析、比较静态分析和动态分析

静态分析（Static Analysis）就是分析经济现象的均衡状态以及相关经济变量达到均衡状态所需具备的条件，但并不涉及达到均衡状态的过程。比较静态分析（Comparative Static Analysis）是将一种给定条件下的静态与新的条件下产生的静态进行比较。比较静态分析并不涉及条件变化的调整过程或路径，而动态分析（Dynamic Analysis）则是要考察随条件变化而调整的路径。这三种分析方法如图 1.4 所示。

图 1.4 中的曲线好比一座小山，如果小心翼翼地将一个球放在山顶上，它可以处在一种静止的均衡状态，但这种均衡是不稳定的，因为即使轻微的移动也会使此球滚下山来。当此球从山顶滚下来时，研究该球的运动、它的速度和加速度、它的动量以及最终的物理位置，就是动态分析。当这个球到达谷底并静止不动时，它就达到一种稳定均衡。将此球运

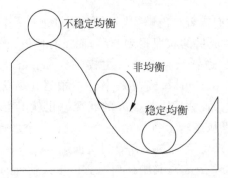

图 1.4 静态分析、比较静态分析和动态分析

动前后的两种均衡进行比较,就是比较静态分析。

本书主要采用的是比较静态分析。比如,在消费者行为理论中,我们分别考察了价格变动和收入变动对消费者均衡的影响;在市场结构理论中,我们分析了厂商和行业在不同需求水平下均衡产量的决定;在要素定价理论中,我们也比较了在不同市场结构下厂商对均衡要素使用量的选择。至于动态分析,只是在第 2 章中,以蛛网模型为例略作介绍。

1.3 经济学的地位和作用

以上两节分别介绍了经济学的研究对象和研究方法。那么,经济学究竟在社会科学中居于何等地位?经济学的作用如何?为什么要学习经济学?这些就是本章最后一节着重要回答的问题。

1.3.1 经济学是社会科学的皇后[①]

社会科学是研究个人和组织的行为及社会发展规律的科学,而无论个人行为还是组织行为抑或社会的发展,都是以经济为基础或以经济为中心的,因此,研究经济行为的经济学自然成为其他社会科学的基础。关于经济学在社会科学中的基础地位,许多伟大的社会科学家和经济学家都有所论述。

被誉为"千年思想家之首"的马克思[②]曾经指出:"法的关系正像国家的形式一样,既不能从它们本身来理解,也不能从所谓人类精神的一般发展来理解,相反,它们根源于物质的生活关系,这种物质的生活关系的总和黑格尔按照 18 世纪英国人和法国人的先例,称之为'市民社会',而对市民社会的解剖应该到政治经济学中去寻求。"[③]正是由于意识到政治经

---

① 这一说法最早来自美国第一位诺贝尔经济学奖得主保罗·萨缪尔森(Paul A. Samuelson)。
② 英国广播公司通过网上民意测验,根据得票高低评出最伟大、最有影响"千年思想家",马克思位居榜首,第二、第三、第四名分别为爱因斯坦、牛顿和达尔文。另外,路透社邀请了各国政界、商界、艺术界和学术界 34 位专家评选出千年风云人物,马克思仅以 1 分之差位于爱因斯坦之后,名列第二。参见卫兴华:《千年思想家马克思》,《人民日报》,2000 年 2 月 24 日。
③ 《马克思恩格斯全集》第 13 卷,第 8 页。恩格斯也曾指出,无产阶级政党的"全部理论内容是从研究政治经济学产生的"(《马克思恩格斯选集》第 2 卷,第 116 页)。"一切社会变迁和政治变革的终极原因……不应当在有关的时代的哲学中去寻找,而应当在有关的时代的经济学中去寻找。"(《马克思恩格斯选集》第 3 卷,第 307 页)

济学（即经济学最初产生时的名称）在整个社会科学中所占有的重要地位，马克思才把他的研究领域从最初的法学、历史和哲学最终转向政治经济学，并以毕生的精力创作了一部改变了无产阶级历史命运的政治经济学宏篇巨著——《资本论》。

19世纪，伟大的经济学家阿尔弗雷德·马歇尔在其至少统治了西方经济学界半个世纪的教科书《经济学原理》中指出："政治经济学或经济学是一门研究人类一般生活事务的学问。"①

20世纪，西方最有影响的经济学家凯恩斯也曾说过："经济学家的思想无论是否正确，其力量之大都超过对他们的普通理解。事实上，世界总是受这些思想统治的。许多自以为不受任何理论影响的实践家却往往是某个已故经济学家的奴隶。"②

当代西方经济学界最负盛名的美国经济学家、诺贝尔经济学奖得主萨缪尔逊则更加强调："政治经济学是最古老的艺术，最新颖的科学——的确，它在社会科学中居于首要地位。"③

我国已故著名经济学家孙冶方也曾指出："政治经济学也是各门社会科学的基础理论。如同数理化是自然科学的基础理论一样，政治经济学就是社会科学的基础理论。"④

值得一提的是，在美国唐斯博士所列举的对世界产生影响的16本巨著中，经济学著作就占了3部。⑤

1.3.2 经济学的帝国主义

近数十年来，经济学在社会科学中的基础地位突出表现在经济学向其他社会科学领域渗透，形成了许多以经济学理论和方法为基础的新型学科，如家庭经济学、法律经济学、政治经济学、教育经济学和卫生经济学等。经济学在社会科学中的影响几乎无处不在。这种现象被称作"经济学的帝国主义"。

美国经济学家、诺贝尔经济学奖得主加里·贝克尔（Gary Becker）为经济学的扩张（帝国主义）做出了最突出的贡献。贝克尔认为："经济学研究方法提供了一种运用于一切人类行为的结构——运用于从各种决策类型和生活方式到人格品性的结构。"⑥他运用经济理论和方法去分析人类行为，涉足领域包括社会学、政治学、人口统计学、犯罪学和生物学这些"戒备森严"的学科，发表了一系列有影响的论文和著作，例如《生育率的经济分析》(1960)、《非理性行为和经济理论》(1962)、《人力资本》(1964)、《时间配置论》(1965)、《婚姻理论》(1973、1974)、《分析人类行为的经济学方法》(1976)，以及《家庭经济分析》(1981)等。贝克尔的经济分析不仅涉及物质产品的生产，还涉及人类行为的非物质方面，这对于把经济学局限于物质产品生产和用货币进行交换的市场的传统经济学来说，无疑是一种突破和创

---

① 马歇尔：《经济学原理》，上卷，23页，商务印书馆，1981。
② 凯恩斯：《就业利息和货币通论》，纽约1995年版，第383页。
③ 萨缪尔逊：《经济学》，上册，1页，商务印书馆，1979。
④ 孙冶方：《社会主义经济论大纲》，载《孙冶方全集》，第五卷，山西经济出版社，1998，第16页。
⑤ 这三部著作是亚当·斯密的《国富论》，马尔萨斯的《人口论》，马克思的《资本论》。（见香港《明报》1981年12月13日文章）。其实，凯恩斯的《就业利息和货币通论》对西方乃至整个世界所产生的影响更不能低估。
⑥ 贝克尔：《家庭经济分析》（英文书名为"A Treatise on the Family"，直译为《家庭论》），华夏出版社，1987，第1页。

新,难怪西方学者把贝克尔提出的时间经济学和新消费者论等称为"贝克尔革命"。① 他的《家庭经济分析》被哈佛大学出版社誉为"有关家庭问题的一本划时代著作",弗里德曼称赞该书是"一部开辟新径之作";他的《生育率的经济分析》被称为"当代西方人口经济学的开创之作"。

经济学向法学的渗透是经济学最引人注目的扩张行为之一。法学强调对罪犯依法惩处的威慑力量,或者说,与惩处罪犯相联系的威慑力量是惩罚制度的主要目标。那么,同某种特殊的惩罚相联系的威慑力量应该多大呢?这需要应用经济学方法来确定。贝克尔以一种预期的成本结构对威慑力量的决定做了经济学分析,指出问题的关键是罪犯对预期惩罚的担心。由于侦破是不完全的,有必要从重惩罚罪犯。效率标准要求惩罚应同定罪概率成反比。经济学家从理性假设获得了对威慑作用的认识。甚至犯罪行为也被看成个人的一种追求效用最大化的理性过程,并以一种理性的方式考虑惩罚。由于引入个人追求效用最大化的假设,经济学为犯罪行为提供了其他学科所不曾有的精确分析。②

经济学向政治学的渗透是经济学扩张行为的另一个重要举措。在早些时代,经济学与政治学曾紧密结合在一起。历史上的重商学派、重农学派以及斯密和李嘉图都极为关注经济学同政治学的关系。现代经济学家则以不同的方式来讨论政治问题。

美国经济学家托马斯·谢林(Thomas Schelling)在《冲突的战略》中,把早期的博弈论应用于政治实体之间相互作用的分析,提出了强大寓于软弱的观点。③ 肯尼斯·阿罗(Kenneth Arrow)研究了基于个人偏好的集体选择和归并中的逻辑困难,证明了不可能性定理。④ 唐斯则将经济分析应用于研究民主政党和官僚主义组织的政治理论,分析了中期选举问题。⑤现代政治学家在应用经济学工具分析政治形势时,大都是以唐斯中期选举分析中的自利动机、理性和最大化选票的假定为前提的。而布坎南(Buchanan)则将政治决策(公共选择)的分析与经济理论结合,将经济分析扩大和应用到社会-政治法规和制度的选择,创立了公共部门经济学。他和塔洛克(Tullock)还运用经济学构造了宪法一般理论,讨论了大数规则、一致性规则、不同的法律结构和政府的最优化规模。⑥

教育经济学的创立是与雅各布·明瑟(Jacob Mincer)、西奥多·舒尔茨(Theodore Schultz)和贝克尔创立的人力资本理论联系在一起的。该理论认为,教育的大部分成本是由于上大学所放弃的收入即机会成本构成的。年轻人之所以比成年人更愿意上学,是因为年轻人(尤其是儿童)上学的机会成本较低。教育经济学向社会科学家提供了研究教育的经济价值以及学校最佳规模的正确方法。⑦

也可以把经济学概念和方法系统地应用到卫生领域。1963 年,肯尼斯·阿罗在其具有

---

① 参见:[法]亨利·勒帕日:《美国新自由主义经济学》,北京大学出版社,1985。
② 参见:[美]罗伯特·考特等:《法和经济学》,上海三联书店,1994。
③ 参见谢林:《冲突的战略》,哈佛大学出版社,1960、1980(Thomas Schelling, *The Strategy of Conflict*, Harvard University Press, 1960, 1980)。
④ 参见肯尼斯·阿罗:《社会选择和个人价值》,耶鲁大学出版社,1962(Kenneth Arrow, *Social Choice and Individual Value*, Yale University Press, 1962)。
⑤ 参见唐斯:《民主的经济理论》(Anthony Downs, *An Economic Theory of Democracy*, Harper & Row, 1957)。
⑥ 参见布坎南、塔洛克:《对一致同意的分析:立宪民主的逻辑基础》(*The Calculus of Consent: Logical Foundations of Constitutional Democracy*, University of Michigan Press, 1962)。
⑦ 参见舒尔茨:《教育的经济价值》(*The Economic Value of Education*, Columbia University Press, 1963)。

创新意义的论文《不确定性和医疗保健的福利经济学》①中讨论了许多重要的理论问题。若干年后,即1967年,马丁·费尔德斯坦(Martin S. Feldstein)以计量经济学方法为基础的专著问世②,而保罗·J.费尔德斯坦(Paul J. Feldstein)1983年问世的《卫生保健经济学》是首次被广泛采用的教科书。③卫生经济学主要从金融与保险、产业组织、劳动经济学和财政学中得到理论上的启示。

经济学的扩张之所以能获得成功,这要归因于经济学的学科性质。由于经济学从理性假定出发,根据边际决策规则,采用成本-收益分析,从而能够在诸多社会科学领域产生许多可检验的命题和解释。经济学在诸多社会科学领域的成功应用,充分证明了它的基础地位和作用。④

1.3.3 经济学与政治经济学

经济学和政治经济学是一对经常被误解的概念。从字面含义来看,**政治经济学**(Political Economics;Political Economy)很容易被人理解为既研究政治又研究经济,是政治学和经济学的交叉学科。难怪当美国的库柏宣称"政治学实质上并非政治经济学的一个组成部分"时,李斯特严厉批驳说:"那位苏格兰理论家的信徒竟然荒谬到如此地步,尽管他们为自己研究的学科所选择的名称是政治经济学,却要我们相信政治经济学与政治无关。如果他们研究的学科该称为政治经济学,那么,在其中政治学就必须与经济学处于同等地位;如果其中根本就不包括政治学,那就不该称为政治经济学,而仅仅是经济学。"⑤那么,经济学与政治经济学到底有什么联系和区别呢?这要从经济学产生和演变的历史谈起。

"econom"一词源于希腊语,其中eco的意思是"家务",而nom的意思是"规则"。所以,oikonomike或economics的传统含义是"家政管理"。拉丁语oeconomia同样意味着家庭事务管理,后来扩展为一般性管理。法语oeconomie或économie在拉丁语基础上加上了政治含义,用来表示公共行政和国家事务的管理。由于17世纪在亨利四世和黎塞留统治下的法国公共行政管理的范围随着国家机构的发展而扩大,"政治经济学"首先在法国出现也就不奇怪了。⑥

正如马克思指出的:"政治经济学作为一门独立的科学,是在工场手工业时期才产生的。"⑦确切地说,作为一门科学的政治经济学是由重农学派首先创立的。在重农学派那里,政治经济学一方面继续含有管理、控制乃至自然规则的意思;另一方面,被看作一门关于财

---

① Kenneth Arrow, Uncertainty and the Welfare Economics of Medical Care, *American Economic Review* 53(5), December, 941-73.
② 见费尔德斯坦:《卫生服务效率的经济分析》(*Economic Analysis of Health Service Efficiency*, Amsterdam, North-Holland, 1967)。
③ P. Feldstein, Health Care Economics. 2nd edn, New York: John Wiley & Sons, 1983.
④ 参见杨玉生等:《"经济学帝国主义"评析》,《经济学动态》2001年第1期。
⑤ 弗里德里希·李斯特:《政治经济学的自然体系》,商务印书馆,1997,第208页。
⑥ 通常认为是蒙克莱田第一个使用"政治经济学"一词的。见蒙克莱田:《献给皇上和皇后的政治经济学》(Montchrétien, A. de. 1615. *Traitée l'économie politique*. Ed. Th. Funck-Brantano, Paris: Plon, 1889.)在法语中,政治(politique)表示国家对社会生活和公共事务的调节、管理。
⑦ 《马克思恩格斯全集》第23卷,第404页。

富性质、再生产和分配的科学。①在以后的几十年中,后一种含义的政治经济学占了主导地位,而到了 18 世纪 70 年代,政治经济学几乎专指与国家资源相联系的财富的生产和分配。斯密就把自己的经济学著作命名为《国民财富的性质和原因的研究》(1776)。而英、法两国早期的经济学家,大都把他们的经济学著作题名为政治经济学,如李嘉图的《政治经济学及赋税原理》(1817)、斯图亚特的《政治经济学原理的研究》(1767)、马尔萨斯的《政治经济学原理》(1820)、萨伊的《政治经济学概论》(1803)、西斯蒙第的《政治经济学新原理》(1819)等。

到了 19 世纪中叶,政治经济学受到了来自两方面的批评。马克思批评了李嘉图以后的资产阶级经济学家宣扬阶级和谐、在社会经济的表面现象上兜圈子、见物不见人,并把他们贬为庸俗经济学家,强调政治经济学研究的不是物,而是在物的外壳掩盖下的人与人之间的社会关系。马克思用"政治经济学批判"作为自己著作的副标题,旨在通过对资产阶级政治经济学的批判创立一门无产阶级政治经济学。另有一些学者则建议改变政治经济学的名称,其中麦克劳德(Macleod)提议改为"经济学",并将其定义为"探讨支配可交换物品数量关系的规律的科学"。②这一建议受到广泛支持,马歇尔在 1890 年将其 1879 年版的《工业经济学》改名为《经济学原理》;杰文斯则在 1905 年最后一次出版其著作《政治经济学理论》(1879 年初版)时,将书名改为《经济学原理》。

自 19 世纪末,"政治经济学"一词逐渐被"经济学"一词所取代。人们在使用经济学这一概念时,似乎侧重的是经济活动的技术层面或稀缺资源的配置问题,更强调作为科学的经济学的实证性质。而当经济研究的范围一旦扩展到经济剩余和财富的分配,涉及经济活动中人与人(组织与组织——包括国与国)之间的社会关系和利益冲突时,用"政治经济学"取代"经济学"也许更为合适。当然,即使是在马歇尔那里,政治经济学与经济学也是当作同义词来使用的③,而萨缪尔逊则把政治经济学看作经济学的更合乎传统的名称。④这表明,两个概念之间并没有本质的差别。

到了 20 世纪 60 年代,"政治经济学"一词以不同的形式再度复兴,但它的含义已经与传统用法大不相同了。正如前面在谈到经济学的扩张时所指出的,60 年代,芝加哥和弗吉尼亚公共选择学派在用经济学理论与方法研究政治决策过程时,就挪用了"政治经济学"。而新剑桥学派、新制度经济学和以规范分析为特征的福利经济学,则更具有传统政治经济学的色彩。至于美国《新政治经济学》杂志,其创刊伊始便强调,新政治经济学的特征是把古典经济学和 20 世纪社会科学的先进方法结合起来,后者包括结构理论、制度经济学和新公共选择理论等。

在进入 21 世纪的今天,"政治经济学"与"经济学"都还同时存在,尽管自它们产生以来,各自的含义都有所变化,但在西方学者看来,它们基本上算作同义词。而在中国,很长时期内,似乎不承认有什么抽象的一般的经济学,政治经济学作为马克思主义经济学的代名词是唯一具体的科学的经济学,我们前面在一般意义上讨论的经济学即微观经济学和宏观经

---

① 参见魁奈:《经济表》,商务印书馆,1979。
② Macleld, H. D. 1875. *What is political economy*? Contemporary Review 25, 871-93.
③ "政治经济学或经济学是一门研究人类一般生活事务的学问。"(马歇尔:《经济学原理》,上卷,商务印书馆,1981,第 23 页。)
④ 参见萨缪尔逊:《经济学》上册,商务印书馆,1979,第 1 页。

济学则被称为西方经济学,因其"庸俗性"和"辩护性"而成为批判的对象。改革开放以后,政治经济学与西方经济学并列成为理论经济学的二级学科(专业),二者在形式上取得了平等地位,但在意识形态上,政治经济学即马克思主义经济学作为官方经济学仍然居于统治地位,而西方经济学在实际的教学、科研和应用领域,正在发挥越来越强的基础作用。①

1.3.4 为什么要学习经济学

首先,学习经济学有助于我们用理性的、边际的、实证的思维方式观察和分析人类行为,理解各种社会制度和组织的性质,对我们生活在其中的各种社会现象从经济学的角度做出科学的解释。特别是在我们已经学习了政治经济学(马克思主义经济学)以后,进一步学习西方经济学,通过对这两种不同的经济学体系的比较,可以使我们从不同的角度认识复杂的现实世界。毫无疑问,当我们能够用一个经济学家的头脑去分析我们周围发生的事情时,我们会有一种耳目一新的感觉。

其次,学习经济学有助于我们在面临选择时做出聪明的决策。比如,如何把一生有限的时间在学习、工作和闲暇之间合理配置以求得人生最大的满足?如何根据自己的资源禀赋选择最有利于自身发展的职业?如何在眼前利益和长远利益之间做出平衡?如果你是一个学生,如何在各门课程学习中分配时间以求得期末考试(或入学考试)的总分最高?如果你是一个消费者,如何在衣食住行等各种消费选择中做出预算决策?如果你是一个企业的管理者,应该采取什么样的定产或定价策略?经济学虽然不能提供具体的答案,却能为我们提供各种决策的工具。

最后,学习经济学有助于我们了解公共决策的性质,并对各种公共政策做出合理的评价。比如,作为一个纳税人和选民,开征利息税对你会产生什么影响?你对政府即将推行的农村税费改革持什么态度?作为一个政策制定者,你如何判断当前收入不平等的程度?如何在平等与效率之间做出平衡?

总之,要洞察复杂的社会现象,要成为一个聪明的消费者、企业管理者和行政管理者,要认真履行一个公民的责任,就必须懂得一些经济学知识。

坚持辩证唯物主义的理论视角

在整个西方经济学体系中,微观经济学基本上属于实证经济学,主要是对现代混合经济体制下的资源配置进行实证分析,旨在回答如何对稀缺的资源进行有效的配置,以最大限度地满足人们的各种需要,如同马克思《资本论》第二卷"几乎只是对资本家阶级内部发生的过程(即资本的循环周转和社会总资本的再生产过程——引者注)作了极其科学、非常精确的研究,没有任何东西可供编造空泛的字眼和响亮的词"(恩格斯语),可以说微观经济学对给定制度体制条件下的市场经济运行做了科学、精确的研究。

但是,理论经济学科中的西方经济学与政治经济学并非彼此封闭、相互脱节。习近平

---

① 参见蔡继明:《中国理论经济学基础学科的重建》,《经济学动态》2000年第12期。

总书记在庆祝改革开放40周年大会上的重要讲话中指出，"必须坚持辩证唯物主义和历史唯物主义世界观和方法论，正确处理改革发展稳定关系。"一切事物都处于运动和变化过程当中，运动和变化具有客观规律性，人类社会也不例外。辩证唯物主义和历史唯物主义提供了认识我国社会发展阶段性特征、把握我国社会发展历史方位的思想方法，为我们准确把握改革开放的重大关系，正确处理改革发展稳定关系，更加能动地推进改革开放事业提供了科学理论依据。因此，在学习西方经济学与思考我国经济改革发展时，仍不能放弃与忘记辩证唯物主义的理论视角，应该特别注意将西方经济学与马克思主义政治经济学进行比较思考，关注二者之间的联系与区别。

在研究对象上，微观经济学是在给定制度不变的前提下研究资源配置，马克思主义政治经济学虽然也涉及资本主义经济运行规律，但更关心的是资本主义制度产生、发展和变化乃至消亡的规律，这两种研究对象都有其合理性和时代使然，不能彼此否定和替代，而应该相互补充：任何社会生产方式都是生产力与生产关系的统一即生产的物质内容和社会形式的统一，资源配置既包含社会化大生产一般规律即人与自然的关系，在不同社会制度下也会采取不同的特殊形式；而无论资本主义制度还是社会主义制度都不可能一成不变，而是都在不断发展和完善中。为此，在研究我国的改革开放和制度变迁时，可更多地借鉴马克思主义政治经济学和西方制度经济学；在研究经济发展和资源配置问题时，可更多地借鉴微观经济学理论。

在研究方法上，微观经济学主要是实证经济学，主要采用的是理论实证（根据假说建立理论模型）和经验实证（运用统计资料和计量模型对理论模型进行检验），这和马克思主义政治经济学采用从抽象上升到具体的逻辑分析方法以及逻辑和历史相统一的方法，本质上是一致的，不应该把二者对立起来。诚然如马克思所说，"一门科学只有当它达到了能够成功地运用数学时，才能真正达到了完善的地步"，在推进经济学研究规范化（程式化）数理化方面，微观经济学更值得政治经济学研究者的借鉴，但经济问题并非只是数量关系，对于许多不能定量描述的经济关系和制度问题，马克思主义政治经济学方法论，包括历史唯物主义、历史发展的平行四边形对角线（合力）分析、一般特殊和个别的辩证法、矛盾分析、中介分析等，同样大有用武之地。

课堂自测

第 2 章 市场机制

微观经济学所研究的资源配置主要是通过市场机制实现的。这里所说的市场是指生产、销售或购买某种特定物品或服务的过程中所涉及的所有潜在的买者与卖者之间的相互作用。大多数经济问题都涉及具体的市场运作方式。所以，只有认真研究市场机制是如何运行的，才能为理解我们所面临的各种经济问题打下基础。

本章首先对市场和价格做出界定；然后分别考察决定市场运行的两种基本力量，即供给和需求，在此基础上阐明均衡价格的决定及其变动；最后利用均衡价格模型分析政府的限价政策及其效应。

2.1 市场和价格

2.1.1 微观行为主体、市场和行业

微观经济行为主体大体上可以分为两类，一类是**买者**(Buyer)，包括购买消费品的消费者和购买用于生产物品和劳务的劳动、资本及原材料的厂商；另一类是**卖者**(Seller)，包括销售其物品和服务的厂商，出售其劳动力的工人，以及向厂商出租土地或出售矿产资源的资源所有者。尽管同一个经济行为主体经常在转换角色，经济学家还是习惯从某一特定的功能去界定所考察对象的身份，也就是说，当他正在买东西时，我们只把他看作买者，而当他正在卖东西时，我们只把他看作卖者。

市场(Market)是把买卖双方带到一起并便利交换的制度安排，是彼此相互作用以寻求某种交换之可能的买卖双方的集合，或者说，是买卖双方的相互作用构成了市场。

市场可以采取多种形式，如**物物交换**(Swap Meets)、手工艺品交易会、股市、商品市场、拍卖行等。市场不是根据地理界定的，有些市场是地方性的，有些是地区性的，有些是全国性的，有些则是国际性的。市场也不受时间限制，**期货市场**(Futures Markets)就允许人们买卖尚未存在的商品。一个市场的范围是由被交易物品或劳务的单一价格所通行的区域决定的。

经济学家从市场组织如何影响销售价格和数量的决定，将市场分成两大类，一类是**竞争性**(Competitive)市场，其中无论买者还是卖者都根据由市场决定的价格来决定买或卖；另一类是**不完全竞争**(Imperfectly Competitive)市场，其中卖方或买方(或二者)拥有足够的市场势力(Market Power)以影响市场价格，这些拥有市场势力的决策者为其物品或服务索取最好的价格。本书第Ⅲ篇和第Ⅳ篇将分别考察这两类市场。本章有关市场机制的分析

也主要是以竞争性市场为背景的,但其中涉及的许多原理不仅限于竞争性市场。

上述市场概念使经济学家把经济活动分成各种行业。向一个特定市场供给物品和劳务的所有厂商就构成一个**行业**(Industry)。组成一个行业的厂商所生产的商品和劳务即使不完全相同,也是相似的。每个行业都有交易本行业产品的市场。

2.1.2 绝对价格和相对价格

如前所述,市场是买卖双方相互作用的关系。在影响买卖双方决策行为的诸多因素中,价格无疑是最值得注意的因素。市场的主要经济功能就是确定商品交易赖以进行的价格。

微观经济学中所使用的价格术语主要是指物品的**相对价格**(Relative Price)。**绝对价格**(Absolute Price)或**货币价格**(Money Price)本身并不能说明一件物品实际花费多少。如今3角钱买一个鸡蛋算是便宜的,而30年前,5分钱就能买一个煮熟的鸡蛋。30年前,自行车存车费是2分钱,而如今一般要付2角钱。问题在于,货币作为衡量绝对价格的尺度是有伸缩性的。我们需要的是一种不受价格水平变动影响的尺度,即相对价格。

任一物品的相对价格所反映的是它与其他物品相比较或相对的价格。微观经济学中所说的价格永远是指相对价格,微观经济学家之所以强调相对价格,是因为买卖双方的行为是由相对价格而不是绝对价格决定的。然而,价格一般是用货币单位来表示的,只要我们强调所使用的是元或其他货币的不变购买力,即通过与一般价格水平相比较而度量每一种物品的价格,这样做就是合理的。

2.2 需求分析

市场是由买卖双方组成的。由于买方代表物品的需求方,卖方代表物品的供给方,所以,对买卖双方的行为分析,也就是对供给和需求的分析。无论是供给还是需求,都可以从个人和市场两方面来考察。个人供求的总和构成市场供求,而市场供求决定市场价格。本章如无特殊说明,所研究的都是市场供求。下面我们首先分析需求。

2.2.1 需求的定义和需求函数

经济学中所说的**需求**(Demand)是指人们愿意和能够购买的物品或劳务。需求不同于需要。**需要**(Wants;Need)是人们想要得到的物品和劳务,而需求则是人们有支付能力(Affordable)的需要。任何一个消费者或消费者群体所希望购买的某种物品的数量,主要取决于该物品的价格 P(Price),消费者的偏好 T(Taste)和收入 I(Income),以及预期价格 P_e(Price Expected)和相关物品的价格 P_r(Price of Goods Related)[①]。

将以上决定需求的主要因素综合起来,我们就可以得到一个需求函数。所谓**需求函数**

---

① 这里所说的相关物品通常是指替代品(Substitute)和互补品(Complement)。

(Demand Function),指的是一定时期内某种物品或劳务的各种可能的购买量与决定这些购买量的因素之间的关系。其公式如下：

$$D = f(P, T, I, Pe, Pr) \tag{2.1}$$

2.2.2 需求量的决定：需求曲线和需求定理

现在我们假定其他条件不变，仅仅考察需求量与商品本身价格之间的关系。由于只涉及两个变量，我们可用平面坐标图作为分析工具。我们用纵轴表示商品 x 的价格，用横轴表示商品 x 的数量，用坐标中不同的点代表不同价格水平下消费者愿意并能够购买的数量，这些点的轨迹就是**需求曲线**(Demand Curve)，如图 2.1 所示。

需求曲线所反映的是在其他条件不变的情况下，商品的需求量与商品价格之间的关系。它既可以表述为在不同价格水平下消费者愿意并能够购买的商品数量，也可以理解为消费者愿意为各种数量的商品支付的价格，即**需求价格**(Demand Price)。

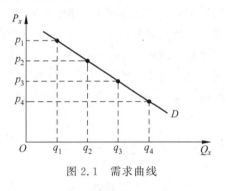

图 2.1 需求曲线

经济学家通过大量的观察发现，在一般情况下，当其他条件不变时，商品的价格越高，对该商品的需求量越少；而商品的价格越低，对该商品的需求量越高。经济学家把需求量与商品价格之间这种反向变动的关系称为**需求定理**(Law of Demand)。上述关系表现为需求曲线向右下方倾斜，或者用数学语言来说，需求曲线的斜率为负。

需求定理的基础是边际价值或边际效用递减规律。所谓边际价值(Marginal Value)或边际效用(Marginal Utility)，就是消费者从增加的一单位物品或劳务的消费中所增加的利益或满足，它是上一章所述边际利益的一种具体形式。**边际效用递减规律**(Law of Diminishing Marginal Utility)表明，在其他条件保持不变时，按照相同的单位连续增加某种商品的消费，在达到一定点以后，每单位物品的边际效用是递减的。

递减的边际效用也就意味着需求定理为：只有当一种物品的价格下降时，其需求量才会增加，因为增加的一单位物品的边际效用小于上一单位。这样，一种物品的价格将决定该物品的**需求量**(Quantity Demanded)，当该物品的价格变化时，其需求量也将随之变化。

2.2.3 需求水平的变动：需求曲线的移动

以上我们在描述需求曲线和需求定理时，是假定除商品本身的价格外，其他因素保持不变。现在，我们假定商品本身的价格不变，考察其他因素的变动对需求的影响。

首先是消费者的收入。收入水平肯定会影响到消费者将购买的消费品数量。一般而言，消费者的收入提高时，其购买量会增加；收入下降时，其购买量会减少。

其次是相关物品的价格。比如，百事可乐的价格上升，一般会导致可口可乐的购买量增加；反过来，如果百事可乐的价格下降，则可口可乐的购买量会减少。因为当两种物品是非常接近的替代品时，人们总是趋向于用较便宜的物品替代较贵重的物品。

再次是消费者的偏好。偏好是消费者有关不同物品和服务合意性的主观感觉。例如，如果消费者确认饮茶更有益于健康，他将增加对茶叶的购买。

最后是预期价格。例如，如果消费者预期下个月空调的价格会上涨，本月空调的购买量就可能增加。

回忆一下，前面在描绘需求曲线时，我们是假定消费者收入、偏好、相关物品价格以及预期价格保持不变的。之所以做这样的假定，是为了确定商品本身的价格对消费者购买量的影响。如果收入、偏好、相关物品价格和预期价格都发生了变化，或其中任何一个发生了变化，整个需求曲线就会移动。以图2.2为例。其中的需求曲线 D 是在消费者偏好、收入水平、相关物品价格以及预期价格等因素保持不变的假定条件下画出来的。现在假定消费者的收入普遍提高了，那么，在其他条件不变时，需求曲线 D 会向右移到 D_1 的位置；相反，如果消费者的收入普遍下降了，那么，在其他条件不变时，需求曲线 D 会向左移到 D_2 的位置。这意味着在同样价格水平下，消费者比以前购买的数量增加或减少了。我们把这种由商品价格以外的因素所引起的需求的变动称为**需求水平**（Level Demanded）的变动。它表现为整个需求曲线的移动。一般而言，需求曲线向外移动，意味着需求水平的提高；需求曲线向内移动，意味着需求水平的下降。

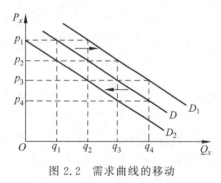

图 2.2　需求曲线的移动

要正确地理解需求概念，必须区分**需求量**和**需求水平**。前者是指不同价格水平下消费者愿意并能够购买的消费品的数量；后者是指同一价格水平下消费者愿意并能够购买的消费品的数量。相应地，我们必须明确区分两种需求的变动，一种是在其他条件不变时由商品本身的价格变动所引起的需求变动，我们称之为**需求量的变动**，它表现为沿着一条既定的需求曲线的移动；另一种是在商品本身的价格保持不变，而由诸如消费者收入、偏好、相关商品价格以及预期价格等因素引起的需求的变动，我们称之为**需求水平的变动**，它表现为整个需求曲线的移动。

2.2.4　需求的弹性

以上我们只是对决定需求及其变化的各种因素做了定性的描述。比如，当我们描述需求定理时，我们只是抽象地说需求量与商品价格反方向变动，但不同的商品（或同一商品在不同时点）对价格变动的反应程度是不同的。在现实世界中，各种商品的需求曲线之所以位置不同、形状各异，一个重要的原因就在于不同的商品对诸如价格、收入、预期等变化的反应程度是不同的。为了精确地描述不同商品的需求对价格、收入和预期变化的反应程度，经济学家借用了弹性这一物理学概念作为分析工具。

弹性（Elasticity）是衡量因变量对自变量反应程度的尺度，是因变量相对变化与自变量相对变化之比。具体来说，弹性表示由1％的因变量的变动所引起的自变量的百分比变化。需求弹性包括需求的价格弹性、需求的收入弹性、需求的交叉弹性。下面逐一介绍。

1. 需求的价格弹性

需求的价格弹性表示需求对商品本身价格变动的反应尺度。它等于需求量的相对变化(百分比变化)与价格的相对变化(百分比变化)之比,用公式表示就是[①]:

$$E_p = \frac{需求量的百分比变化}{价格的百分比变化} = \frac{\Delta Q/Q}{\Delta P/P} = \frac{P \cdot \Delta Q}{Q \cdot \Delta P} \qquad (2.2)$$

其中,E_p 表示需求的价格弹性值;ΔP 和 ΔQ 分别表示价格和需求量的变动;P 和 Q 分别表示原有的价格和需求量。

设 P_1 和 P_2 分别为变动前后的价格,Q_1 和 Q_2 分别为变动前后的需求量,则公式(2.2)可具体化为:

$$E_p = -\frac{Q_2 - Q_1}{Q_1} \div \frac{P_2 - P_1}{P_1} \qquad (2.3)$$

因为需求量通常与价格呈反方向变动,所以 E_p 的值为负,但西方经济学家习惯上取其绝对值,故在公式右方乘以负1。

式(2.2)实际上是点弹性公式,即只适用于求解需求曲线上某一点上的弹性。如果自变量价格变动的幅度比较大,我们就要用下列弧弹性公式来代替点弹性公式:

$$E_p = \frac{Q_2 - Q_1}{\dfrac{Q_2 + Q_1}{2}} \div \frac{P_2 - P_1}{\dfrac{P_2 + P_1}{2}}$$

当 $E_p > 1$ 时,需求是有价格弹性的,因为需求量的百分比变化大于价格的百分比变化。如果 $E_p = \infty$,则需求完全富于弹性,或需求的价格弹性为无穷大。这时的需求曲线将是与横轴平行的一条直线,如图2.3(a)所示,它表明价格的任一微小的变化会引起需求量的无穷大的变化。

当 $E_p < 1$,我们说需求是缺乏价格弹性的,因为需求量的百分比变化小于价格的百分比变化。如果 $E_p = 0$,则需求完全缺乏价格弹性,这时的需求曲线将是垂直于横轴的一条直线,如图2.3(b)所示,它表明无论价格如何变动,需求量都保持不变。

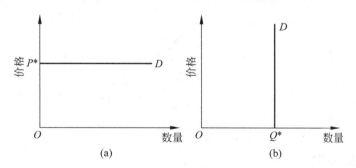

图2.3 完全富于弹性和完全无弹性

当 $E_p = 1$,我们说需求具有单元(Unitary)弹性,因为需求量的百分比变化等于价格的百分比变化,在几何图形中,具有单元弹性的需求曲线表现为直角形的双曲线,如图2.4所示。

---

① 在自变量变化无限小时(令 ΔP 变得非常小),$E_p = (P/Q)(dQ/dP)$。

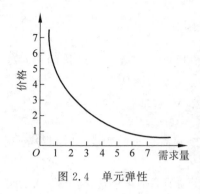

图 2.4 单元弹性

具有单元弹性的需求函数的形式如下：

$$q = \frac{\alpha}{p} \tag{2.4}$$

其中，q 为商品的需求量；p 是商品的价格；α 是常数。

从上述公式可以看出，无论价格发生什么变化，消费者在商品上的总支出都始终等于 α。

如果需求曲线是线性的，我们可以用几何方法测度需求的价格弹性。以图 2.5 为例。假定价格由 OP_1 下降到 OP_2，需求量增加到 Q_1Q_2。这样，在 A 点的弹性为：

$$E_p = -\frac{Q_1Q_2}{OQ_1} \div \frac{P_2P_1}{OP_1} = \frac{Q_1Q_2}{P_2P_1} \times \frac{OP_1}{OQ_1}$$

由于 $\triangle AEF \backsim \triangle AQ_1D$，且 $Q_1Q_2 = EF$，$P_2P_1 = EA$，所以，$\frac{Q_1Q_2}{P_2P_1} = \frac{EF}{EA} = \frac{Q_1D}{Q_1A} = \frac{Q_1D}{OP_1}$，这样，$E_p = \frac{Q_1D}{OP_1} \times \frac{OP_1}{OQ_1} = \frac{Q_1D}{OQ_1}$。

又由于 $\triangle AQ_1D \backsim \triangle CP_1A$，且 $OQ_1 = P_1A$，所以，$\frac{Q_1D}{OQ_1} = \frac{AD}{CA}$，这样可得：

$$E_p = \frac{AD}{CA} \tag{2.5}$$

设 A 为 CD 的中点，显然，当价格水平在 OP_1 以上时，$E_p > 1$；当价格等于 OC 时，需求的价格弹性无穷大；当价格低于 OP_1 时，$E_p < 1$；当价格等于 0 时，$E_p = 0$；当价格等于 OP_1 时，$E_p = 1$。

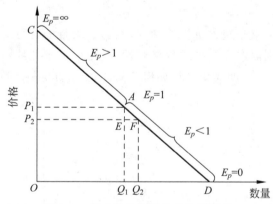

图 2.5 需求的价格弹性的几何测度

2. 需求的收入弹性

需求的收入弹性表示需求对收入变动的反应尺度。它等于需求的相对变化（百分比变化）与收入的相对变化（百分比变化）之比，用公式表示就是[①]：

---

① 在自变量变化无限小时（令 ΔI 变得非常小），$E_i = (I/Q)(dQ/dI)$。前面有关需求的价格点弹性和弧弹性所说的同样适用于需求的收入弹性。

$$E_i = \frac{需求变动的百分比}{收入变化的百分比} = \frac{\Delta Q/Q}{\Delta I/I} = \frac{I \cdot \Delta Q}{Q \cdot \Delta I} \tag{2.6}$$

其中，E_i 表示需求的收入弹性值；ΔI 和 ΔQ 分别表示收入和需求的变动；I 和 Q 分别表示原有的收入和需求。

需求的收入弹性有正有负，之所以不取其绝对值，是因为收入弹性的正负可以作为划分正常商品和低档商品的标志。收入弹性为正的商品，是**正常商品**（Normal Goods），消费者对这种商品的需求水平随着收入的增加而提高。收入弹性为负的商品是**低档商品**（Inferior Goods），消费者对该商品的需求水平随收入的增加而下降。因此，我们也可以通过收入变动对需求曲线的影响来区分正常商品和低档商品：收入水平的提高使正常商品的需求曲线向外移动，使低档商品的需求曲线向内移动。

当然，同一种商品对同一消费者来说，在收入水平变化的一定范围内，其需求的收入弹性可能是正的，而在收入水平变化的另一范围内，其需求的收入弹性却可能是负的。而同一种商品对有些消费者是正常商品，对另一些消费者则可能是低档商品。所以，正常商品与低档商品的区分是相对的。

3. 需求的交叉弹性

需求的交叉弹性表示一种商品的需求水平对相关商品价格变动的反应尺度。它等于一种商品需求的相对变化（百分比变化）与另一种商品价格的相对变化（百分比变化）之比，用公式表示就是[①]：

$$E_c = \frac{\Delta Q_y/Q_y}{\Delta P_x/P_x} = \frac{P_x \cdot \Delta Q_y}{Q_y \cdot \Delta P_x} \tag{2.7}$$

其中，E_c 表示需求的交叉价格弹性值；P_x 和 ΔP_x 分别表示商品 x 的原有价格和价格变动；Q_y 和 ΔQ_y 分别表示商品 y 的原有需求和需求的变动。

如前所述，相关商品包括相互替代品和相互补充品。替代品是指可以互相替代以满足同一种需要的物品。互补品是指必须互相搭配才能满足同一种需要的物品。如果需求的交叉价格弹性系数为正，说明两种商品是替代关系；如果需求的交叉价格弹性系数为负，说明两种商品是互补关系，如图 2.6 所示。

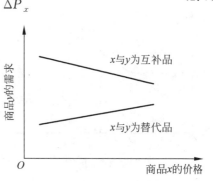

图 2.6　商品 y 的需求与商品 x 的价格之间的关系

2.3　供　给　分　析

上一节分析了市场的需求方，这一节接着分析市场的供给方。由于供给和需求在许多方面是对应的，前面有关需求所说的很多原理，同样适用于供给，所以，有关供给的分析可

---

① 在自变量变化无限小时（令 ΔP_x 变得非常小），$E_c = (P_x/Q_y)(dQ_y/dP_x)$。

以适当简化。

2.3.1 供给的定义和供给函数

经济学中所说的**供给**(Supply)是指生产者或厂商愿意并能够提供给市场的商品和劳务。厂商提供销售的数量取决于多种因素,其中主要包括产品的价格、有关物品**生产的技术**、**要素的价格**(Price of Factor)、预期以及雇员与管理者之间的关系等。

将以上决定供给的主要因素综合起来,我们就可以得到一个供给函数。所谓**供给函数**(Supply Function),指的是一定时期内某种物品或劳务的供给与决定供给的因素之间的关系。其公式如下:

$$S = g(P, T, P_F, E, R) \tag{2.8}$$

其中,S 表示产量;P 表示商品本身的价格;T 表示技术;P_F 表示生产要素价格;E 表示预期;R 表示雇员与雇主之间的关系。

2.3.2 供给量的决定:供给曲线和供给定理

现在我们假定其他条件保持不变,仅仅考察商品本身的价格与供给之间的关系。我们仍使用平面直角坐标系,用横轴表示商品 x 的数量,纵轴表示商品 x 的价格,用坐标中不同的点代表不同价格水平下生产者愿意并能够提供给市场的数量,这些点的轨迹就是**供给曲线**(Supply Curve),如图 2.7 所示。

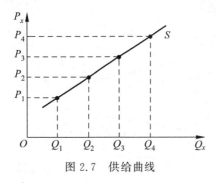

图 2.7 供给曲线

供给曲线所反映的是在其他条件不变的情况下,商品的供给与商品价格之间的关系。它既可以表述为在不同价格水平下生产者愿意并能够提供的商品数量,也可以理解为生产者为提供一定量的商品希望索取的价格,即**供给价格**(Supply Price)。

经济学家通过大量的观察发现,在一般情况下,当其他条件不变时,商品的价格越高,该商品的供给量越多;而商品的价格越低,该商品的供给量越低。经济学家把供给量与商品价格之间这种正向变动的关系称为**供给定理**(Law of Supply)。上述关系表现为供给曲线向右上方倾斜,或者用数学语言来说,供给曲线的斜率为正。

市场价格代表供给者从市场的销售中所得到的收益。由于供给者的收益随着价格的提高而增加,所以,卖者对价格上升的反应是向市场提供更多商品。价格与供给量之间存在的这种正向关系是以边际成本递增规律为基础的,这可以直接从生产可能性曲线推导出来。

图 2.8(a)表明,当我们沿着生产可能性曲线从 A 点向 E 点移动时,每增加 1 单位物品 x 的生产所必须放弃的 y 的单位是递增的,即 x 的边际成本是递增的。这一信息被转换成图 2.8(b)中的供给曲线。在图 2.8(b)中,纵轴是以为获得每单位 x 而必须放弃的 y 的数量来表示 x 的价格的,这样,商品 x 的价格也就等于为生产每单位 x 所必须付出的边际成本。

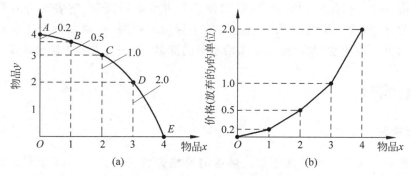

图 2.8 生产可能性曲线与供给曲线

由供给曲线代表的生产的边际成本所反映的是利用资源生产某种特定物品而不是次佳选择的机会成本。以必须放弃的商品 y 所表示的获取更多的 x 的机会成本或边际成本可以被看作 x 的价格。而用货币而不是具体的物品单位来表示边际成本，无疑更加便利。

既然边际成本随着产量的扩大而增加，要诱使供给者提供更多的物品，就必须付给其更高的价格。这样，供给曲线就表现出供给量与价格之间的正向关系。供给曲线一般向右上方倾斜。

2.3.3 供给水平的变动：供给曲线的移动

以上我们在描述供给曲线和供给定理时，是假定除商品本身的价格外，其他因素保持不变的。现在，我们假定商品本身的价格不变，考察其他因素的变动对供给的影响，这些因素主要是技术条件和投入品的供给状况。当然，在农业生产中，自然条件如天气的变化也是影响供给的重要因素。

如果一项新发明可以使生产者以更低的成本生产商品 x，或者，由于投入品市场价格下降使厂商成本降低，则 x 的供给曲线将会向右移动，如变成 S_1。这样，如图 2.9 所示，在新技术采用或投入品价格降低之后，在每一可能的价格下，供给都增加了。相反，如果由于投入品价格上升或自然条件恶化使厂商必须用更高的成本生产商品 x，则 x 的供给曲线就会向左移动，如变成 S_2。这样，如图 2.9 所示，在每一可能的价格下，供给都减少了。

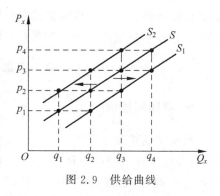

图 2.9 供给曲线

我们把上述由商品价格以外的因素所引起的供给的变动，称为**供给水平**（Level Supplied）的变动，它表现为整个供给曲线的移动。一般而言，供给曲线向外移动，标志着供给水平的提高；供给曲线向内移动，标志着供给水平的下降。

我们同样要注意区分供给量和供给水平这两个概念。前者是指不同价格水平下生产者愿意并能够提供的消费品的数量；后者是指同一价格水平下生产者愿意并能够提供的消费品的数量。相应地，我们必须明确区分两种供给的变动：一种是在其他条件不变时，由商品本身的价格变动所引起的供给变动,我们称之为**供给量的变动**,它表现为沿着一条既定的供给曲线的移动;另一种是在商品本身的价格保持不变时,由诸如生产技术和要素价格等因素引起的供给的变动,我们称之为**供给水平的变动**,它表现为整个供给曲线的移动。

2.3.4 供给弹性

1. 一般描述

供给弹性的定义与需求弹性相似。**供给的价格弹性**是由价格的百分比变动所引起的供给量的百分比变动。这一弹性值通常是正的,因为较高的价格会诱使生产者提供较高的产量。①

我们还可以针对利率、工资率、原材料价格以及其他用来制作相关产品的中间产品的价格来定义供给弹性。针对原材料价格的供给弹性是负的。原材料投入品价格的上升意味着厂商成本的提高,在其他条件不变时,供给量将下降。

2. 几何测度

我们同样可以用几何方法来测度供给的价格弹性。如图 2.10(a)所示,在供给曲线 S 的 P 点,其价格弹性为

$$E_s = \frac{P}{Q} \cdot \frac{\Delta Q}{\Delta P}$$

因为 $\frac{P}{Q} = \frac{PC}{OC}, \frac{\Delta Q}{\Delta P} = \frac{AC}{PC}$,所以:

$$E_s = \frac{PC}{OC} \cdot \frac{AC}{PC} = \frac{AC}{OC} \tag{2.9}$$

从图 2.10(a)中可以看出,因为供给曲线与数量轴相交,所以 $AC < OC, E_s < 1$,供给是缺乏价格弹性的。如果供给曲线与价格轴相交,如图 2.10(b)所示,则因为 $AC > OC, E_s > 1$,供给是富于价格弹性的。如果供给曲线是通过原点的一条直线,因为 A 点与原点 O 重合,所以 $\frac{AC}{OC} = 1$,该曲线上的每一点都具有单元弹性,即 $E_s = 1$。

3. 短期和长期

长期供给弹性不同于短期。对大多数产品来说,长期供给比短期供给更富于价格弹性,因为厂商在短期内面临着生产能力的约束,要建立新的生产设施并雇用更多的工人以扩大生产能力,这需要时间。当然,即使在短期,当价格上升时,厂商也能够利用现有的设施,通过延长工作时间或增加临时工的使用来扩大生产,但通过扩大生产规模并雇用更多的永久性劳动力,无疑会更大幅度地提高产量,从而对价格变动做出更明显的反应。

然而,对于有些物品来说,其供给在短期比在长期更富于价格弹性。这些物品是耐久消费品,当其价格上升时,可以作为部分供给而再生。例如,金属的二次供给(Secondary

---

① 在供给曲线向后弯曲的情况下(见第 6 章第 6.2.1 小节部分的分析),这一结论就不适用了。

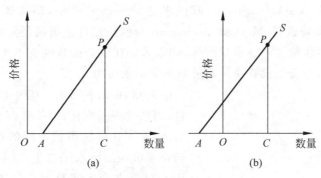

图 2.10 供给的价格弹性的几何测度

Supply)即来自废金属的供给,这些废金属常常被熔化并重新锻造。铜价的上升,会诱使人们把废铜转变成新的供给,以至最初会使二次供给急剧增加。但优质废铜的存量最终会下降,使废铜的熔化、精炼和重新锻造的成本昂贵,以至二次供给会收缩。这样,二次供给在短期比在长期更富于价格弹性。图 2.11 中的原生铜(采掘和冶炼矿石的生产)和再生铜短期与长期供给曲线,提供了上述有关长、短期弹性的相反例证。

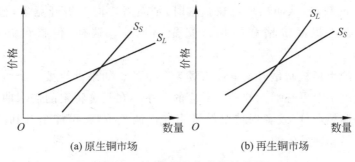

(a) 原生铜市场　　　　(b) 再生铜市场

图 2.11 短期和长期的供给曲线

2.4 市场机制:均衡价格的决定和变动

以上我们分别分析了市场的需求方和供给方。本节进一步分析供给和需求是如何相互作用以确定均衡价格和均衡数量及其变动的。

2.4.1 均衡价格的决定

毫无疑问,买方总是希望以尽可能低的价格购买物品,而卖方则希望以尽可能高的价格出售物品。但正如英国伟大的经济学家马歇尔所说,价格既不是单纯由卖方或供给方决定的,也不是单纯由买方或需求方决定的,供给和需求如同一把剪刀的上下两个刀片——在裁剪一张纸时,我们不能说其中哪一个刀片起的作用更大,而在确定市场价格时,也必须同时考虑供给和需求两个因素。当把需求曲线和供给曲线放在同一平面直角坐标系中考察时,我们会发现,在这两条曲线的交点上,如图 2.12 所示,商品的供给量等于商品的需求量,买方的需求价格等于卖方的供给价格,也就是说,供给曲线与需求曲线的交点所对应的价格是使**市场出清**（Market-clearing）或供求达到平衡的价格，即**均衡价格**（Equilibrium Price）。而所谓的**市场机制**（Market Mechanism），就是在自由市场经济中价格不断变动直至市场出清（即直至供给量与需求量相等）的趋势。在供求曲线的交点上，既没有短缺也没有过度供给（剩余），以至于没有使价格进一步变动的压力。

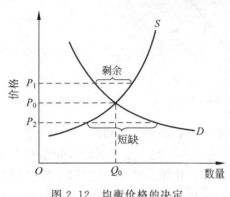

图 2.12　均衡价格的决定

当然，供给和需求可能并非永远处于均衡，而且，当条件突然变化时，某些市场也可能不会迅速出清，但存在着使市场出清的趋势。假定价格最初位于市场出清水平之上，比如，为图 2.12 中的 P_1，这时，生产者愿意生产的数量就会超过消费者愿意购买的数量，从而出现剩余。为了将这部分剩余产品销售掉，或至少不使其扩大，生产者之间会开展竞争，争相降低它们的价格。随着市场价格的下降，需求量会增加，供给量会减少，一直达到均衡价格 P_0 为止。反过来，如果价格最初定在市场出清水平以下，比如，为图 2.12 中的 P_2，则按此价格消费者愿意购买的数量会超过生产者愿意生产的数量，从而出现短缺。这时，消费者之间会展开竞争，彼此竞相喊出高价，而生产者则通过提高价格和增加产量做出反应。这样，价格最终会达到均衡价格 P_0。

以上所描述的市场机制是以竞争性市场为背景的。如果供给被一个生产者所控制，在价格和产量之间就不会再有唯一的一一对应的关系。在某种特定的需求曲线下，垄断厂商保持价格不变而调整产量，或者保持供给量不变而调整价格，可能是有利的。本书第Ⅳ篇将分析这种情况是如何发生的。

2.4.2　均衡价格和均衡产量的变动

均衡价格和均衡产量是由供给曲线和需求曲线共同决定的，供给曲线或需求曲线的移动必然会导致均衡价格和均衡产量的变动。

1. 需求曲线的移动对均衡的影响

在供给曲线保持不变的情况下，需求曲线的右移，会使均衡价格提高，均衡产量增加；需求曲线的左移，会使均衡价格下降，均衡产量减少，如图 2.13 所示。

当需求水平由 D 提高到 D_1 时，均衡价格由 P_0 提高到 P_1，均衡产量由 Q_0 增加到 Q_1；相反地，当需求水平由 D 下降到 D_2 时，均衡价格由 P_0 下降到 P_2，均衡产量由 Q_0 减少到 Q_2。

2. 供给曲线的移动对均衡的影响

在需求曲线保持不变的情况下，供给曲线的右移，会使均衡价格下降，均衡产量增加；供给曲线的左移，会使均衡价格上升，均衡产量减少，如图 2.14 所示。

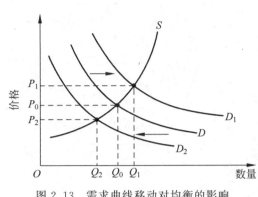
图 2.13 需求曲线移动对均衡的影响

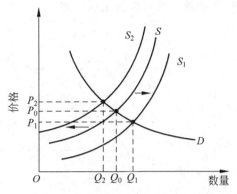
图 2.14 供给曲线移动对均衡的影响

当供给水平由 S 提高到 S_1 时,均衡价格由 P_0 下降到 P_1,均衡产量由 Q_0 增加到 Q_1;相反,当供给水平由 S 下降到 S_2 时,均衡价格由 P_0 上升到 P_2,均衡产量由 Q_0 减少到 Q_2。

3. 供求定理

以上供求两方面的变动效应,可以概括为**供求定理**(Law of Demand and Supply):需求水平的变动引起均衡价格与均衡产量同方向变动;供给水平的变动引起均衡价格反方向变动,引起均衡产量同方向变动。供求曲线无论是单独变动还是同时变动,也无论它们是同方向变动还是反方向变动,以及变动幅度是否相同,我们都可以运用供求定理预测均衡结果。

2.4.3 动态效应:蛛网模型

以上我们在考察供求变动对均衡的影响时,只是对两个均衡点进行了比较,这是典型的比较静态分析。下面我们介绍一个简单的动态模型——蛛网模型。

蛛网模型所考察的是价格波动对下一个周期产量的影响,以及由此而产生的均衡的波动。它通常用来分析市场经济中某些产品价格和产量之间的关系,这些产品具有这样的特点:本期产量决定本期价格,而本期价格决定下期产量。若用 P、Q 分别表示价格和产量,D、S 分别表示需求函数和供给函数,t 表示时期,则上述关系可以表述为如下公式:

$$P_t = D(Q_t) \tag{2.10a}$$

$$Q_t = S(P_{t-1}) \tag{2.10b}$$

根据需求曲线和供给曲线的陡峭程度,蛛网模型通常有三种形式。

1. 封闭式

在封闭式模型中,需求曲线和供给曲线的斜度是一样的,价格从高到低、产量从低到高均按同一幅度不断波动,永远达不到均衡状态,如图 2.15 所示。假定第一年的价格为 P_1,生产周期为 1 年,供给对价格的反应滞后一年,第二年的产量为 Q_2,但它只能按当年的价格 P_2 才能全部出售。根据第二年的较低价格,第三年的产量减少到 Q_3,但第三年的价格又与第一年相同。如果其他条件不变,上述循环过程会不断持续下去。封闭式循环的原因是生产者和消费者对价格反应一致。

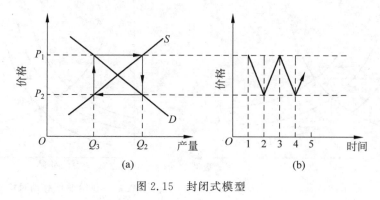

图 2.15　封闭式模型

2. 收敛式

在收敛式模型中,供给曲线比需求曲线更陡峭,价格和产量以越来越小的幅度上下波动,在达到均衡时停止,如图 2.16 所示。收敛式循环是由于生产者对价格的反应程度小于消费者。

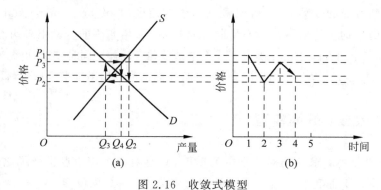

图 2.16　收敛式模型

3. 发散式

发散式模型正好与收敛式模型相反,其价格和产量以越来越大的幅度波动,从而离均衡点越来越远。之所以如此,如图 2.17 所示,是因为在这种形式的模型中,需求曲线比供给曲线更陡峭,生产者对价格的反应程度大于消费者。

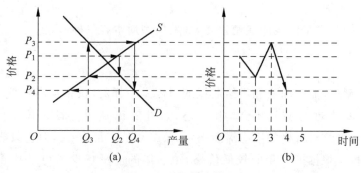

图 2.17　发散式模型

2.5 政府干预的效应

政府干预政策会对交易过程和市场均衡发生影响,但基本经济规律仍会发挥作用,甚至在后者的作用下,政府干预的后果和其初衷相去甚远。本节就是要利用前述简单的均衡价格模型来分析和预测政府干预经济的效应。

2.5.1 最高限价

市场经济国家的政府经常选择某个特殊的商业活动作为价格管制的目标。我们从低于市场出清价格的**最高限价**(Price Ceiling)——价格上限的角度来分析政府管制的效应。在图 2.18 中,这种最高限价用 P_c 来表示,它低于市场出清价格 P^*,是可以合法索取的最高价格。实行最高限价的直接效应是在 E 点的均衡移到了 A 点的均衡,而按照最高限价 P_c,消费者愿意购买的数量为 Q_D,但生产者愿意供给的数量仅仅为 Q_S,出现了 (Q_D-Q_S) 单位的短缺。

这种短缺在市场上的确切表现依具体情况而定。比如,当对汽油的销售实施价格控制时,会很快出现加油站前排长队的现象。同样地,在实行住房限价的地方,买房人可能需要参加抽签,或者动用各种社会关系,以获得购买机会,这不可避免地会产生某种腐败行为。

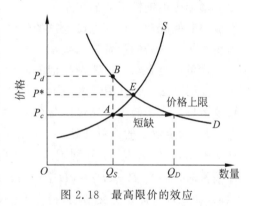

图 2.18 最高限价的效应

价格管制的第二个效应涉及黑市活动。价格管制很少能完全实行,有些交易不可避免地以高于法定水平的价格进行。既然供给量低于市场出清水平,黑市价格常常高于市场出清价格,那么,买者趋向于把供给短缺的商品市场价格抬高。黑市价格也反映了为规避法令而蒙受的成本增加。

价格管制的第三种效应产生于需求价格上升的趋势。实际价格与最高限价之间的差额,可能代表着消费者花在排队上的时间的价值,或者反映了政府为保证短缺的供给在市民中平等分配而颁发的配给券的内在价值。例如,在实行医疗服务价格控制的加拿大,其医疗服务水平普遍低于没有价格控制的美国,这使得不少加拿大人为了获得更好质量的医疗服务,会前往美国就医。根据世界卫生组织的报告《世界卫生统计》(*World Health Statistics*, 2022),由于在加拿大等待治疗的时间太长,每年有超过 4 万人到国外寻求治疗,近年来更是超过 5 万人,即使在国内就医的人们也常常发生患者对医疗体制的抱怨和争执。

2.5.2 支持价格

另一种价格管制形式为**最低限价**(Price Floor),也叫作**支持价格**(Price Support)。从历史上看,支持价格主要应用在农产品上。在图 2.19 中,这种支持价格用 P_f 来表示,它是

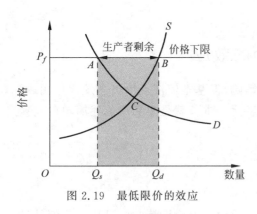

图 2.19 最低限价的效应

允许通行的最低价格,并且假定位于市场出清价格水平之上。

支持价格的直接效应正好与最高限价相反,它导致数量为 AB 的生产者剩余,等于 Q_s 与 Q_d 的差额。为了实施支持价格方案,政府必须按法定价格购买剩余产品。纳税人的成本等于 $P_f(Q_s - Q_d)$,即阴影面积(C)。除了由纳税人承担的货币成本外,政府还必须设法处理剩余产品,这种剩余产品会年复一年地积累。

2.5.3 配额和许可证

数量方面的控制采取配额和颁发许可证的形式。在采取配额的情况下,由于市场供给的一部分受到限制,其直接效应是导致供给曲线向左移动,从而使市场价格上升,扩大行业利润。然而,这些政策的全部效应还扩展到其他市场。例如,美国对其进口钢材的配额可能会增加国内钢铁行业的工资和就业。所以,钢铁行业的工会与钢铁制造商一样,倾向于赞成限制性配额。钢材进口配额的经济成本是由使用钢材的行业的生产者直接承担的,也是由购买其产品的消费者间接承担的。

许可证具有与进口配额相似的两种效应,一是短期效应,它适用于某个单一时期,如一年。如图 2.20 所示,只要颁发的许可证数量少于非管制市场可能保证的开业者数量,就会影响市场均衡。假定市场供给量(如出租车载客次数)与颁发的许可证数量(L)成比例,那么,一个固定数量的许可证就会把供给量限制为 $Q'=kL$,它少于 Q^*。由于对市场供给的这一限制,价格从 P^* 上升到 P_2,从而为开业者带来一笔意外收益,它等于这一价格差额乘以销售额,即 $Q'(P_2-P^*)$,每个许可证持有者赚取的额外收入等于 $Q'(P_2-P^*)$ 除以 L。然而,如果许可证是可交易的,持有一张许可证一年的市场价值超过这一数量,如图 2.20 所示。当市场数量为 Q' 时,需求价格超过供给价格,差额为 (P_2-P_1)。由于许可证而增加的年收益相当于许可证持有者如果允许将许可证转让给其他人一年所得到的租金。因此,"经济租金"这一术语可以用来描述归于许可证的这一额外收益。

特许经营的另一种效应为长期效应,它与获取经济租金的经济价值相关,但在图 2.20 中没有明显显示。这一价值远大于经济租金,因为它代表的既是对现在也是对将来租金的索取权。在出租车许可证可交易的场合,只要预期出租车制度继续实行,许可证的市场价格就会既包括现时的也包括未来的租金价值。但在一些主要城市,随着近年来网约车的流行,这实质上起到了增加发放出租车许可证数量的作用,尽管一些地方禁止网约车在马路上进行巡游揽客,但随着用户运用手机预约车辆习惯的形成,网约车和传统出租车的服务差异是极低的,二者可以相互替代。这极大地降低了出

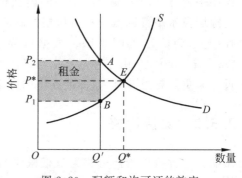

图 2.20 配额和许可证的效应

租车运营许可证的价值。这引发早期以较高价格获得许可证的出租车司机们的不满。2014年6月,从伦敦到巴黎,布鲁塞尔到柏林,整个欧洲有超过3万名出租车司机参与罢工抗议网约车Uber。①

2.6 规范经济学的逻辑基础

尽管政策问题很少能说清楚,但若认为规范经济学仅仅是以主张、价值判断和传统智慧为基础的,那就大错特错了。恰恰相反,规范经济学从本质上为实证的原理推导出它的要义。规范经济学的主要目的是把客观的逻辑原理与主观见解和价值判断问题分离开来,以便能够更清晰地考察政策问题。为达到这一目的,经济学家关注于隐含在需求曲线与供给曲线构建中的信息。更具体地说,既然需求曲线上的点代表着买者的支付意愿,需求价格也就常常被看作人们赋予每一连续单位的价值的准确标志。同样地,代表销售意愿的供给价格也被看作每一连续单位的成本的准确尺度。由此可推导出以下三个原则:①市场机制趋向于把资源配置于被估价值最高的用途;②理性的个体之间的自愿交换是互利的;③在一定条件下,只要市场是竞争的并处于均衡状态,经济剩余作为衡量从交换中所获利益的尺度,是可以实现最大化的。这三个原则表明,市场机制是有效的,尽管它不一定是理想的。由此引出第四个原则,即效率问题(如财富的最大化等)是可以和分配问题(如财富在社会成员中如何分配等)分离开的。

2.6.1 最高估价的使用原则

所谓**最高估价的使用原则**(Principle of Highest Valued Use),是指市场出清价格将现有的供给配置给估价最高的使用;边际估价对每个消费者来说都是相等的。这是因为,市场需求曲线和市场供给曲线是从单个的买者和卖者的动机中推导出来的。在任一市场价格下,每个买者都愿意购买一定的数量,而每个卖者也都愿意销售一定的数量。市场需求曲线是通过把相应价格下的个人需求量相加而得到的,是个人需求曲线的水平加总。同样地,市场供给曲线是通过把相应价格下的单个生产者的供给量相加而得到的,是单个厂商供给曲线的水平加总。如图2.21所示,假定该市场只有甲、乙两个买者,$d_甲$和$d_乙$分别代表甲、乙的个人需求曲线,D是相应的市场需求曲线,S为市场供给曲线。这里的价格作为一种配置手段,决定市场的最终供给量Q^*如何在两个买者之间分配。按照市场价格P^*,甲购买q_1,乙购买q_2,其中$q_1+q_2=Q^*$,那么,作为一个规范问题,是否能够使现有的供给"更好地"在两个消费者之间分配呢?只要支付意愿仍作为有效的度量尺度,回答就是否定的。因为使买者中任何一个(如甲)多消费一单位的经济成本(机会成本)会使另一个(乙)必须少消费一单位。而在市场价格P^*决定的均衡点上,上述再分配会使这两个人分别移到各自需求曲线的A点和B点,由此导致买者甲增加的价值会小于买者乙减少的价值。同样地,市场机制或价格机制也能使低成本的生产者战胜高成本的生产者。

---

① 具体报道可以参考人民网 http://it.people.com.cn/n/2014/0623/c1009-25186294.html。

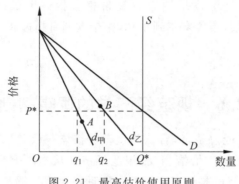

图 2.21 最高估价使用原则

2.6.2 自由交换是互利的

我们假定需求曲线和供给曲线上的每个点都分别代表不同的单个买者和卖者,每个买者心目中都有一个他愿意支付的最高额,每个卖者心目中都有一个他愿意接受的最低额。这些最高额和最低额被称作"**保留价格**"(Reservation Price)。对于买者来说,市场价格若超过保留价格,他们会保留其货币而把它们用于其他市场可供选择的物品。对于卖者来说,如果市场价格低于保留价格,他们在长期中会停止生产,而把资源转移到其他用途中。

表 2.1 中列出了 1~10 组买者和卖者的保留价格。从表 2.1 中可以看出,从第 1 组到第 4 组,每一组买卖双方以介于彼此保留价格之间的任一价格进行交换,都能使双方受益。对于第 5 组来说,买方的保留价格正好等于卖方的保留价格,双方的状况通过交换既不会改善,也不会恶化,他们恰好处于交换的边缘。事实上,正是他们的保留价格决定了市场上其他参与者的均衡。显然,从第 6 组以后,不会发生自愿的交换,因为不存在使买卖双方互利的价格。

表 2.1 保留价格 (单位:元)

组 号	1	2	3	4	**5**	6	7	8	9	10
买者	100	90	80	70	**60**	50	40	30	20	10
卖者	20	30	40	50	**60**	70	80	90	100	110

2.6.3 经济剩余的最大化

我们可以将表 2.1 中的信息转换成图 2.22。每个连续的买者的保留价格都代表他们对每个连续单位的消费品的估价。这样,需求曲线所代表的就是买者赋予额外 1 单位消费品的价值,即边际价值(或边际效用)。如果 5 单位物品被消费,其边际价值就是 60 元。同样地,每个连续的卖者的保留价格都代表生产每一连续单位物品的成本,从而供给曲线所代表的就是生产额外的最后 1 单位产品的成本,即边际成本。如果生产 5 单位产品,边际成本就是 60 元。前 4 笔交易中每一笔都使买卖双方从中受益,第 5 项边际交易使双方既未受益,也未受损。消费者从超过价格的价值中得到的总利益可以用需求曲线上的点与均衡价格之间的差额来表示,这一净收益也可以用需求曲线与均衡价格线组成的三角形面积来表示。这就是所谓的**消费者剩余**(Consumers' Surplus),它表示消费者愿意支付的价格与实际支付的价格之间的差额。我们可以按照同样的方法计算生产者的净收益即**生产者剩余**（Producers' Surplus），它表示生产者愿意接受的价格与实际索取的价格之间的差额，等于供给曲线与均衡价格线组成的三角形面积。这两个面积之和构成经济剩余，它相当于由交易产生的全部收益。经济剩余的产生与分配是相互独立的。从严格的效率角度看，剩余如何分配是无关紧要的，重要的在于，上述 5 单位物品是由那些对其估价最高的个体生产和消费的。在 $Q=5$ 时，由于所有互利的交换都已进行了，经济剩余达到了最大化。

如图 2.22 所示，交换一直进行到最后两个交易者既不获利也不受损时为止。在这一点上，消费者从购买 1 单位物品中所得到的利益或满足的增加即**边际价值**（Marginal Value，MV）或边际效用（Marginal Utility）等于为购买这 1 单位物品所引起的总支出的增加即**边际支出**（Marginal Expenditure，ME）。边际支出是上一章所述边际成本的一种具体形式，它是针对消费者而言的边际成本。① 如果市场价格由于税收提到稍稍高于每单位 70 元，则消费者剩余和生产者剩余将分别损失 40 元，而政府得到大约 60 元的税收收入，并将用于补偿全体社会成员。这二者之间的差额（等于 20 元）就是这种偏离市场机制的资源再配置的实际成本，它是由于价格提高使第 4 单位和第 5 单位物品退出生产而造成的。

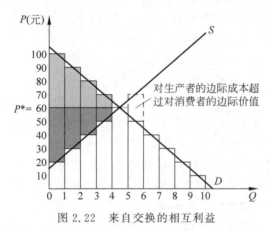

图 2.22 来自交换的相互利益

以上分析表明，政府对市场的任何一种干预都有一个共同特点，就是资源通过离开或进入市场而被重新配置。在这两种情况下，净经济剩余都必然减少。这种经济剩余的损失被称作**福利损失**（Welfare Loss），它可以近似地用供给量的增加或减少所造成的剩余三角形面积的消失来表示。这些消失的三角形代表效率的损失。

2.6.4 收入分配与资源配置的可分性

乍一看，图 2.21 中供给量 Q^* 在两个消费者之间的不均等分配似乎是不公平的。如果在一定程度上，需求上的差别仅仅是由于偏好差别造成的，这并不代表什么问题，因为第一个消费者可能在另一个市场上的需求高于第二个消费者。然而，如果需求的差别产生于支付能力的差别，公平问题就产生了，而这是市场所不能解决的。图 2.21 中，由 $d_甲$ 代表其支

---

① 边际价值＝边际支出（MV＝ME）是消费者效用最大化的购买原则，它是上一章所述利益最大化决策规则即 MB＝MC 的一种具体形式。

付意愿的消费者如果有更多的收入或财产,可能会愿意支付得更多。在极端的情况下,消费者乙可能用鱼子酱喂养他的爱犬,而消费者甲则可能饥肠辘辘;或者消费者乙雇用了唯一的外科医生去为他的太太接生,而与此同时,消费者甲可能正在流血至死。如果从公平的角度对这种状况提出质疑,人们还必须考察市场分配收入的方式。一般而言,市场经济趋向于根据人们生产对他人有价值的物品或服务的能力而分配收入。然而,收入和财产分配也取决于政治制度建立规则和配置所有权的方式。如果这些权利是公平的,市场体系也同样是公平的。只有当效率与公平最初是作为分离的问题处理的,上述事实才是明显的。如果由市场体系提供的解法是不公平的,这种不公平状况可能通过改变政治制度或通过政府借助于收入分配政策干预市场而得到缓解。

复习思考题

计算题

(1) 汤姆对白酒 x 的需求函数为 $P=100-\sqrt{Q}$,分别计算价格 $P=60$ 元和 $P=40$ 元时的价格弹性系数。

(2) 某纺织公司估计市场对的确凉的需求与居民收入之间的关系可用函数 $Q=100+0.2Y$ 表示,这里,Q 为需求量,Y 为每一人口的收入。

① 求收入水平分别为 2 000 元、3 000 元、4 000 元、5 000 元、6 000 元时的需求量。

② 求收入水平在 4 000 元和 6 000 元时的点收入弹性。

③ 求收入范围在 2 000 元到 3 000 元之间和 5 000 元到 6 000 元之间的弧收入弹性。

④ 若的确凉是该公司唯一产品,试问:如果国民经济处于迅速发展时期,该公司生产能不能快于国民收入的增长速度?为什么?

(3) 甲公司生产皮鞋,现价每双 60 美元,1988 年的销售量每月大约 10 000 双。1988 年 1 月其竞争者乙公司把皮鞋价格从每双 65 美元降到 55 美元。甲公司 2 月销售量跌到 8 000 双。

① 甲公司和乙公司皮鞋的交叉弹性是多少(甲公司价格不变)?

② 若甲公司皮鞋的价格弧弹性是 -2.0,乙公司把皮鞋价格保持在 55 美元,甲公司想把销售量恢复到每月 10 000 双的水平,问每双要降价到多少?

分析题

(1) 假定橙汁和苹果汁为完全替代品,画出合适的橙汁价格变动的价格—消费曲线和收入—消费曲线;左鞋和右鞋是完全互补品,画出合适的价格—消费曲线和收入—消费曲线。

(2) 当橘子产地受灾时,如果对橘子的需求越缺乏弹性,那么对橘子的价格的影响也就越大,这是为什么?

课堂自测

第 Ⅱ 篇

消费者行为与生产者选择

第 3 章　消费者行为
第 4 章　生产者选择：技术、成本与收益分析

　　本篇描述微观经济行为主体的基本行为规则，这既是前述市场机制或供求分析的进一步深入，也是后续各篇的理论铺垫，具有承上启下的作用。

　　第 3 章阐明了消费者购买的均衡商品组合，即实现效用最大化的原则以及收入变动和价格变动对消费者均衡的影响，从中推导出消费者个人需求曲线及市场需求曲线。该章是上一篇有关市场需求分析的继续。

　　第 4 章分别从生产的技术方面和成本方面分析了生产者行为，揭示了厂商选择最佳要素组合的原则，阐明了厂商由供给曲线为基础构成的成本函数。该章是上一篇有关市场供给分析的继续。

第 3 章

消费者行为

消费者作为消费品市场的需求方或买方,是重要的单个决策行为主体;消费者的消费支出,直接构成企业的销售收入,消费者的均衡购买量,直接影响到市场需求。本章从阐述消费者偏好开始,依次分析消费者实现均衡购买的条件、货币收入和价格变动对消费者均衡的影响以及消费者个人需求曲线和市场需求曲线的推导。

3.1 消费者偏好

决定消费者行为的最重要的因素之一是**消费者偏好**(Consumer Preferences)。在现实生活中,有些人喜欢读钱钟书的作品,有些人则更欣赏金庸的小说;有些人喜欢古典音乐,有些人则偏爱流行歌曲,这些不同的偏好无疑会导致消费者对商品的购买做出不同的决策。

3.1.1 偏好的性质

作为消费者行为分析的第一步,经济学家通常对消费者偏好的性质做出三个基本假定。

1. 消费者偏好的完全性

消费者能够对任意两种物品的任意数量的组合确定其偏爱程度,例如,消费者面临着 A、B 两种商品组合,商品组合 A 包括 2 单位食品和 3 单位衣服,商品组合 B 包括 3 单位食品和 2 单位衣服。经济学家假定消费者能够确定他是更喜欢商品组合 A,还是更喜欢商品组合 B,或者对这两种组合抱无所谓的态度,即认为它们没有差别。判断消费者对两种商品组合的偏爱程度的方法,是将这两种商品组标上相同的价格,然后问消费者究竟要哪一种。

2. 消费者偏好具有传递性

例如,假定一个消费者在 A、B 两种商品组合中更偏爱商品组合 A,而在 B、C 两种商品组合中更偏爱商品组合 B,那么,他对商品组合 A 的偏好一定大于商品组合 C。如果他对商品组合 A 和 B 的偏好没有差别,对商品组合 B 和 C 的偏好也没有差别,那么,同样可以断定他对商品组合 A 与 C 的偏好没有差别。假如不是这样,那么,他的偏好是不可传递的,将意味着他的偏好是矛盾的或不一致的。

3. 所有商品都是"好的"

在所含商品数量较多的商品组合(如 2 单位食品和 4 单位衣服)和所含商品数量较少的商品组合(如 2 单位食品和 3 单位衣服)之间,消费者总是宁可要前者而不要后者。这是以消费者对这些商品的消费尚未达到饱和状态为前提的,或者说,这些物品对消费者来说都是"**好东西**"(Goods)而不是"**坏东西**"(Bads),所以,它们对于消费者来说"多多益善"。

3.1.2 无差异曲线

我们可以用无差异曲线来图解消费者的偏好。所谓**无差异曲线**(Indifference Curves),就是表示能给消费者带来同等程度满足的两种商品的不同数量组合点的变化轨迹。如图 3.1 所示,横轴表示商品 x 的数量,纵轴表示商品 y 的数量,如果曲线 U_1 上的各点,比如,A 点、B 点、C 点、D 点各自代表的商品 x 和商品 y 的各种组合给某消费者带来的满足程度都是一样的,那么,该曲线就是一条无差异曲线。因为同一条无差异曲线上的每一个点代表的商品组合所提供的总效用是相等的,所以,无差异曲线也叫作等效用线。

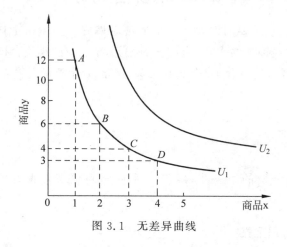

图 3.1 无差异曲线

图 3.1 中的 U_2 表示该消费者的另外一条无差异曲线,因为这条线上的每一个点都分别代表着含有较多商品 x 或商品 y 的各种组合,所以,根据前述有关消费者偏好的性质,它们都分别代表着较高的满足水平或效用水平。实际上,我们可以在同一个坐标图上,根据消费者的偏好,画出一系列代表不同满足水平的无差异曲线,这具有一系列无差异曲线的图被称作无差异曲线图。不同消费者的无差异曲线图反映了他们不同的偏好。在此,我们仅考察一般的无差异曲线。一般的无差异曲线主要有以下四个特征。

1. 无差异曲线自左向右下方倾斜

因为商品 x 和商品 y 的既定组合代表着消费者既定的满足程度,当减少一定量商品 x 时,消费者的满足程度会下降,为保持原有的满足程度不变,就必须增加一定量的商品 y。只是在特殊情况下,即当某种商品为中性物品或令人讨厌的物品时,无差异曲线才表现为水平或垂直,甚至是向右上方倾斜,即斜率为正。

2. 无差异曲线图中位置越高或距离原点越远的无差异曲线所代表的消费者的满足程度越高

如图 3.1 所示，U_2 所代表的消费者满足程度高于 U_1，这是因为 U_2 与 U_1 相比，在假定所包含的商品 y 的量相同时，U_1 和 U_2 分别包含了较多的商品 x，换句话说，较高的无差异曲线上所有商品组合的效用都高于较低的无差异曲线上所有商品组合的效用。

3. 任何两条无差异曲线不能相交

如果两条无差异曲线相交，就会产生矛盾。以图 3.2 为例，U_1、U_2 是两条无差异曲线，假定它们相交于 A 点，这表明在 A 点或组合 A，无论是对于无差异曲线 U_1 还是无差异曲线 U_2 来说，都提供同等程度的满足。然而，在无差异曲线 U_2 上，商品组合 A 与商品组合 C 提供同等程度的满足，而在无差异曲线 U_1 上，商品组合 A 与商品组合 B 也提供同等程度的满足，这样，商品组合 B 与商品组合 C 也就一定是提供同等程度的满足了。但这是不可能的，因为商品组合 C 所包含的两种商品的数量都多于商品组合 B，而

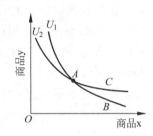

图 3.2　假定无差异曲线相交而产生的矛盾

商品被限定为多了比少了好，所以，商品组合 C 所提供的效用一定会大于商品组合 B，这显然是一个矛盾。由此可见，只要消费者的偏好是可传递的，无差异曲线就不可能相交。

4. 无差异曲线通常都凸向原点

如图 3.1 所展示的形状，这是由边际替代率递减规律所决定的。关于这一点，我们在下面详细论述。

3.1.3　序数排列和基数排列

图 3.3 中，三条曲线提供了无差异曲线的一种序数排列。**序数排列**（Ordinal Ranking）是将无差异曲线按照偏好程度由高及低排列的，但它并没有表明一条无差异曲线上的商品组合在多大程度上比另一条无差异曲线上的商品组合更受到偏好。例如，我们知道，比起 U_2 上的任何一个商品组合（如商品组合 B），人们总是偏好消费 U_3 上的任何一个商品组合（如商品组合 A）。然而，无差异曲线图并没有告诉我们，商品组合 A 比 B（以及商品组合 B 比 C）更受到偏好的程度大小。

序数效用论认为，效用只能用序数（如第一、第二、第三，等等）来度量，也就是说，消费者只能根据各种商品组合对其满足程度顺序加以排列，而不能确切地说出各种商品组合的效用到底是多少。而早期经济学家所采用的是基数效用论，他们希望对个人

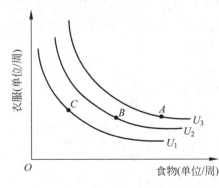

图 3.3　无差异曲线图

偏好方便地进行量化或以基数单位加以度量,从而能够进行**基数排列**(Cardinal Ranking)。

基数效用论认为,效用的大小可以用基数(如 1,2,3,…)来衡量并加总求和。然而在今天,效用的精确度量单位是无关紧要的。例如,尽管我们无法说 U_2 上的消费者要比他们在 U_1 上时感到多一倍的快乐,但是一种序数排列已足以能说明绝大多数的个人决定是如何做出的。

3.1.4 边际替代率

人们在两种或两种以上的商品中进行选择的时候面临着权衡抉择,无差异曲线有助于使这些权衡抉择变得清晰明了。对图 3.1 的分析表明,消费者对增加或减少一单位某种物品的重视程度是不同的。衡量这种重视程度的尺度就是所谓的**边际替代率**(Marginal Rate of Substitution,MRS)。

边际替代率被定义为:为了维持原有的满足程度不变,消费者为增加一单位商品 x 而必须放弃的商品 y 的数量,用公式表示就是:

$$\text{MRS}_{xy} = -\frac{\Delta y}{\Delta x} \tag{3.1}$$

其中,MRS_{xy} 表示消费者用商品 x 替代商品 y 的边际替代率;Δy 和 Δx 分别表示商品 y 的减少量和商品 x 的增加量,因为 Δy 和 Δx 的变化方向相反,所以 MRS_{xy} 的值为负,但经济学家习惯上取其绝对值,故在公式前标上一个负号。

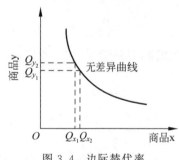

图 3.4 边际替代率

以图 3.4 为例,消费者为保持原来的满足水平,要增加 $(Ox_2 - Ox_1)$ 单位商品 x,就必须放弃 $(Oy_2 - Oy_1)$ 单位商品 y,因为这种替换的结果,使其获得的满足既不会增加,也不会减少。所以,该消费者用商品 x 替代商品 y 的边际替代率 MRS_{xy} 就是 $(Oy_2 - Oy_1)/(Ox_2 - Ox_1)$ 即 $\Delta y/\Delta x$,这也就是消费者为保持原有的满足程度不变,增加 1 单位商品 x 就必须放弃的商品 y 的数量。

实际上,边际替代率也等于 -1 乘以无差异曲线的斜率。一般而言,一条既定的无差异曲线上的不同点的边际替代率是不同的,随着消费者用越来越多的商品 x 替代商品 y,其边际替代率会发生递减的变化。也就是说,在用商品 x 替代商品 y 的过程中,消费者为保持原有的满足程度不变,愿意为增加 1 单位商品 x 而放弃的商品 y 的数量会越来越少,这就是所谓的边际替代率递减规律。

边际替代率之所以会发生递减的变化,这是因为当消费者拥有越来越多的某种商品时,增加的一单位该种商品(与其他商品相比)对于他的重要程度或使他获得满足的程度就越来越低,而当他拥有的某种商品越来越少时,减少的一单位该种商品(与其他商品相比)对他的重要程度或使他降低满足的程度就越来越高。用数学的术语来说,边际替代率递减意味着无差异曲线是凸向原点的,或者说,如图 3.5 所示,无差异曲线的位置处于它的切线之上。

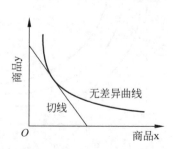

图 3.5 无差异曲线凸向原点

3.1.5 完全替代品与完全互补品

无差异曲线的形状可以表明人们用一种商品替代另一种商品的不同的愿意程度。为了说明这一点,让我们来看图3.6中的两个极端的例子。图3.6(a)表明消费者甲对百事可乐和可口可乐的偏好,因为对于甲来说,在喝一瓶百事可乐或喝一瓶可口可乐之间是毫无差异的,所以这两种商品在甲这儿就成了完全替代品。在这一例子中,百事可乐对可口可乐的边际替代率就是1,甲总是愿意用一瓶百事可乐换一瓶可口可乐。一般来说,当一种商品对另一种商品的边际替代率是一个常数时,我们就说这两种商品是**完全替代品**(Perfect Substitutes),描绘消费者在这两种商品之间权衡抉择的无差异曲线就是一条直线。

图3.6(b)显示了正常人对左鞋和右鞋的偏好。对于正常人来说,这两种商品是完全互补品。在这一例子中,因为人们不会放弃任何一只左鞋来换取一只额外的右鞋,所以只要右鞋比左鞋多,左鞋对右鞋的边际替代率就是0。相应地,因为人们会放弃所有超量的左鞋而只留一只以获得一只额外的左鞋,所以只要左鞋比右鞋多,边际替代率就是无穷大。当两种商品的无差异曲线为直角形状时,它们就是**完全互补品**(Perfect Complements)。

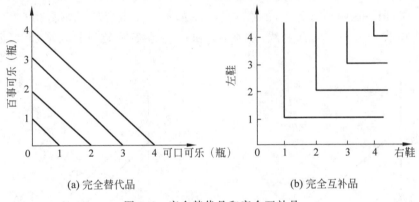

(a) 完全替代品　　　　　　　　　　(b) 完全互补品

图3.6　完全替代品和完全互补品

3.2　消费者均衡

消费者行为理论假定,消费者是以效用最大化为目标的,所谓**消费者均衡**(Consumer Equilibrium),是指消费者一旦实现了效用最大化,其决策行为就不会再改变的一种稳定状态。本节将利用上一节所提供的无差异曲线分析消费者实现效用最大化即均衡的条件。

3.2.1　预算线

消费者能够得到的商品组合,一方面取决于其货币收入的多少;另一方面依赖于商品价格水平的高低,这两方面合起来就构成消费者的预算约束。其表达式为

$$Q_y = \frac{1}{P_y}I - \frac{P_x}{P_y}Q_x \tag{3.2}$$

其中，$I=P_x\times Q_x+P_y\times Q_y$，表示消费者的可支配货币收入；$P_x$ 和 P_y 分别表示商品 x、y 的价格；Q_x 和 Q_y 分别表示商品 x、y 的数量。

这是一个直线式。公式右边的第一项 $\left(\dfrac{1}{P_y}I\right)$ 是该直线在纵轴上的截距，它表示消费者把全部收入 I 按商品 y 的价格 P_y 都花在商品 y 上所能购买的商品 y 的数量。右边第二项中的 $\dfrac{P_x}{P_y}$ 为该直线的斜率，它是负值，等于-1乘以商品 x 与商品 y 的价格之比。如 $Q_y=0$，则 $P_xQ_x=I$，$Q_x=\dfrac{1}{P_x}I$。$\dfrac{1}{P_x}I$ 是该直线在横轴上的截距，它表示消费者把全部收入 I 按商品 x 的价格 P_x 都花在商品 x 上所能购买的商品 x 的数量。两个截距连起来的直线即公式(3.2)所表示的直线，即**预算线**（Budget Line），如图 3.7 所示。

预算线也叫收入线，或消费可能线，或等支出线，它表示消费者用同一收入按既定价格 P_x、P_y 所能购买的商品 x 和商品 y 的不同数量的各种组合的轨迹。

1. 收入变化

当商品的价格不变时，货币收入的增加将使预算线向外平移，货币收入的减少将使预算线向内平移，但在这两种情况下，预算线的斜率都不会发生变化。如图 3.8 所示，如果 C 表示原来货币收入水平下的预算线，那么，C' 和 C'' 分别表示货币收入增加和减少后的预算线。

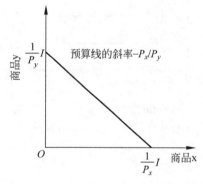

图 3.7 预算线

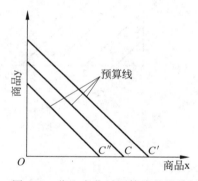

图 3.8 收入变化对预算线的影响

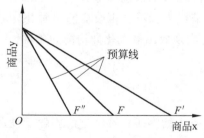

图 3.9 商品 x 的价格变化对预算线的影响

2. 价格变化

当货币收入和商品 y 的价格 P_y 保持不变时，商品 x 的价格 P_x 的提高或下降，将使预算线斜率的绝对值增大或减小，同时预算线在横轴上的截距缩小或增大，但直线在纵轴上的截距保持不变，如图 3.9 所示，如果 F 表示 P_x 没有变化以前的预算线，那么，F'' 和 F' 则分别表示 P_x 提高和下降后的预算线。

相反，当货币收入和 P_x 保持不变时，商品 y 的

价格 P_y 的提高或下降,将使预算线斜率的绝对值减小或增大,同时预算线在纵轴上的截距缩小或增大,但预算线在横轴上的截距保持不变。至于当货币收入不变时,P_x 和 P_y 以相同或相反的方向(不一定成比例)同时发生变动对预算线可能产生的各种影响,读者自己也不难分析,这里就不再赘述。

3.2.2 消费者均衡的条件

如前所述,无差异曲线图表明了消费者的偏好是什么,例如,图 3.10 中的 U_3 上的任何商品组合都比 U_2 上的任何商品组合更令人满意,而 U_2 上的任何商品组合也都比 U_1 上的更令人满意。毫无疑问,消费者总是愿意在尽可能高的无差异曲线上选择一种商品组合,以使其效用最大化。

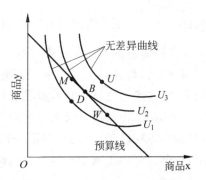

图 3.10 消费者均衡:支出一定

但是,并非所有的商品组合都是消费者所能够选择的,如前所述,预算线展示了消费者能够选择的商品组合的范围。图 3.10 中的消费者可以选择预算线上任何一点,如点 M、点 B 或点 W 所代表的商品组合。但他不能选择位于预算线上方的任何一点,如 U 点所代表的商品组合。当然,他也可能选择预算线下方的任何一点,如 D 点,但这意味着他没有花掉其全部收入,从而没有达到他所能达到的更高的满足程度。既然如此,使消费者效用最大化的商品组合,只能是消费者的预算线与其无差异曲线相切的那一点所代表的商品组合,如图 3.10 所示,这一切点也就是 U_2 上的 B 点。因为在一张无差异曲线图上,一条既定的预算线可以和许多条无差异曲线相交,但只能和一条无差异曲线相切,而这条无差异曲线也就是该消费者的预算线所能达到或接触到的最高的无差异曲线。既然预算线与无差异曲线的切点既在预算线上,又在所能达到的最高的无差异曲线上,因此,B 点所代表的商品组合就是在预算约束下使消费者的效用最大化的商品组合,或者说,是使消费者达到均衡的商品组合,或简称均衡的商品组合。同样的道理,一条既定的无差异曲线可以和许多条预算线相交,但只能和一条预算线相切,而这条预算线也就是该消费者的无差异曲线所能达到或接触到的最节省的预算线,如图 3.11 所示。

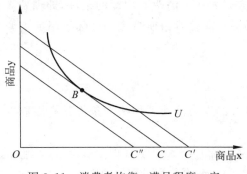

图 3.11 消费者均衡:满足程度一定

以上我们用几何图形的方式表述了消费者达到均衡状态的条件,这就是消费者要实现效用最大化,必须选择其预算线与无差异曲线的切点所代表的商品组合。因为在预算线与无差异曲线的切点上,预算线的斜率正好等于无差异曲线的斜率(由几何图形可见),而正如前面的分析已经表明的,预算线的斜率等于$-\frac{P_x}{P_y}$,无差异曲线的斜率等于-1乘以MRS_{xy}①,所以,消费者均衡的条件还可以表述为

$$\text{MRS}_{xy} = \frac{P_x}{P_y} \tag{3.3}$$

公式(3.3)表明,只有当消费者把其全部收入在商品 x 和商品 y 之间做了这样的分配,以致使商品 x 替代商品 y 的边际替代率等于商品 x 与商品 y 的价格比率时,消费者才达到均衡状态。因为MRS_{xy}是消费者为保持其总的满足水平不变而愿意用商品 x 替代商品 y 的比率,而$\frac{P_x}{P_y}$则表明消费者能够用商品 x 替代商品 y 的比率,所以,公式(3.3)是说明消费者在保持原有的满足程度不变的情况下,愿意用商品 x 替代商品 y 的比率必须等于其能够用商品 x 替代商品 y 的比率。否则,消费者就总有可能找到另一种使其满足程度增加的商品组合,这当然也就意味着他目前所选择的并不是使其效用最大化的均衡的商品组合。

实际上,由于同一条无差异曲线上所有商品 x 和商品 y 的组合都能给消费者带来同等程度的满足,所以,当消费者沿着同一条无差异曲线移动时,由增加一单位 x 所增加的效用,一定等于由于减少相应的 y 所减少的效用,即:

$$\Delta x \cdot \text{MU}_x = \Delta y \cdot \text{MU}_y$$

这样,商品 x 对商品 y 的边际替代率就可写成:

$$\text{MRS}_{xy} = \frac{\Delta y}{\Delta x} = \frac{\text{MU}_x}{\text{MU}_y}$$

而公式(3.3)则可以转换成:

$$\text{MRS}_{xy} = \frac{\text{MU}_x}{\text{MU}_y} = \frac{P_x}{P_y} \tag{3.4}$$

公式(3.4)可进一步变换为:

$$\frac{\text{MU}_x}{P_x} = \frac{\text{MU}_y}{P_y} \tag{3.5}$$

公式(3.5)以另一种方式表达了消费者均衡的条件,即消费者要实现效用最大化,必须使花在每一种商品上的最后一单位货币所带来的边际效用都相等。②

3.2.3　边角解

应该指出的是,公式(3.3)作为消费者均衡的条件是有限制的,它实际上是以无差异曲

---

① 回想一下,我们曾把MRS_{xy}规定为-1乘以无差异曲线的斜率,或者说,把MSR_{xy}规定为无差异曲线斜率的绝对值,因为无差异曲线的斜率为负,所以,它自然等于MRS_{xy}的负值。

② 这就是通常用边际效用论或基数效用论分析消费者均衡所得到的条件。

线凸向原点,并且与预算线相切为假定前提的。如果无差异曲线虽然凸向原点,但在任何地方都比预算线陡峭或平坦,或者,如果无差异曲线凹向原点,而不是凸向原点(这意味着 MRS 将不是递减而是递增),那么,消费者只有将其全部收入都花在商品 x 或商品 y 上,才能实现效用最大化,这时的消费者均衡被称作**角均衡**(Corner Equilibrium),这种实现效用最大化的方法称作角解。

如果无差异曲线在任何地方都比预算线平坦,如图 3.12 所示,那么 U_1 是消费者通过将其全部收入用于购买商品 y 所能达到的最高的无差异曲线。因为点 J 最接近于所不能达到的切点(即 JK 与 U_1 的切点),而且点 J 在纵轴上,它所代表的消费者均衡就是上述角均衡。

如果无差异曲线在任何地方都比预算线陡峭,如图 3.13 所示,那么 U_1 是消费者通过将其全部收入花在商品 x 上所能达到的最高的无差异曲线。因为点 K 在横轴上,意味着消费者把其全部收入都花在了商品 x 上,所以,它也是一种角解。

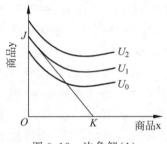

图 3.12 边角解(1)

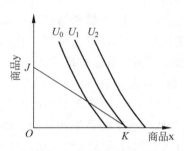

图 3.13 边角解(2)

如果凹向原点的无差异曲线 U_0 与预算线在 V 点相切,如图 3.14 所示,那么这并不是使消费者效用最大化的商品组合,预算线在 J 点与 U_1 相交,U_1 所代表的效用水平虽然高于 U_0,但还不是消费者所能达到的最大满足。而只有 U_2 是消费者的预算线所能达到的最高的无差异曲线,这意味着在 K 点,消费者把其全部收入都花在商品 x 上,所以,K 点也是一种角均衡或角解。

在现实世界中,尽管消费者并非把其全部收入只花在一种或少数几种商品上,但毕竟存在着许多

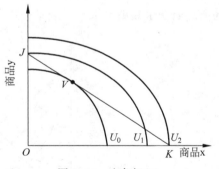

图 3.14 边角解(3)

其没有购买的商品,因为这些商品就其所提供的效用来说太昂贵了。例如,很少有人购买一瓶价值超过 1 万元人民币的白酒,因为大多数人从这种酒中得到的效用不能抵偿这一高额的价格,即在大部分人来看不值。这种现象虽然可以用凸向原点,但在任何地方都比预算线陡峭或平坦的无差异曲线来解释,由此而产生的求解效用最大化的方法将是端点或角解而不是内线解。[①]

---

① 这里的角也指预算线的端点,而内线解是指在预算线的两个端点之间寻找消费者均衡点。

3.3 货币收入变化的影响

以上我们在假定消费者的货币收入和商品的价格水平均不发生变化的情况下分析了消费者均衡,这里我们要考察货币收入的变化对消费者均衡的影响。

3.3.1 收入-消费曲线

前面曾经指出,只要商品的价格保持不变,货币收入的增减并不影响预算线的斜率,只是使预算线平移。要判断货币收入的变化对消费者所选择的商品组合的影响,我们可以把与原来的货币收入相对应的预算线所决定的均衡位置和货币收入变化后的预算所决定的均衡位置加以比较。

例如,图 3.15 中,消费者与其原有收入水平相对应的预算线为 A,在消费者的无差异曲线图既定的情况下,使其效用最大化的商品组合由 Oa 单位商品 x 和 Ob 单位商品 y 构成。现在假定该消费者的货币收入增加了,与新的货币收入相对应的预算线为 B,在这种情况下,均衡的商品组合则由 Oc 单位商品 x 和 Od 单位商品 y 构成。由此可见,在商品价格保持不变的情况下,对于消费者来说,每一收入水平都产生一种均衡的商品组合,如图 3.15 所示,与三种收入水平相适应的均衡商品组合分别由点 U、点 V、W 点来表示。如果我们把表示与所有可能的货币收入水平相适应的均衡商品组合的点连接起来,所得到的曲线便是所谓的收入-消费曲线。收入-消费曲线表示在消费者偏好和商品价格不变的情况下,各种不同的收入所能买到的两种商品的各种均衡组合点的变化轨迹,它表示消费者收入变化时的商品消费量和满足水平的变动。

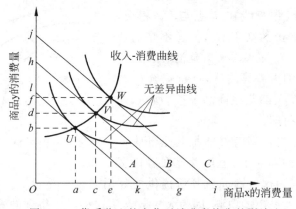

图 3.15 货币收入的变化对消费者均衡的影响

3.3.2 恩格尔曲线

收入-消费曲线可以用来推导出**恩格尔曲线**(Engel Curves),后者表示的是某种商品的均衡购买量与收入水平的关系。①

仍以图 3.15 为例,当货币收入等于 $P_x \times Ok$(或 $P_y \times Ol$,因为二者相等)时,收入-消费曲线表明消费者购买 Oa 单位商品 x。用同样的方法可以说明,当货币收入等于 $P_x \times Og$(或 $P_y \times Oh$)时,消费者将购买 Oc 单位的商品 x;当货币收入等于 $P_x \times Oi$(或 $P_y \times Oj$)时,消费者将购买 Oe 单位的商品 x。我们把类似的越来越多的点包括进来,并把它们画在以纵轴表示货币收入,以横轴表示商品 x 的消费量的图 3.16 上,便得到相应的恩格尔曲线。

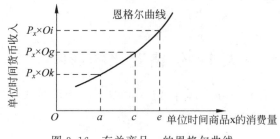

图 3.16　有关商品 x 的恩格尔曲线

恩格尔曲线的形状取决于特定商品的性质、消费者的偏好以及保持不变的价格水平。例如,图 3.17(a)中的恩格尔曲线表明,商品 x 的消费量随收入的增加而增加,但其增长率是递减的。一般来说,生活必需品的需求量和收入之间的关系就是如此。而图 3.17(b)中的恩格尔曲线则表明,商品 x 的消费量也随收入的增加而增加,但其增长率是递增的。一般来说,高档消费品与收入之间的关系便是如此。

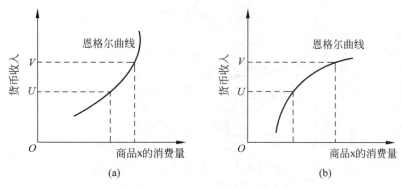

图 3.17　不同形状的恩格尔曲线

3.3.3　恩格尔系数

恩格尔系数是指食品支出在整个消费支出中所占的比重。德国统计学家恩斯特·恩格尔在 1857 年对大量家庭的预算开支数据的统计分析中发现,随着收入的增加,用于食品的支出在收入中所占的比重越来越小,也就是说,食品的需求收入弹性是非常低的。因此,一个国家(或一个家庭)在食品上的支出占其收入的比重标志着这个国家(或家庭)的富裕程度,较富裕的国家的食品支出在其收入中所占的比重小于较贫穷的国家。这就是所谓的

---

① 恩格尔是 19 世纪德国的统计学家,因为他率先对上述关系进行了统计研究,恩格尔曲线由此而得名。

恩格尔系数定理。一般而言,恩格尔系数在20%时为富裕;30%~40%为比较富裕;40%~50%为小康;50%以上为较贫困;60%以上为贫困。美国1950年的恩格尔系数为30.3%,1960年为27.7%,1977年为21.7%。目前,发达国家的恩格尔系数处于20%~30%的水平,有的低于20%。根据国家统计局的数据,我国自改革开放以来,恩格尔系数持续下降:城镇居民恩格尔系数1978年为57.5%,2013年下降到30.1%,2022年进一步下降到29.5%;农村居民恩格尔系数1978年为67.7%,2013年下降到34.1%,2022年进一步下降到33.0%。[①]

3.4　价格变化的影响

现在我们转向问题的另一方面,即假定在消费者的货币收入不发生变化的情况下,考察商品价格的变动对消费者均衡的影响。

3.4.1　价格-消费曲线

为使问题简化,我们仍然考察只有 x 和 y 两种商品的世界,并假定商品 y 的价格保持不变,从而抽象地分析商品 x 的价格变化对消费者所购买的商品组合会产生什么影响,如图3.18所示。

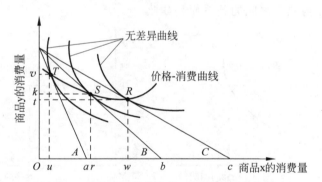

图3.18　商品 x 的价格变化对消费者均衡的影响

假定与商品 x 初始价格相对应的预算线为 B,当商品 x 的价格上升从而新的预算线为 A 时,消费者新的均衡商品组合将是 T,而不是原来的商品组合 S 了。因此,商品 x 价格的上升将导致消费者购买 Ou 单位商品 x 和 Ov 单位商品 y。利用同样的方法,我们也可以确定当商品 x 的价格下降从而使初始的预算线变成新的预算线 C 时,消费者新的均衡商品组合是 Ow 单位商品 x 和 Ot 单位商品 y。与商品 x 的各种价格水平相对应的均衡商品组合,均可按照同样的方法依次推导。由这些均衡点连接而成的曲线就是所谓的价格-消费曲线,它表示在消费者偏好和货币收入保持不变的情况下,由于商品 x 价格的变化所引起的均衡商品组合的变化。

---

① 参见国家统计局网站：http://www.stats.gov.cn/zs/tjws/tjzb/202301/t20230101_1903801.html。

3.4.2 替代效应和收入效应

以上分析的价格变动对消费者均衡的影响被称作价格变动的总效应,它从概念上可以分解为替代效应和收入效应。如图 3.19 所示,当商品 x 的价格下降时,预算线由原来的 JK 变为 JK',消费者均衡点由 A 点变为 B 点,这意味着消费者的满足水平提高了(即由无差异曲线 U_1 上升到无差异曲线 U_2)。

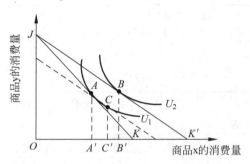

图 3.19 替代效应与收入效应——正常商品

由于商品 x 的价格下降,对商品 x 的需求量由 OA' 增加到 OB',$A'B'$ 为价格变动的总效应。

假定我们能够在价格下降时使消费者的货币收入适当地减少,从而使其保持原有的满足水平不变,即继续停留在无差异曲线 U_1 上,这意味着有一条平行于 JK' 的预算线与无差异曲线 U_1 相切,这一假想的预算线即图 3.19 中的虚线。所谓替代效应,是指从原来的均衡点 A 到与假想的预算线相对应的均衡点 C 的移动,或者说,当满足水平保持不变时,由价格变化所引起的商品 x 需求量的变化,即替代效应。在图 3.19 中,替代效应为 $A'C'(OC'-OA')$。

现在我们设想图 3.19 中的虚线向右移动,与实际的新的预算线 JK' 重合。如果我们把消费者的实际收入限定为其满足(或效用)水平,那么,由虚线到 JK' 的移动就标志着消费者实际收入的增加,由此引起的从假想均衡点 C 到实际新均衡点 B 的移动,就是所谓的收入效应。或者说,收入效应是指在所有的价格都保持不变时,完全由于实际收入的变动所引起的商品 x 需求量的变动。在图 3.19 中,商品 x 价格下降所引起的收入效应就是 $OB'-OC'=C'B'$。显然,由商品 x 价格下降所产生的总效应等于替代效应与收入效应之和,由 $A'C'+C'B'=A'B'$。

一般而言,替代效应总是负的,也就是说,在实际收入保持不变的情况下,商品 x 的价格与商品 x 的消费量(或需求量)呈反方向变动;而收入效应在大多数情况下是正的,也就是说,实际收入的变动与商品消费量的变动方向相同。但在有些情况下,收入效应为 0 或为负,也就是说,实际收入的变动对商品消费量没有影响或与商品消费量的变动方向相反。收入效应大于或等于 0 的商品通常被称作正常的商品,收入效应为负的商品则被称作低档商品(见图 3.20)。当价格变动的总效应为负时,这种商品就是所谓的吉芬商品(见图 3.21)。正常商品、低档商品和吉芬商品的效应分析见表 3.1。

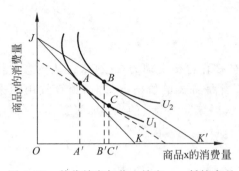

图 3.20 替代效应与收入效应——低档商品

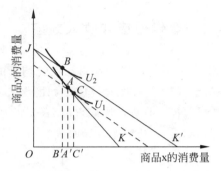

图 3.21 替代效应与收入效应——吉芬商品

表 3.1 各种商品的效应分析

类 别			替代效应	收入效应	总 效 应
价格上升	正常商品		减少	减少	减少
	低档商品	非吉芬商品	减少(大)	增加(小)	减少
		吉芬商品	减少(小)	增加(大)	增加
价格下降	正常商品		增加	增加	增加
	低档商品	非吉芬商品	增加(大)	减少(小)	增加
		吉芬商品	增加(小)	减少(大)	减少

3.5 个人需求曲线和市场需求曲线

经济学家之所以对价格-消费曲线感兴趣，一个主要原因是它能够用来推导出所论及商品的个人需求曲线，而作为市场价格决定因素的市场需求曲线又是以个人需求曲线为基础的。

3.5.1 个人需求曲线的推导

个人需求曲线表示在消费者偏好、货币收入及其他商品价格不变的情况下，消费者在某种商品的价格与其需求量之间的关系。下面具体分析个人需求曲线是如何从价格-消费曲线推导出来的。

由图 3.18 中的价格-消费曲线可知，当商品 x 的价格为 I/Oa（这里的 I 表示消费者的货币收入）时，消费者购买 Ou 单位商品 x；当商品 x 的价格为 I/Ob 时，消费者购买 Or 单位商品 x；当商品 x 的价格为 I/Oc 时，消费者购买 Ow 单位商品 x。利用这种方法，我们可以得到与商品 x 的各种价格水平相对应的商品 x 的购买量，如图 3.22 所示，代表这些不同的价格与购买量的点的轨迹，就是商品 x 的完整的个人需求曲线 DD'。

注意：价格-消费曲线与个人需求曲线的区别在于，前者表示在商品 x 的不同价格水平下消费者所购买的商品 x 与商品 y 的不同组合，其坐标图的横轴和纵轴分别表示的是商品 x 和商品 y 的消费量；而后者表示在商品 x 的不同价格水平下，消费者将购买的商品 x 的

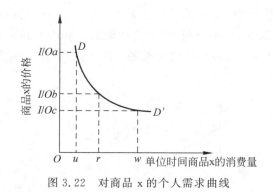

图 3.22　对商品 x 的个人需求曲线

数量,其坐标图的横轴表示商品 x 的需求量,纵轴表示商品 x 的价格。

3.5.2　从个人需求曲线到市场需求曲线

某种商品的市场需求曲线就是该市场上所有消费者的个人需求曲线的简单水平加总,或者说,要知道每一价格下的市场需求量,我们把对应于每一价格水平下的个人需求量加起来就行了。例如,图 3.23 中给出了 A、B、C 三个消费者的个人需求曲线,它们都可以看作通过分析每个消费者的均衡消费行为推导出来的。图 3.23 中的市场需求曲线 D 就是通过把每一价格下每个消费者个人需求曲线所对应的需求量水平相加而得到的。

关于市场需求曲线应指出三点:第一,市场需求曲线表示在不同的价格下,市场上所有消费者愿意并能够购买的商品数量;第二,市场需求曲线通常是向右下方倾斜的,之所以如此,从基数效用论的角度看,是因为边际效用递减,从序数效用论的角度看,是因为价格变动的替代效应(从绝对值上)大于负的收入效应,或者由于替代效应为负,收入效应大于或等于 0;第三,市场需求曲线上的每一个点都是使全体消费者效用最大化的均衡点。

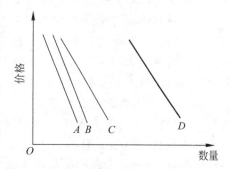

图 3.23　从个人需求曲线到市场需求曲线

3.5.3　消费者剩余

由于消费者消费不同数量的同种商品所获得的边际效用是不同的,所以,他对不同数量的同种商品所愿意支付的价格也是不同的。撇开价格歧视不说,消费者在市场上所面临的同种商品的价格一般是相同的,这样,消费者为一定量某种商品愿意支付的价格和其实际支付的价格之间就可能出现差额,这一差额就是所谓的**消费者剩余**(Consumer Surplus)。

如图 3.24 所示,AD 为某消费者对某商品的需求曲线,OP 为该商品的市场价格,对应于这一价格水平,消费者购买 OQ 单位商品。从图 3.24 中可以看出,该消费者愿意为 OQ 单位商品支付的全部价格为 $OQEA$,而他实际支付的价格为 $OQEP$,二者的差额即 $OQEA-OQEP=APE$,就是消费者剩余。通常,当一种商品或劳务,特别是公用事业服务的价格上涨或下降时,消费者就感受到了损失或得到了好处,这里所说的受损或受益,就是指消费者剩余的减少或增加。仍以图 3.24 为例,假如商品价格由 OP 上升为 OP_1,消费者剩余就由原来的 APE 减少为 AP_1B;如果价格由原来的 OP 下降为 OP_0,则消费者剩余就由原来的 APE 增加为 AP_0C。

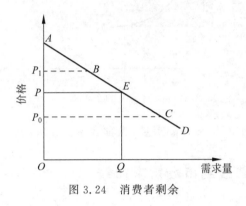

图 3.24　消费者剩余

课程思政专栏

让价值理性引导工具理性

经济学家对于需求的分析出于其理性人假设,即消费者如何以最小的成本获得最大的效益。需求曲线也直接来源于消费者对于边际效用和付出成本的综合考量。理性人假设事实上是现代西方经济学的核心假设。经济学家认为,经济人做决策的原则和逻辑即是"给定任意的目标,如何基于一定条件实现最大化的收益"。经济学家这一对理性的强调,确实在一定程度上描绘了人类社会的特殊性,例如毕达哥拉斯曾指出,"别的动物也都具有智力、热情,理性只有人类才有"。

但是,理性人假设也引发了广泛的争议,理性并非只有经济学家所假设的一种。韦伯认为,人的理性可以区分成两种不同类型,一种叫工具理性(Instrumental Rationality),另一种叫价值理性(Value Rationality)。所谓工具理性,是经济学家所讨论的进行成本收益分析的理性,即通过实践的途径确认工具(手段)的有用性,理性人的决策追求事物的最大功效、为某种功利的实现服务。所谓价值理性,则是与工具理性对举的概念,是指注重要达到的目的本身,即从某些具有实质的、特定的价值理念的角度来看行为的合理性。价值理性与工具理性不同,是从特定价值理念的角度来看行为的合理性,一般受认知、教育、经历、信仰等各方面影响。

价值理性应当引导工具理性。换言之,工具理性使理性人可以选择最优的方式实现既定的目标,但价值理性确定了工具理性的方向是不是正确的。例如,就经济发展而言,孟子曾经提出"老吾老以及人之老,幼吾幼以及人之幼",这就体现出发展成果为民众共享的重要性。因此,创造经济发展的蛋糕固然重要,但将蛋糕更加公平地进行分配也一样重要。再如,就个人成长而言,价值理性决定了行为选择,进而形塑了个人成长。因此,应当做到价值理性与工具理性间的同一,让前者引导后者,在决策中既考虑目标的合理性(do the right thing),又在决策过程中实现最优(do right)。

习近平总书记反复强调价值观在青年人生发展中的基础性作用,他指出"青年的价值取向决定了未来整个社会的价值取向,而青年又处在价值观形成和确立的时期,抓好这一时期的价值观养成十分重要"。他还提到青年时代树立正确的理想、坚定的信念十分重要,不仅要树立,而且要在心中扎根,一辈子都能坚持为之奋斗。习近平总书记把青年学生处在人生成长的关键时期比作小麦的灌浆期,强调大学生知识体系搭建尚未完成,价值观塑造尚未成型,情感心理尚未成熟,需要加以正确引导,要"用社会主义核心价值观教育学生,引导他们扣好人生的第一粒扣子"。他强调,要引导青年学生勤学、修德、明辨、笃实,成为社会主义核心价值观的坚定信仰者、积极传播者和模范践行者。

本章附录：需求理论的数学处理

本附录介绍有关需求理论基础的一种数学处理方法,旨在为那些熟悉微积分的学生提供一个需求理论的概要。

A3.1 效用最大化

需求理论的基础是假设消费者在预算约束下使效用最大化。效用被假定是商品消费量的一个增函数,但边际效用被假定随消费而下降。当只有两种商品 A 和 B 时,消费者的最优化问题就可以写成:

$$使 U(X,Y) 最大化 \tag{A3.1}$$

其约束条件是所有收入花在这两种商品上,即:

$$P_X X + P_Y Y = I \tag{A3.2}$$

其中,$U(X,Y)$ 是效用函数;X 和 Y 是消费者购买两种商品的数量;P_X 和 P_Y 是商品的价格;I 是收入。①

为了确定消费者对这两种商品的需求,我们选择在式(A3.2)约束下使式(A3.1)最大化的 X 和 Y 的数值。当我们知道效用函数的具体形式时,我们就可以直接确定消费者对 X 和 Y 的需求。然而,即使我们把效用函数写成它的一般形式,受限制的最优化方法仍可以用来描述消费者使其效用最大化必须具备的条件。

A3.2 消费者最优

为了解答由式(A3.1)和式(A3.2)提出的受限制的最优化问题,可以运用拉格朗日乘数法,其运算过程如下。先写该问题的拉格朗日函数。为此,就要将式(A3.2)改写成 $P_X X + P_Y Y - I = 0$。拉格朗日函数就是:

$$\Phi = U(X,Y) - \lambda(P_X X + P_Y Y - I) \tag{A3.3}$$

其中,参数 λ 被称作**拉格朗日乘数**(Lagrange Multiplier)。

我们要是选择了满足预算约束的 X 和 Y 的数值,那么式(A3.3)中的第二项就会是 0,

---

① 为了简化算法,我们假设效用函数是连续的(有连续导数)和商品是可以无限分割的。

最大化的 Φ 就等于最大化的 $U(X,Y)$。就 X、Y 和 λ 求 Φ 的微分,然后使导数等于 0,我们就获得了最优的必要条件[①],即:

$$\mathrm{MU}_X(X,Y) - \lambda P_X = 0$$
$$\mathrm{MU}_Y(X,Y) - \lambda P_Y = 0 \quad\quad\quad (A3.4)$$
$$P_X X + P_Y Y - I = 0$$

式(A3.4)的第三个条件是原有的预算约束,前两个条件告诉我们,每一种商品都会一直被消费到从中获得的边际效用等于商品价格的一个倍数(λ)为止。为说明其含义,我们将前两个条件合并,以获得**等边际原理**(Equal Marginal Principle):

$$\lambda = [\mathrm{MU}_X(X,Y) \div P_X] = [\mathrm{MU}_Y(X,Y)/P_Y] \quad\quad\quad (A3.5)$$

换言之,每种商品的边际效用除以其价格后是相同的。为了实现最大化,消费者必须从消费 X 或 Y 的最后 1 元中获得相同的效用。如果不这样,那么,多消费一种商品和少消费另一种商品就会提高效用。

为了更详尽地描述个人的最优化,我们可以将式(A3.5)中的信息改写一下以得到以下公式:

$$\mathrm{MU}_X(X,Y) \div \mathrm{MU}_Y(X,Y) = P_X/P_Y \quad\quad\quad (A3.6)$$

A3.3 边际替代率

我们可以运用式(A3.6)来理解效用函数和无差异曲线之间的联系。一条无差异曲线代表了能给消费者带来相同效用数量的所有商品组合。如果 U^* 是一个固定的效用水平,那么与该效用水平相对应的无差异曲线为

$$U(X,Y) = U^*$$

当通过增加 X 并减少 Y 以改变商品组合时,效用的总变化必须等于 0,即:

$$\mathrm{MU}_X(X,Y)dX + \mathrm{MU}_Y(X,Y)dY = dU^* = 0 \quad\quad\quad (A3.7)$$

经整理,可得:

$$-dY/dX = \mathrm{MU}_X(X,Y)/\mathrm{MU}_Y(X,Y) = \mathrm{MRS}_{XY} \quad\quad\quad (A3.8)$$

其中,MRS_{XY} 代表了一个人的 X 对 Y 的边际替代率。

由于式(A3.8)的左边代表了无差异曲线斜率的负值,因此在切点上,一个人有关两种商品的边际替代率等于两种商品的边际效用之比,而从式(A3.6)来看,后者又等于两种商品的价格之比。我们假设"二阶条件"对于效用最大化是成立的,凸条件足以使二阶条件得到满足。用数学语言来说,该条件是 $d(\mathrm{MRS})/dX < 0$,或是 $dY^2/dX^2 > 0$,式中,$-dY/dX$ 是无差异曲线的斜率。要注意的是,边际效用递减并不足以确保无差异曲线是凸的。

当个人的无差异曲线是凸的时,无差异曲线与此预算线相切就解答了消费者最优化问题。

[①] 对于消费者消费了两种商品的正数量的一个"内部"解来说,这些条件都是必要的。然而,对于消费一种商品的全部,而不消费另一种商品的情形,答案可能就是一个"边角"解。

A3.4 收入的边际效用

不管效用函数是什么形式,拉格朗日乘数 λ 都代表预算约束放松时所产生的额外效用。我们现在完全就 I 求效用函数 $U(X,Y)$ 的微分,即:

$$dU/dI = MU_X(X,Y)(dX/dI) + MU_Y(X,Y)(dY/dI) \tag{A3.9}$$

由于收入的任何增加都要在两种商品之间分配,所以:

$$dI = P_X dX + P_Y dY \tag{A3.10}$$

将式(A3.5)代入式(A3.9),可得到:

$$dU/dI = \lambda P_X(dX/dI) + \lambda P_Y(dY/dI)$$
$$= \lambda(P_X dX + P_Y dY)/dI \tag{A3.11}$$

再将式(A3.10)代入式(A3.11),可得到:

$$dU/dI = (\lambda P_X dX + \lambda P_Y dY)/(P_X dX + P_Y dY) = \lambda \tag{A3.12}$$

因此,拉格朗日乘数就是收入中多花1元所获得的额外效用。

回到原先对效用最大化条件的分析,从式(A3.5)中我们看到,最大化要求从花在每一种商品上的每1元消费中获得的效用,等于收入增加1元的边际效用。如果情况不是这样,可以通过多花一些钱于具有较高的边际效用和价格之比的商品,而少花一些钱于另外一个商品来提高效用。

A3.5 收入效应和替代效应

需求函数表明一个人的效用最大化选择对收入和商品价格变化如何做出反应。然而,需要注意的是,区分任何价格变化中沿着无差异曲线移动的部分和移向另一条无差异曲线(因而购买力也发生变化)的部分。为了做到这一点,我们想一下,当 X 的价格变化时,商品 X 的需求会有什么变化。需求的变化可以分成替代效应(当效用数量不变时的需求量的变化)和收入效应(在效用数量变化而商品 X 的相对价格不变情况下的需求量的变化)。我们将**斯勒茨基需求**(Slutsky Demand)——效用不变,商品 X 价格的 1 单位变化所带来的 X 的变化——记作 $\partial X/\partial P_X |u=u^*$。于是,$P_X$ 的 1 单位变化所造成的 X 的总变化为:

$$dX/dP_X = \partial X/\partial P_X | u = u^* + (\partial X/\partial I)(\partial I/\partial P_X) \tag{A3.13}$$

式(A3.13)右边的第一项是替代效应(因为效用不变);第二项是收入效应(因为收入增加)。消费者的预算约束为 $I = P_X X + P_Y Y$,我们通过微分法可得到:

$$\partial I/\partial P_X = X \tag{A3.14}$$

暂时假设消费者拥有商品 X 和 Y,那么式(A3.14)即告诉我们,当商品 X 的价格上涨 1 元时,消费者从该商品的出售中能获得的收入增加 X 元。但在我们的消费理论中,消费者并不拥有该商品,因此,式(A3.14)告诉我们,在价格变化后,消费者需要多少的额外收入以使自己的情况和过去一样好。出于这个原因,人们习惯上将收入效应写成负的(反映购买力的损失),而不是正的。式(A3.13)就可写成下面的式子:

$$dX/dP_X = \partial X/\partial P_X | u = u^* - X(\partial X/\partial I) \tag{A3.15}$$

在这一被称作**斯勒茨基方程**(Slutsky Equation)的新形式中,第一项代表替代效应,表示效用保持不变的商品 X 需求的变化。第二项是收入效应,表示价格变化造成的购买力的变化乘以购买力的变化造成的需求的变化。

复习思考题

计算题

(1) 已知效用函数为 $U = X^a + Y^a$,求 $X = 10, Y = 5$ 时的 MRS_{XY}、MRS_{YX}。

(2) 若无差异曲线是一条斜率是 $-b$ 的直线,价格为 P_x、P_y,收入为 M 时,最优商品组合是什么?

(3) 若甲的效用函数为 $U = XY$,试问:

① $X = 40, Y = 5$ 时,他得到的效用是多少? 过点 $(40, 5)$ 的无差异曲线是什么?

② 若甲给乙 25 单位 X 的话,乙愿给甲 15 单位 Y。进行这个交换,甲所得到的满足会比 $(40, 5)$ 的组合高吗?

③ 乙用 15 单位 Y 同甲换取 X,为使甲的满足与 $(40, 5)$ 组合相同,乙最多只能得到多少单位 X?

分析题

(1) 请说明为什么一段时间内消费的商品减少,其边际效用会增加。

(2) 假定货币的边际效用也递减,将高工资者收入转移给低工资者,能否增加全社会的总效用? 并用图说明。

课堂自测

第 4 章

生产者选择：技术、成本与收益分析

前一章主要从消费者偏好及行为的角度研究了市场。本章将考察生产者行为，分析厂商如何有效地组织生产，他们的生产成本和收益如何随着投入品价格以及产量水平的变化而变化，从而阐明竞争的市场供给曲线所赖以形成的基础。

4.1 厂商的定义和目的

厂商(Firm)是以盈利为目的而从事生产或销售某种(些)物品或劳务的组织。本书第 1 章指出，整个经济学理论都是建立在理性假定基础上的，按照这一假定，每个经济决策者将选择任何使其边际利益超过其边际成本的行为；反过来，将放弃任何使其边际利益小于其边际成本的行为。实现最终净利益最大化的一般原则是边际利益等于边际成本，即 MB＝MC。在消费者行为理论中，如第 3 章所述，经济学家假定消费者是以效用最大化为目标的，这似乎是一个被广泛接受的合理假定。在分析生产者行为时，经济学家通常假定生产者是以利润最大化为目标的，这显然也是一个合理的假定。但是，这一假定并非意味着厂商在任何情况下特别是在短期都力图使利润最大化，而是指厂商在长期内使折算为现值的利润达到最大限度。当然，管理者可能更关心收益最大化以获得企业的增长，或满足股东对红利的要求，也可能以牺牲长期利润最大化为代价，过分追求短期利润。即使这样，经理追求利润最大化以外的目标的自由是受到限制的，如果他们这样做，股东或董事会就可以替换他们，企业也可能被新的管理层所接管。在任何情况下，偏离利润最大化目标的厂商都不可能生存。在竞争性行业中生存的厂商总是把长期利润最大化作为最优先考虑的目标。

4.2 生 产 技 术

生产就是把**投入**(Input)变为**产出**(Output)的过程，它不仅包括物质形态的变化，而且包括运输、金融、商业等各种劳务的提供。**生产函数**(Production Function)是指特定时期内所使用的各种投入的数量与该时期内所能生产的某种商品的最大产量之间的关系，更具体地说，生产函数是表示从不同的投入组合中所能取得的最大产量的图表或表达式。生产函数概括了一定时点上现有的技术性质，从而表明了厂商必须加以考虑的技术限制。

如果我们用 Q、L、K、N 和 E 分别表示产量、劳动、资本、土地和企业家才能，则生产函数的表达式为

$$Q = f(L, K, N, E) \tag{4.1}$$

生产一定量某种产品所要求的各种投入之间的配合比例被称为**技术系数**(Technological Coefficient),如果生产某种产品所要求的各种投入的配合比例是可以改变的,那么,它的生产函数就是具有可变技术系数的生产函数。如果生产某种产品所要求的各种投入的配合比例是不能改变的,那么,它的生产函数就是具有固定技术系数的生产函数。在此,我们着重分析具有可变技术系数的生产函数。

4.2.1 单一要素可变的生产函数

4.2.1.1 总产量、平均产量和边际产量

本节所要考察的是只有一种可变投入的生产函数。首先我们要说明总产量、平均产量和边际产量这三个概念。

一种投入或生产要素的**总产量**(Total Product, TP)就是从一定量该种投入中所获得产量的总和。设该投入为 x,则 x 总产量的表达式为:

$$TP = f(x) \tag{4.2}$$

x 这种投入的**平均产量**(Average Product, AP)则等于 x 的总产量除以用于生产该产量的 x 的量,其表达式为:

$$AP = \frac{TP}{x} = \frac{f(x)}{x} \tag{4.3}$$

x 这种投入的**边际产量**(Marginal Product, MP)是当所使用的其他投入的量保持不变时,由增加一单位 x 所引起的总产量的变化量,用公式表示就是:

$$MP_x = \frac{\Delta TP}{\Delta x} \tag{4.4}$$

公式(4.4)中的 ΔTP 表示由 x 的变化量 Δx 所引起的总产量的变化量。平均产量和边际产量的几何测定如图 4.1 所示。

1. 边际产量的几何测定

从图 4.1 中可以看出,当劳动从 OE 增加到 OF 时,总产量从 OH 增加到 OI。显然,当可变投入即劳动的增量越来越小时,增加的产量除以增加的劳动即 $HI \div EF$ 就越来越接近 TP 曲线上 S 点的斜率。因为曲线上任何一点的斜率等于该点的切线的斜率,所以,我们可以通过计算总产量曲线上任一点的切线的斜率,来测定相对于该点的可变投入量的边际产量。如图 4.1 中的 AA'、OB 和 CC' 的斜率,就是劳动量分别为 OG、OE 和 OJ 时的边际产量。

2. 平均产量的几何测定

既然可变投入的平均产量等于总产量除以可变投入的量,所以,任一劳动量如 OD 的平均产量就等于 $DM(=OM')$ 除以 OD。显然,$DM \div OD$ 就是连接原点与对应于 OD 单位劳动的总产量的点的直线的斜率。由此可见,连接原点与总产量曲线上对应于任一可变投入量的点的直线的斜率,就是该可变投入量的平均产量。

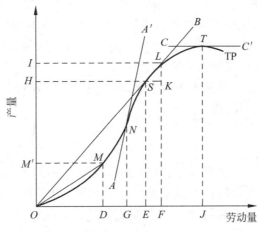

图 4.1 对 AP 和 MP 的几何测定

3. 总产量和边际产量的关系

在图 4.1 中,总产量和边际产量的关系是,总产量曲线上通过 N 点的切线最陡,其斜率最大,这意味着当可变投入量为 OG 时,其边际产量最高;连接原点与总产量曲线上 S 点的直线和 S 点的切线重合,两线的斜率相等,这表明在 S 点上,劳动的边际产量与平均产量相等;又因为当连接原点与总产量曲线上的某一点的直线同时也是总产量曲线的切线时,该直线的斜率最大,所以,当边际产量等于平均产量时,平均产量最高;在总产量曲线上的 T 点,其切线的斜率等于 0,这表明当可变投入量为 OJ 时,边际产量为 0,总产量最大。

4.2.1.2 边际生产力递减规律

只有一种可变投入的生产函数,在其他投入量保持不变的情况下,如果连续追加相同数量的某种投入,其产量的增加在达到某一点后会减少,这就是所谓的**边际生产力**(Marginal Productivity)递减规律。要正确理解边际生产力递减规律,需要注意该规律只是一个经验的概括,而不是物理学或生物学规律的推演,但它对于现实中大多数生产函数都是适用的;这一规律以技术不变为假定前提,它不能预示在技术变化时增加 1 单位投入所产生的影响;它假定至少有一种生产要素或投入的数量保持不变,它不适用于所有的投入按相同比例增加时的情况。

4.2.1.3 可变投入使用量的合理区间

根据总产量、边际产量和平均产量三者之间的关系,可以把可变投入量与产量的变化分为三个阶段,如图 4.2 所示。只有第Ⅱ阶段是可变投入使用量的合理区间。

1. 第Ⅰ阶段

在图 4.2 中,劳动量小于 OA 的阶段为第Ⅰ阶段。这一阶段的特征是,边际产量先递增后递减,总产量和平均产量都呈上升趋势。因为在此

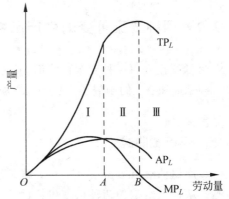

图 4.2 可变投入使用量的合理区间

阶段总产量呈上升趋势,所以单位产量中的固定成本呈下降趋势;平均产量呈上升趋势,说明单位产品中的变动成本也呈下降趋势。单位产品的固定成本和变动成本都呈下降趋势,说明在该阶段增加可变投入要素劳动的数量能进一步降低成本,增加利润。显然,一个有理性的生产者通常不会把可变投入的使用量限制在这一阶段内,因为只要生产要素的价格和产品的价格给定不变,进一步扩大可变投入的使用量从而使产量扩大是有利可图的,至少到平均产量达到最高点时为止。

2. 第Ⅲ阶段

在图 4.2 中,可变投入要素劳动大于 OB 的阶段为第Ⅲ阶段。该阶段的特征是,边际产量为负值,总产量和平均产量均呈递减趋势。在此阶段,由于总产量和平均产量均呈下降趋势,说明单位产品的固定成本和变动成本都是上升趋势,减少可变投入要素劳动的数量能够降低成本,增加利润。同样地,一个有理性的生产者也不会在第Ⅲ阶段进行生产,在这种情况下,厂商减少其可变投入的使用量反而会使总产量扩大、利润增加。

3. 第Ⅱ阶段

在图 4.2 中,可变投入要素劳动在 A、B 之间的为第Ⅱ阶段。这一阶段的特征是,边际产量递减,但仍为正值;平均产量呈递减趋势;总产量仍呈上升趋势。由于总产量呈上升趋势,说明单位产品的固定成本呈下降趋势;平均产量呈下降趋势,又说明单位产品可变成本呈上升趋势。单位产品的固定成本和可变成本的运动方向相反,说明在此阶段有可能找到使两种成本的变动恰好相互抵消之点。在这一点上,厂商再增加或减少可变投入要素劳动的数量,都会导致总成本的增加和利润的减少。由此看来,只有第Ⅱ阶段才是可变投入使用量的合理区间。在这一阶段,如果厂商力图使平均产量最高,它就可以使用 OA 单位劳动;如果它力图使总产量最高,或者假定劳动的成本等于 0,它就可以使用 OB 单位劳动。当然,一个有理性的生产者究竟将其可变投入的使用量具体确定在这一区间的哪一个点上,则要依产品价格和要素价格水平而定。如果可变投入要素劳动的价格为 P_L,劳动的边际产量为 MP_L,产品的价格为 P,则劳动的最优投入量条件是 $P_L = MP_L \times P$,即当可变投入要素劳动的价格等于可变投入要素劳动的边际产量收入时,利润最大。关于这个问题,本书第 6 章还将详细论述。

4.2.2 两种要素可变的生产函数

当可变投入由一种变为两种时,产量 Q 已不再是一种可变投入的函数,而是两种可变投入即 X_1 和 X_2 的函数了,其表达式为:

$$Q = f(X_1, X_2) \tag{4.5}$$

1. 等产量曲线

等产量曲线(Isoquant Curve)就是能够生产同一产量的两种投入的各种有效组合点的轨迹。从任何给定的两种可变投入的生产函数中,我们可以推导出表示任意产量水平的等产量曲线。图 4.3 就是用一组标志着不同产量水平的等产量曲线所表示的两种可变投入的生产函数。图中的纵轴和横轴分别表示所使用的资本和劳动的数量,图中的三条曲线分别代表可生产出 100 单位、200 单位和 300 单位产量的劳动与资本的各种有效的组合。

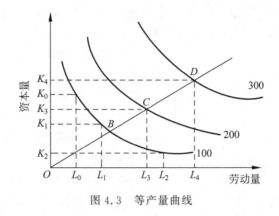

图 4.3　等产量曲线

等产量曲线与无差异曲线相似,一般具有如下特征:

(1) 等产量曲线通常自左向右下方倾斜。这是因为等产量曲线上的每一个点都代表着能生产同一产量的两种投入的有效组合,这意味着增加一单位某种投入的使用量,要想保持产量不变,就必须相应地减少另一种投入的使用量,如果不是这样的话,则说明这一点所代表的投入组合是无效率的。

(2) 等产量曲线越远离原点,所代表的产量水平越高。实际上,对于一个既定的生产函数来说,在同一坐标平面上可以有无数条等产量曲线,等产量曲线越远离原点,所代表的产量水平越高;而越接近原点,其所代表的产量水平越低。但在同一条等产量曲线上的各点都代表同一产量水平。

(3) 同一等产量曲线图上的任意两条等产量曲线不能相交。因为两条等产量曲线的交点必然代表着两种投入的同一组合,而这显然与不同的等产量曲线代表不同的产量水平相矛盾。

(4) 等产量曲线通常凸向原点。之所以如此,我们将通过后面所论述的边际技术替代率递减规律加以说明。

2. 边际技术替代率

等产量曲线之所以是凸向原点或斜率递减的,这是因为**边际技术替代率**(Marginal Rate of Technological Substitution)是递减的。所谓边际技术替代率,就是当产量水平保持不变时,两种投入相互替代的比率,或者更具体地说,为保持原有的产量水平不变,由于增加 1 单位要素 x 的使用而必须放弃的要素 y 的数量,就是要素 x 替代要素 y 的边际技术替代率,用公式表示就是:

$$\mathrm{MRTS}_{xy} = -\frac{\Delta y}{\Delta x} \tag{4.6}$$

其中,MRTS_{xy} 表示要素 x 对要素 y 的边际技术替代率;Δx 和 Δy 分别表示要素 x 和要素 y 的增加量和减少量,标上负号是为了取其正值。

显然,在图 4.4 中,Q_0 所表示的产量水平可以用 OL_0 单位劳动和 OK_0 单位资本生产出来。如果把劳动量增加到 OL_1，要生产原有的产量，就必须把资本量减少到 OK_1。所以，在等产量曲线 Q_0 上的 A 点与 C 点之间，劳动对资本的边际技术替代率为：$(OK_0 - OK_1) \div (OL_0 - OL_1) = BA/BC$。实际上，当劳动量的变动非常小，即 OL_1 接近于 OL_0 时，BA/BC 就等于 -1 乘以等产量曲线上 A 的切线 GG' 的斜率。

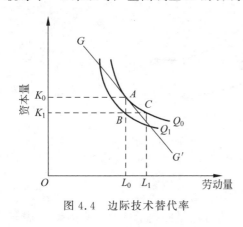

图 4.4 边际技术替代率

所以，更确切地说，边际技术替代率等于 -1 乘以等产量曲线的斜率。劳动对资本的边际技术替代率实际上也等于劳动的边际产量与资本的边际产量之比，这一点很容易从图 4.4 中得到说明。一方面，假定劳动的投入量保持在 OL_0 水平，如果资本量由 OK_1 增加到 OK_0，产量将从与等产量曲线 Q_1 相对应的水平增加到与等产量线 Q_0 相对应的水平。这样，资本的边际产量 $MP_K = (Q_0 - Q_1) \div (OK_0 - OK_1) = (Q_0 - Q_1) \div BA$。另一方面，假定资本的投入量维持在 OK_1 水平上不变，如果劳动量从 OL_0 增加到 OL_1，劳动的边际产量 $MP_L = (Q_0 - Q_1) \div (OL_1 - OL_0) = (Q_0 - Q_1) \div BC$。所以，边际技术替代率表达式为：

$$\text{MRTS}_{LK} = \frac{BA}{BC} = \frac{(Q_0 - Q_1)/MP_K}{(Q_0 - Q_1)/MP_L}$$

$$\text{MRTS}_{LK} = \frac{MP_L}{MP_K} \tag{4.7}$$

一般而言，随着劳动替代资本的数量不断增加，劳动对资本的边际技术替代率倾向下降。这是因为随着劳动对资本的替代不断增加，劳动的边际产量趋于下降，资本的边际产量趋于上升，这样，要保持原有的产量水平不变，每增加 1 单位劳动所必须放弃的资本量就会越来越少。正是由于边际技术替代率一般是递减的，等产量曲线的斜率的绝对值也是递减的，从而等产量曲线通常凸向原点。

3. 射线、脊线和生产的经济区

如果我们从图 4.3 的原点出发引一条射线 $OBCD$，那么，这条射线所代表的就是具有相同比例的所有劳动和资本的组合，射线的斜率就等于劳动与资本的这一不变比例。该射线上的每一点都代表着用相同比例的不同投入组合所生产的不同产量，随着由原点向较高产量水平方向的移动，每种投入的绝对量都在增加，但二者之间的比例保持不变。显然，射线与等产量曲线不同，等产量曲线表示的是固定的产量水平和变化的投入比例；射线表示的则是固定的投入比例和变化的产量水平。

其实，等产量曲线也可以用来表示具有固定技术系数即投入比例固定不变的生产函数。如图 4.5 所示，资本与劳动之间必须保持的比例就是射线 OR 的斜率，其等产量曲线为直角，这表明当一种投入增加而另一种投入保持不变时，其产量不会增加。换句话说，当一种投入保持不变时，另一种投入的边际产量为零。

在某些情况下，等产量曲线可能有斜率为正的部分或向自身弯曲。如图 4.6 所示，在 OA 以上和 OB 以下，等产量曲线的斜率为正。这意味着要保持一定的产出率，在增加劳动量的同时,必须增加资本量,从而表明其中必有一种投入的边际产量为负。在 OA 以上,资本的边际产量为负,因此,在劳动量保持不变时,减少资本的使用量会使产量增加;在 OB 以下,劳动的边际产量为负,因此,在资本量保持不变时,减少劳动的使用量会使产量增加。

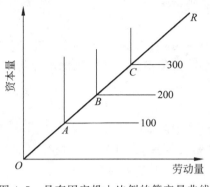

图 4.5 具有固定投入比例的等产量曲线

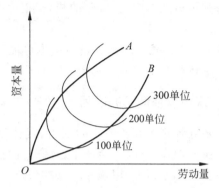

图 4.6 生产的经济区

图 4.6 中的 OA 和 OB 被称作脊线。很明显,要生产既定的产量,在两条脊线内总能找到比脊线外更有效率或更便宜的投入组合方式,所以,两条脊线之间的区域通常被称为生产的经济区,一个有理性的厂商不会在生产经济区以外的某一点上经营①。

4.2.3 规模收益

以上所分析的是部分要素可变的生产函数,下面将要分析当所有投入都可以变化并按相同比例变动时的生产函数,即要考察的是**规模收益**(Revenue to Scale)的变动情况。

1. 规模收益及其变动的三种情况

厂商生产规模的变动是指厂商所有的生产要素或投入按同一比例增加或减少,规模收益就是指由规模变动所引起的产量的变动。一般来说,当规模发生变化时,产量的变动有三种可能:如果产量的增加比例大于每一种投入的增加比例,这种情况被称作规模收益递增;如果产量的增加比例小于各种投入的增加比例,这种情况被称作规模收益递减;如果产量的增加比例等于各种投入的增加比例,这种情况被称为规模收益不变。

2. 规模收益递增的原因

导致规模收益递增的原因有如下几个方面:

(1) 一定的几何关系。例如,一个 100 英尺×100 英尺的厂房,其使用面积为 10 000 平方英尺,需要的围墙为 400 英尺,而一个 100 英尺×200 英尺的厂房,其使用面积比前一个大 1 倍,但所需建立的围墙只有 600 英尺,或者说,比前一个只需增加 50% 的材料。

(2) 某些技术和投入的不可分性。有些技术和投入,如电子计算机、自动化装配线、平

---

① 如果投入的比例是不能改变的,如图 4.5 所示,则两条脊线合并为一条脊线,即图中的 OABC 射线。在这种情况下,厂商只能在 OABC 射线上选择投入的组合方式。

炉等,只能在经营规模或产量足够大时才有可能使用。所以,一个较大的工厂可能比规模相同的两个小工厂更有效率,因为它可以利用小工厂不能利用的某些技术和投入。

(3) 专业化分工与协作。较大的生产规模可以使工人提高专业化与协作分工的程度,并能够使用更加专门的、特殊的机器和工具从事某些特殊的工作,这可以大大提高劳动生产率。

(4) 概率因素。规模收益递增也可能产生于概率方面的原因。例如,由于较大数量的顾客的总体行为更趋向于稳定,所以,厂商不必按照与规模扩大的同一比例增加其存货。

3. 规模收益递减的原因

上述导致规模收益递增的因素,其作用最终会受到限制。当生产规模达到一定点后,进一步扩大规模,其收益会发生递减的变化。即使是几何关系,其作用也是有限的,如随着建筑物变得越来越大,屋顶和墙壁的建造可能不得不采用更结实的材料。

进一步地说,当生产规模扩大到一定点后,协调和控制大规模经营的困难会增加,随着管理层次的增加,信息在从工人到最高管理层以及相反的传递过程中会损失或失真,通讯联系的渠道会变得更加复杂和更难于把握,决策的制定需要更多的时间和补充,这类问题在所有大型组织中都会发生。这表明管理和协调大厂商的困难可能是造成规模收益递减的一个源泉。

4. 规模收益变动的表示方法

经济学家常常用数学语言表示规模收益的变动情况。改生产函数公式(4.5)为 n 次齐次函数①,则对于任何不等于 0 的常数 λ,都有:

$$\lambda^n Q = f(\lambda x_1, \lambda x_2) \tag{4.8}$$

当 $n>1$ 时,规模收益递增;当 $n<1$ 时,规模收益递减;当 $n=1$ 时,规模收益不变。

以柯布-道格拉斯生产函数公式 $Q = AL^\alpha K^{1-\alpha}$ 为例,当资本和劳动的投入量都增加 λ 倍时,则:

$$A(\lambda L)^\alpha \times (\lambda K)^{1-\alpha} = \lambda^\alpha \lambda^{1-\alpha} AL^\alpha K^{1-\alpha} = \lambda AL^\alpha K^{1-\alpha} = \lambda Q$$

这表明,$Q = A^\alpha K^{1-\alpha}$ 为线性齐次生产函数,其特点是规模收益不变。当然,也可以把它变为规模收益递增或递减的生产函数。比如,当我们把公式 $Q = A^\alpha K^{1-\alpha}$ 写成下列形式时②:

$$Q = AL^{\alpha_1} K^{\alpha_2} M^{\alpha_3} \tag{4.9}$$

如果 $\alpha_1 + \alpha_2 + \alpha_3 > 1$,则规模收益递增;如果 $\alpha_1 + \alpha_2 + \alpha_3 < 1$,则规模收益递减。

4.3 生产成本

厂商对投入组合的选择,一方面取决于各种投入与产出之间的物质技术关系,另一方

---

① 定义函数 $f(x_1, x_2, \cdots, x_n)$ 为 k 阶齐次函数,如果 $f(tx_1, tx_2, \cdots, tx_n) = t^k f(x_1, x_2, \cdots, x_n)$。

② 公式(4.9)中的 M 表示原材料的投入量。公式(4.9)与公式 $Q = A^\alpha K^{1-\alpha}$ 的不同点除了增加了一种投入 M 外,在公式 $Q = A^\alpha K^{1-\alpha}$ 中,假定 $\alpha_1 + \alpha_2 = 1$,即 $\alpha_2 = 1 - \alpha_1$。

面也依赖于成本或各种投入的价格水平。

4.3.1 成本的性质和类型

1. 会计成本和显性成本

会计学上的成本是指从事任何商品或劳务生产所发生的一切账面的货币开支,这部分显而易见,又称为**会计成本**(Accounting Cost)或**显性成本**(Explicit Cost)。它包括工资支出、原材料和燃料及电力的费用、借贷利息和租金等。换句话说,会计成本或显性成本是厂商雇用他人所拥有的生产要素或中间投入所需负担的代价,也包括一切设备折旧和租金等费用。

2. 隐性成本和经济成本

从经济学角度来看,显性成本仅仅是厂商成本中的一部分,其中的另一部分是隐性成本。所谓**隐性成本**(Implicit Cost),是指与厂商所使用的自有资源(包括企业家的才能、自己所拥有的资本等)相联系的成本,它反映着这些资源同样能在别处使用这一事实。例如,一个使用自己的土地并直接从事经营管理活动的企业家,他为别人工作可以得 10 万元的年薪,其土地若出租给别人能得到年租金 5 万元,那么,这 15 万元就是该厂商的隐含成本,它应该包括在该厂商的总成本之中。在计算厂商的总成本时,如果忽略掉隐性成本,将会使决策严重失误。

作为一个企业家,当他打算自己开业经营之前,他必须期望至少有一笔最低限度的利润,比如,一年 15 万元等。如果他得不到这笔最低限度的利润,他会感到还不如去做其他生意,或者不如去当一个拿薪水的经理。因此,成本中还包含着另一部分,即所谓的**正常利润**(Normal Profit),这是在支付了所有其他生产要素的机会成本之后,把一个企业家留在一个特定行业中的最起码的报酬。正常利润之所以也构成成本的一部分,是因为如果这部分得不到偿付,对于一个特定行业来说,其企业家才能的供给就会枯竭。正常利润属于企业的隐性成本。

显性成本与隐性成本之和就是**经济成本**(Economic Cost)。在竞争性市场上,厂商的经济成本将趋向于和它所使用的资源的机会成本相等。例如,一个厂商为使其所雇用的工人不到别处去工作,必须付给他们足够的工资。如果该厂商的工资低于工人的机会成本,即低于该工人在其他可供选择的职业中所能获得的最高收入,该工人将会辞职而去选择具有更高收入的职业。

图 4.7 比较了厂商会计成本和经济成本的不同观点。

3. 私人成本和社会成本

以上所说的成本(包括外在成本、隐含成本和正常利润)还仅仅是指**私人成本**(Private Cost),即生产者个人成本。然而,生产某种商品的**社会成本**(Social Cost)并不总是等于私人成本。例如,对于一个将废物排放到附近河流中去的造纸厂来说,其处理废物的私人成本只不过是把废物排放到河中所需支付的费用。但这种行为的后果是使河水受到污染,别

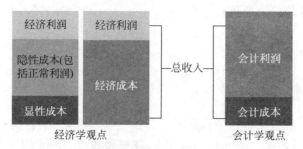

图 4.7　厂商会计成本和经济成本的不同观点

的厂商或消费者要使用具有一定纯净度的河水,就必须额外支付使河水净化所需的费用。在这种情况下,排放废物的社会成本就大于私人成本。关于私人成本与社会成本问题,本书第 13 章还将进一步讨论。

4.3.2　等成本线

假定厂商是既定要素价格的接受者,同时假定厂商只使用劳动和资本这两种可变投入,其中每单位劳动的价格为 P_L,每单位资本的价格为 P_K,这样,厂商从既定的全部支出 E 中可以购买到的劳动与资本的各种组合用公式表示如下:

$$P_L L + P_K K = E \tag{4.10}$$

公式(4.10)中的 L 和 K 分别表示劳动和资本的数量。在 P_L、P_K 和 E 为既定时,公式(4.10)可转换为:

$$K = \frac{E}{P_K} - \frac{P_L}{P_K} L \tag{4.11}$$

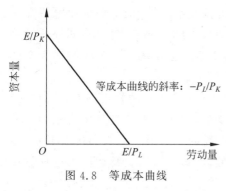

图 4.8　等成本曲线

这是一个类似于预算线的直线方程,它所代表的是如图 4.8 所示的**等成本线**(Isocost Curves),是等量的成本所能购买的两种投入的各种组合点的轨迹。它在横轴上的截距即 E/P_L 表示全部成本或支出 E 可以买到的 L 的数量;它在纵轴上的截距即 E/P_K 表示全部成本或支出 E 所能买到的 K 的数量;而两个端点之间的各点,则表示全部成本或支出 E 所能购买到的 L 与 K 的各种组合。该直线的斜率为 $-P_L/P_K$,等于负的两种要素价格之比。

4.3.3　最佳要素组合

如果一个厂商要实现利润最大化,必须使生产既定产量的成本最小,或者是用既定的成本生产出最大的产量。

我们首先考察后一种情况。我们把前述等成本曲线与等产量曲线放在同一坐标图上,如图 4.9 所示。显然,厂商应该选择其等成本曲线所能达到的最高的等产量曲线上的某一点,这也就是等成本曲线与等产量曲线相切的那一点,即图 4.9 中 B 点①。由于等成本曲线的斜率等于 P_L/P_K 的负数,等产量曲线的斜率等于边际技术替代率的负数,所以,最佳的投入组合必然是在要素的价格之比 P_L/P_K 与边际技术替代率相等的那一点上。进一步地说,因为劳动对资本的边际技术替代率为 MP_L/MP_K,所以,最佳要素组合也就是在 $MP_L/MP_K = P_L/P_K$ 的那一点上。这样,厂商要实现利润最大化,应该选择 $MP_L/P_L = MP_K/P_K$ 时的投入组合。

用上述方法,我们同样可以说明在产量既定时,厂商应选择什么样的投入组合,以使成本最小。如图 4.10 所示,当我们沿着代表某一既定产量水平的等产量曲线移动时,我们总能找到一条等产量曲线可以和许多条等成本曲线相交,但只能和一条等成本曲线相切,这条等成本曲线所代表的就是生产该既定产量所需支付的最低成本水平。位于 B 点以下的等成本曲线如 C_0 上的投入组合虽然比 W 便宜,但它们都不能生产出所要求的产量;而位于 B 点以上的等成本曲线如 C_2 上的投入组合虽然也能生产出所要求的产量,但其成本比 B 点高。显然,最佳的投入组合就是等产量曲线与等成本曲线相切的那一点,即 B 点。

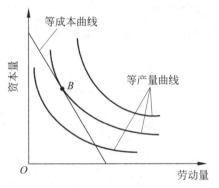
图 4.9 成本既定时的最大产量

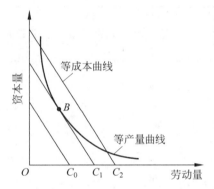
图 4.10 产量既定时的最小成本

总之,厂商要想使生产既定产量的成本最小,或在成本既定时使产量最大,就必须使边际技术替代率等于投入的价格比率。其表达式为:

$$\mathrm{MRTS}_{LK} = -\Delta K/\Delta L = \mathrm{MP}_L/\mathrm{MP}_K \tag{4.12}$$

以上关于两种可变投入所说的,同样适用于多种可变投入。一般来说,厂商要实现其利润最大化,必须在各种投入之间分配其支出,使价值 1 单位货币的某种投入的边际产量等于价值 1 单位货币的任何其他投入的边际产量,或者说,使花在每一种投入上的最后 1 单位货币所提供的边际产量都相等,其表达式为:

$$\mathrm{MP}_{F1}/P_{F1} = \mathrm{MP}_{F2}/P_{F2} = \cdots = \mathrm{MP}_{Fn}/P_{Fn} \tag{4.13}$$

表达式(4.13)中的 $\mathrm{MP}_{F1}, \mathrm{MP}_{F2}, \cdots, \mathrm{MP}_{Fn}$ 分别表示投入 $F_1, F_2, \cdots, F_n$ 的边际产量;$P_{F1}, P_{F2}, \cdots, P_{Fn}$ 分别表示投入 $F_1, F_2, \cdots, F_n$ 的价格。按照上述原则所确定的投入组合就是最佳的投入组合。当生产者所选择的投入组合符合表达式(4.13)所规定的条件时,生产就达到了均衡。

---

① 在同一个等产量曲线上,一条等成本曲线可以和许多条等产量曲线相交,但只能和一条等产量曲线相切,这条等产量曲线也就是该等成本曲线所能达到或接触到的最高的等产量曲线。

4.3.4 短期成本和长期成本

所谓**短期**(Short Run),就是厂商不能改变某些投入数量的时期。

1. 三种短期总成本函数

(1) 总固定成本。**总固定成本**(Total Fixed Cost,TFC)是厂商为短期内不能改变的固定投入而支付的成本,它通常包括厂商自有资本的收益、借贷资金的利息、防火保险金、建筑和设备的折旧费、地租及财产税等项目。既然固定投入的数量(根据其定义)是固定不变的,那么,无论厂商生产多少产量,其 TFC 总是相同的。即使厂商停止营业什么也不生产,它仍然要支付其 TFC。从表 4.1 的第 2 栏中可以看出,该厂商每月的总固定成本 TFC 为 6 000 万元。

表 4.1 某厂商每月的短期成本函数

产量 (单位) (1)	TFC (百万元) (2)	TVC (百万元) (3)	TC (百万元) (4)	MC (百万元) (5)	AFC (百万元) (6)	AVC (百万元) (7)	ATC (百万元) (8)
0	60	0	60	—	—	—	—
1	60	30	90	30	60.0	30.0	90.0
2	60	49	109	19	30.0	24.5	54.5
3	60	65	125	16	20.0	21.7	41.7
4	60	80	140	15	15.0	20.0	35.0
5	60	100	160	20	12.0	20.0	32.0
6	60	124	184	24	10.0	20.7	30.7
7	60	150	210	26	8.6	21.4	30.0
8	60	180	240	30	7.5	22.5	30.0
9	60	215	275	35	6.7	23.9	30.6
10	60	255	315	40	6.0	25.5	31.5
11	60	300	360	45	5.5	27.3	32.8
12	60	360	420	60	5.0	30.0	35.0

注:表中(4)=(2)+(3),(6)=(2)÷(1),(7)=(3)÷(1),(8)=(4)÷(1)。

(2) 总可变成本。**总可变成本**(Total Variable Cost,TVC)是厂商为其所使用的可变投入所支付的总成本。TVC 随厂商产量的增加而增加,因为厂商在短期内要生产更大的产量,必须雇用较多的工人,使用较多的电力,购买更多的原材料,所有这些都使成本随产量的提高而增加。总可变成本 TVC 如表 4.1 中的第 3 栏所示。

(3) 总成本。**总成本**(Total Cost,TC)是相应于每一产量水平的总固定成本与总可变成本之和。如表 4.1 中的第 4 栏所示,当产量为 5 单位时,TFC=6 000 万元,TVC=10 000 万元,所以总成本 TC=16 000 万元。总成本是用于生产某一产量的所有可变投入和固定投入的成本。既然 TVC 随产量的增加而增加,那么,TC 也随产量的增加而增加。

根据表 4.1 中第 1 栏至第 4 栏中的数字,我们可以分别绘制出总固定成本、总可变成本和总成本曲线。如图 4.11 所示,总固定成本 TFC 曲线是高度为 6 000 万元的水平线,它表明不论产量为多少,其固定成本总是6 000万元,这是因为它们之间只相差一个固定数额即总固定成本TFC,它等于TVC曲线与TC曲线之间的垂直距离:无论是OF还是DC,都等于6 000万元。

2. 三种短期平均成本函数

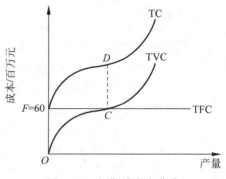

图4.11 短期总成本曲线

与上述三种总成本函数相对应,在短期内存在着三种平均成本函数。

(1) 平均固定成本。**平均固定成本**(Average Fixed Cost,AFC)等于总固定成本除以产量,其表达式为:

$$\text{AFC} = \frac{\text{TFC}}{Q} \tag{4.14}$$

因为固定成本是不变的,所以产量越大,每单位产量的平均固定成本就越低。如表4.1中的第6栏所示,当产量为1单位时,AFC=6 000万元;当产量为12单位时,AFC=500万元。在数学上,平均固定成本是一条直角形的双曲线,如图4.12所示。

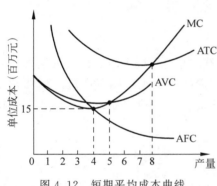

图4.12 短期平均成本曲线

(2) 平均可变成本。**平均可变成本**(Average Variable Cost,AVC)等于总可变成本除以总产量。如果用V表示可变投入的量,用P表示可变投入的价格,则有:

$$\text{AVC} = \frac{\text{TVC}}{Q} = P\frac{V}{Q}$$

又因为Q/V是可变投入的平均产量AVP,则有:

$$\text{AVC} = P\frac{1}{\text{AVP}} \tag{4.15}$$

如前所述,由于AVP通常是随着可变投入量的增加先升后降,又因为根据假定,P是固定不变的,因此,如图4.12所示,AVC曲线必然随着产量的增加先降后升,呈"U"形,这一特点正是由生产函数的性质所决定的。

(3) 平均总成本。**平均总成本**(Average Total Cost,ATC)等于总成本除以产量,或者说,ATC等于AFC与AVC之和,其公式为:

$$\text{ATC} = \frac{\text{TC}}{Q} = \text{AFC} + \text{AVC} \tag{4.16}$$

从图4.12和表4.1中可以看出,对于AFC和AVC都下降的产量水平来说,ATC也必然是下降的。然而,ATC是在AVC之后达到最低点的,这是因为AVC的增加在一定阶段内尚不能抵消AFC的下降,所以在这一阶段(如表4.1和图4.12中从5单位产量到8单位产量之间),虽然AVC已开始上升,但其上升的幅度不如AFC下降的幅度大,所以作为AFC与AVC之和的ATC仍处于下降阶段。

3. 边际成本

大多数经济分析主要是以图 4.12 中所示的平均成本,特别是**边际成本**(Marginal Cost, MC)为基础的。这里所谓的边际成本,就是增加最后 1 单位产量所引起的总成本的增加,或者说,边际成本就是由最后 1 单位产量的变动所引起的总成本的变动。[①] 设 $C(Q)$ 为生产 Q 单位产量的总成本,则 Q 与 $(Q-1)$ 单位产量之间的边际成本就是 $C(Q)-C(Q-1)$。

如表 4.1 中的第 5 栏和图 4.12 所示,在产量水平较低的阶段,边际成本可能随产量的增加而减少,但到达一个最低点后,则随着产量的进一步增加而增加。之所以如此,这是由边际生产力递减规律所决定的。如果用 ΔTVC 表示由产量的变动 ΔQ 所引起的总可变成本的变动,用 ΔTFC 表示由产量的变动 ΔQ 所引起的总固定成本的变动,则有:

$$MC = \frac{\Delta TVC + \Delta TFC}{\Delta Q}$$

既然固定成本是固定的,即 $\Delta TFC = 0$,则:

$$MC = \frac{\Delta TVC}{\Delta Q} = P \frac{\Delta V}{\Delta Q} = P \frac{1}{MP}$$

进一步地说,如果厂商所使用的可变投入的价格是给定不变的,则 $\Delta TVC = P \times \Delta V$,其中,$\Delta V$ 表示由产量的变动 ΔQ 所引起的可变投入量的变动,则:

$$MC = P \frac{\Delta V}{\Delta Q} = P \frac{1}{MP} \tag{4.17}$$

公式(4.17)中的 MP 为可变投入的边际产品。既然 MP 一般随着可变投入的增加开始时上升,在达到一个最高点后转而下降,那么,边际成本曲线通常也就随着产量的增加开始时下降,在达到一个最低点后转而上升,从而呈现为"U"形。边际成本曲线这一形状上的特点,是由边际生产力递减规律决定的。

4. 边际成本曲线与平均成本曲线的关系

边际成本曲线与平均成本曲线之间的关系是,当边际成本位于平均成本之下时,平均成本是下降的;当边际成本位于平均成本之上时,平均成本上升;当平均成本最低时,边际成本等于平均成本。

5. 平均成本曲线和边际成本曲线的几何推导

与本章第 4.2 节中从总产量曲线推导平均产量和边际产量曲线相似,可以用几何方法从一条总成本曲线推导出平均成本和边际成本曲线。

在图 4.13 中,要从 TVC 曲线推导出 AVC 曲线,我们画出从原点 0 到 TVC 曲线上每一点的射线,通过 TVC 曲线上每一点的射线的斜率就表示与这一点相对应的产量的 AVC。例如,在 Q_1 产量上,射线 OA 的斜率等于 AQ_1/OQ_1 或每单位 700(10 500÷15)万元。图 4.13(b)中,AVC 曲线的高度所表示的就是图 4.13(a)中通过 TVC 曲线上相应点的

[①] 这种边际成本实际上是就产品生产而言的,确切地说,应称之为产品的边际成本,以区别于第 6 章和第 11 章中所涉及的要素边际成本。无论是产品边际成本,还是要素边际成本(有的教科书称之为边际要素成本或边际支出),都是本书第 1 章中所述边际成本的特殊形式。

射线斜率。从原点 O 出发的射线越平坦，AVC 就越低。

应该指出的是，尽管我们这里使用的是短期 TVC 曲线，但我们同样可以从短期总成本曲线中推导出相应的平均成本 AC（注意，当我们说平均成本时，总是指平均总成本，即 ATC）和边际成本 MC 曲线，我们还可以从下面将要论述的长期总成本曲线中推导出相应的长期 AC 曲线和 MC 曲线，其方法都是一样的。

在长期，厂商有足够的时间调整其所有投入的使用量，以便用最低的成本进行生产。因为厂商可以通过建立额外的设施或购买已经建成的设施来扩大其工厂和设备，所有的投入都是可变的，所以在长期内不存在总固定成本和平均固定成本函数。

6. 扩展线和长期总成本曲线

长期总成本函数或长期总成本曲线表示的是**长期总成本**（Long-run Total Cost，LTC）与产量之间的关系，它可以从扩展线中推导出来。

所谓扩展线，是指代表不同产量水平的最佳投入组合点的轨迹。如图 4.14(a)所示，E_0、E_1 和 E_2 分别表示当产量为 100 单位、200 单位和 300

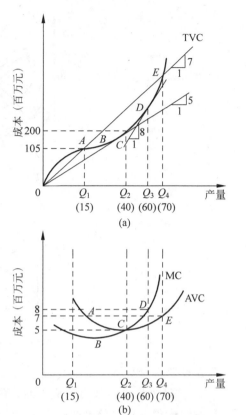

图 4.13 平均成本曲线和边际成本曲线的几何推导

单位时的最佳投入组合，它们都是代表不同产量的等产量曲线与等成本曲线相切的切点。把所有这些切点（包括未显示在图中的生产其他任意产量的最佳投入组合点）连接起来，就形成了所谓的扩展线(Expansion Curve)。扩展线表明各种投入的量是如何随着产量的变化（假定投入价格不变）而变化的。如果劳动和资本是仅有的两种投入，我们就很容易从扩展线推导出长期总成本函数。如上所述，扩展线上的每一点都代表着在长期内生产某一产量的成本最低的投入组合。让我们考察与 100 单位产量相对应的 E_0 点。显然，由 E_0 所代表的投入组合的总成本等于 OH_0 乘以单位劳动的价格 P_L。这是因为 E_0 是等成本曲线 B_0H_0 上的一点，它所代表的投入组合与 H_0 点所代表的投入组合所花费的成本是相同的，而在 H_0 点上，其投入组合成本等于 OH_0 乘以 P_L。根据同样的理由，由 E_1 所代表的投入组合的总成本为 $OH_1 \times P_L$，由 E_2 所代表的投入组合的总成本为 $OH_2 \times P_L$。这意味着长期总成本曲线上与 100 单位、200 单位和 300 单位产量相对应的点分别为 $OH_0 \times P_L$、$OH_1 \times P_L$、$OH_2 \times P_L$。

7. 长期平均成本和长期边际成本曲线

厂商的长期成本函数在许多方面都比短期成本函数易于把握。在短期，我们必须区分三种总成本，即总固定成本 TFC、总可变成本 TVC 和总（合成的）成本 TC。而在长期内，既然所有投入都是可变的，那么，只有一个长期总成本函数。与短期内存在的三种平均成本

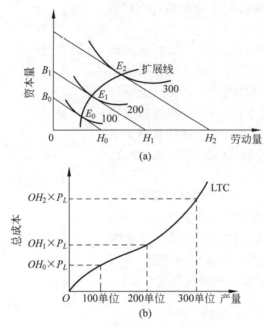

图 4.14　长期总成本曲线的推导

不同,在长期内也只有一个平均成本函数。

(1) 长期平均成本和边际成本曲线的推导。有了如图 4.15(a)所示的长期总成本 LTC 曲线,我们就很容易推导出如图 4.15(b)所示的相应的长期平均成本 LAC 曲线和长期边际成本 LMC 曲线。其方法与上一节所论述的从短期总成本曲线推导出短期单位成本曲线的方法相同,这里就不再赘述了。

长期平均成本函数表示当厂商能够建立它所希望的任何规模的工厂时,生产每一产量水平的最低平均成本。而长期边际成本函数则表示在厂商有足够时间对其所使用的所有投入的数量做出最佳调整的情况下,其产量水平与生产最后一单位产品的成本之间的关系。

(2) 长期平均成本曲线的形状。从图 4.15 和图 4.12 中可以看出,长期平均成本曲线与短期平均成本曲线一样,都是"U"形,这就是说,在产量增加到一定点以前,二者都是下降的,当产量增加到一定点时,二者达到最低点,这时再进一步增加产量,二者都是上升的。但是,"U"形的成因对这二者来说则是不同的。短期平均成本曲线之所以呈现为"U"形,是由于边际生产力递减规律的作用。具体地说,短期平均成本之所以由下降转而上升,这是因为 AFC 的下降最终要被 AVC 的上升所抵消,而 AVC 的上升是由可变投入的平均产量即 AVP 下降所引起,至于 AVP 的下降,则是边际生产力递减规律直接作用的结果。然而,边际生产力递减与长期平均成本曲线形状的成因并无直接的关系,因为在长期内没有任何固定投入。

决定长期平均成本曲线形状的因素是规模收益的变动。一般地说,在长期内,当所有投入成比例地扩大时,规模收益开始是递增的,在递增到一定点后,会在一个或长或短的时期内保持不变,然后随着规模的进一步扩大而发生递减的变化。当规模收益处于递增阶段时,产量增加的比例大于投入增加的比例,从而大于总成本增加的比例,这必然会导致平均

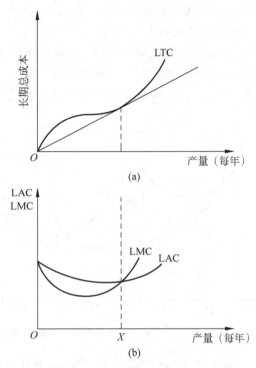

图 4.15 长期平均成本和边际成本的推导

成本下降。根据同样的原因,当规模收益不变时,平均成本一定不变;当规模收益递减时,平均成本一定上升。既然规模收益通常都是先上升、后下降,那么,LAC 曲线通常都是"U"形的。

尽管多数 LAC 曲线都呈"U"形,但由于某些厂商的规模收益在递增到一定点后,要经过一个相当长的不变阶段后才开始递减,所以,这些厂商的 LAC 曲线将具有平底锅形状。这就是说,当平均成本达到其最低点时,它在相当大的一个产量范围内保持不变,然后才开始上升。

8. 长期成本曲线与短期成本曲线的关系

为了方便起见,我们可以把长期看作一个计划或投资前景。这是因为厂商在进行长期决策时,必须决定要建立或购买多大规模的工厂,要安装多少和什么类型的特殊设备,为了这些新设备的使用,是培训现有的工人还是雇用新工人,等等。而厂商在做这种决策时,就是在事先计划。实际上,厂商是在对以后将出现的短期状况的类型进行选择,因为一旦新工厂建立后,厂商必须在一定时期内(短期)靠这种固定投入进行生产,直到经过足够的时间,才能进入随后的一个长期调整过程。

(1) 长期平均成本与短期平均成本的关系。

我们假定厂商所能建立的工厂只有六种规模,如图 4.16 所示,SAC_1、SAC_2、SAC_3、SAC_4、SAC_5 和 SAC_6 分别表示与六种规模的工厂相对应的 6 条短期平均成本曲线。显然,厂商究竟要选择哪一种规模的工厂,这要取决于厂商所希望获得的产量水平,而何种产量水平是合适的,这又取决于需求状况。假定厂商确信 Q_1 是合适的产量,那么,它会建立最小规模的工厂(其短期平均成本曲线为 SAC_1),并在平均成本为 5.50 元的水平上生产 Q_1 单位产量。当然,厂商也可以建立规模稍大一些的工厂(SAC_2),但这意味着它将以较高的平均成本生产 Q_1 单位产量,这显然不是最佳的选择。如该厂商所期望的产量不是 Q_1 而是 Q_2,那么,上述第二种规模(SAC_2)而不是第一种规模(SAC_1)的工厂便是最佳的选择了。总之,厂商将建立能以最低的平均成本(从而最低总成本)生产既定产量的工厂。

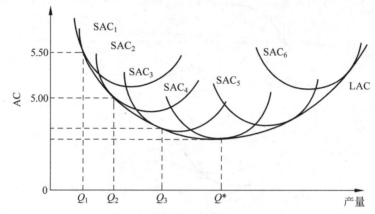

图 4.16 短期平均成本与长期平均成本的关系

长期平均成本函数所表示的就是当所有投入都可变,即当任何规模的工厂都可以建立时的产量与可能得到的最低平均成本之间的关系。当只有六种规模的工厂可供选择时,如图 4.16 所示,长期平均成本 LAC 曲线就由相应的 6 条短期平均成本曲线的实线部分构成,这些 SAC 曲线的虚线部分之所以未包括在 LAC 曲线中,是因为它们不代表最低平均成本。当有许多种规模的工厂可供厂商选择,比如,在 SAC_1 与 SAC_2、SAC_2 与 SAC_3、SAC_3 与 SAC_4、SAC_4 与 SAC_5 及 SAC_5 与 SAC_6 之间还各有 10 种或更多种规模的工厂可供厂商选择时,如图 4.16 所示,LAC 曲线就会变成一条平滑的曲线,该曲线上的每一个点,都是与厂商所能选择的与不同产量水平相对应的最佳工厂规模相联系的。换句话说,LAC 曲线上的每一个点,都是与 SAC 曲线的切点,与这些 SAC 曲线相对应的工厂规模,是厂商为生产与这些切点相对应的产量而选择的最佳规模。从数学上说,长期平均成本曲线就是短期平均成本曲线的包络线。

(2) 长期总成本曲线与短期总成本曲线的关系。

如图 4.17 所示,STC_1 表示相对于一定生产规模的短期总成本曲线,LTC 为长期总成本曲线,LTC 与 STC_1 相切于 T_1 点,与 T_1 点相对应的产量为 Q_1,这表明当产量为 Q_1 时,总成本为 T_1Q_1。当工厂和设备的规模可以按很小的单位划分时,长期总成本曲线就是短期总成本曲线的包络线。该曲线上的每一个点都是与短期总成本曲线的切点,它代表厂商在所有投入都可变的情况下,为生产既定的产量所能实现的最低总成本。

对于任一既定的产量如 Q_1 来说,$LAC = LTC/Q_1$,或者 $LTC = LAC \cdot Q_1$。因此,我们既可以从长期总成本曲线推导出长期平均成本曲线,又可以从长期平均成本曲线推导出长期总成本曲线。

(3) 长期边际成本 LMC 与短期边际成本 SMC 曲线之间的关系。如前所述,长期边际成本 LMC 是指厂商在能够改变其所有投入的使用量的情况下,由最后一单位产量的变动

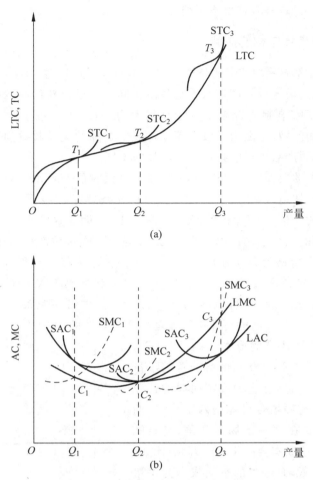

图 4.17 短期成本与长期成本的关系

所引起的总成本变动,即 $\text{LMC} = \dfrac{\Delta \text{LTC}}{\Delta Q}$。

长期边际成本曲线既可以从长期总成本曲线推导出来,又可以从短期边际成本曲线推导出来。如图 4.17(b)所示,当产量为 Q_1 时,与厂商所选择的最佳规模的工厂相对应的短期平均成本曲线为 SAC_1,短期边际成本曲线为 SMC_1,与 Q_1 相对应的 SMC_1 等于 C_1Q_1。因为当产量为 Q_1 时,STC_1 曲线与 LTC 曲线相切,与此相应的 SAC_1 曲线与 LAC 曲线相切,所以,当产量为 Q_1 时,短期平均成本 $\text{SAC}_1 = \text{STC}_1/Q_1 = \text{LTC}/Q_1 =$ 长期平均成本 LAC,而短期总成本 STC_1 曲线与长期总成本 LTC 曲线的斜率也相等。既然总成本曲线的斜率就是边际成本,那么,当产量为 Q_1 时,短期边际成本 SMC_1 就等于长期边际成本 LMC,这意味着与 Q_1 产量相对应的短期边际成本 C_1Q_1 同时也就是产量为 Q_1 时的长期边际成本,或者说,C_1 必定是长期边际成本曲线上的一个点。根据同样的理由,C_2 和 C_3 也都是长期边际成本曲线上的点,整个 LMC 曲线就是这种点的轨迹。换句话说,任一特定的 SMC 曲线总是与 LMC 曲线在一定的产量水平上相交,该产量水平就是相应的 SAC 曲线与 LAC 曲线相切时的产量水平;在上述交点的左边,SMC 曲线位于 LMC 曲线之下;在这一交点的右边,SMC 曲线位于 LMC 曲线之上。LMC 曲线与 LAC 曲线的关系,和 SMC

曲线与SAC曲线的关系一样,这里不再赘述。

9. 成本曲线对市场结构的影响

虽然大多数厂商都具有"U"形的长期平均成本曲线,但是,对于不同行业和不同厂商来说,使其平均成本达到最低点的产量水平是各不相同的。单位新产品的平均成本达到最低点时的经营规模对于家电制造者来说可能是很大的,而对于矿泉水制造者来说则相对小些。之所以产生这些差别,是因为导致长期平均成本下降的规模收益递减主要是由技术因素决定的,而支配不同产品生产的技术有着明显的不同。

对于一个行业中的典型厂商来说,其平均成本最低时的产量水平对于该行业的结构具有重要的影响。更确切地说,相对于行业所面临的市场需求曲线而言,其典型厂商的平均成本达到最低点时的产量水平是至关重要的,图4.18说明了这一点。当X的需求曲线为D时,假定典型厂商的长期平均成本曲线为LAC_1,这样,在单位产量的成本为300万元时,AC达到最低点,而在价格为300万元时,消费者的总需求为X_1,该厂商可用300万元的单位成本生产$0.05X_1$或总需求量的1/20。既然LAC_1对于生产X的厂商来说是典型的长期平均成本曲线,那么,该行业可以容纳20家厂商,其中每一家都大体上生产总产量的5%。但是,具有如此大量厂商的行业很可能是高度竞争性的。

假定由生产技术所决定的成本曲线为LAC_2,这条曲线在生产相对于300万元价格的总需求量的一半时达到最低点。具有这种成本曲线的行业将趋向于由少数(在这种场合可能是两个)大厂商统治。如果小厂商要在这一市场上竞争,它只能以小规模经营,其单位成本会高于300万元,比如,它可能在A点上经营,而这时的平均成本为每单位400万元。这种小厂商将会被迫停止营业,因为当经营规模进一步扩大,从而使单位平均成本下降为300万元时,X这种商品就很容易被廉价出

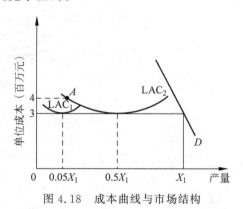

图4.18 成本曲线与市场结构

售。由于这一原因,该行业必然要由较少数量的大厂商所组成。因此,虽然其他因素也可能发生作用,但决定一个厂商在何种产量水平上其平均成本达到最低点的生产技术,是决定一个行业由大量还是少量厂商所构成的一个重要因素。

4.4 利润最大化原则

上述成本理论告诉我们,一个理性的厂商如何以最小的成本生产各种产量。接下来,我们要回答的问题是,厂商应该生产多少产量?本章一开始就假定,一个理性的厂商是以利润最大化作为目标的。根据这一假定,厂商将选择使其利润最大化的产量。本书以下两篇将分别考察完全竞争厂商和不完全竞争厂商的产量决策。本节旨在提出一个任何厂商在进行利润最大化的产量决策时所遵循的一般原则。

厂商的利润是总收益与总成本的差额。我们已经在第4.3节中详细讨论了成本的构

成,为了阐明厂商实现利润最大化的原则,我们还必须进一步分析厂商的收益。

厂商的**收益**(Revenue)是指厂商从销售产品中得到的货币额。厂商的**总收益**(Total Revenue,TR)是厂商从一定量产品的销售中得到的货币总额,它等于单位产品价格×销售量。假定厂商的产量(销售量)为 Q,产品的价格为 P_P,则总收益为:

$$TR = P_P \times Q \tag{4.18}$$

因此,厂商的利润可表示如下:

$$\pi = TR - TC$$

要使利润最大化,那就意味着厂商要选择使总收益与总成本之间的差额最大。从数学上说,当额外增加 1 单位产量正好使利润水平保持不变时,即在 $\Delta\pi/\Delta Q = 0$ 的那一点上,利润是最大的,即:

$$\Delta\pi/\Delta Q = \Delta TR/\Delta Q - \Delta TC/\Delta Q = 0$$

上式中,$\Delta TR/\Delta Q$ 表示边际收益(Marginal Revenue,MR),是指由 1 单位销售量的变化所引起的总收益的变化[①],用公式表示为:

$$MR = \Delta TR/\Delta Q \tag{4.19}$$

$\Delta TC/\Delta Q$ 表示边际成本 MC,前面已经定义过。因此,我们就得到了利润最大化的产量决策原则,即:

$$MR = MC \tag{4.20}$$

上述利润最大化的产量决策原则是本书第 1 章中所述的净利益最大化原则的另一种具体形式。确切地说,公式(4.20)应表述为:

$$MR_P = MC_P \tag{4.21}$$

公式(4.21)中的 MR 和 MC 分别以 P(Product 的缩写)为下标,旨在具体说明利润最大化的产量决策原则是产品的边际收益等于产品的边际成本,以便与后面的利润最大化的要素使用原则,即要素的边际收益等于要素的边际成本相区别。[②] 当然,在以后各章无须特殊说明的情况下,没有下标的 MR、AR、TR、MC、AC、TC 以及 P(Price——价格)都是就产品而言的。

📚 课程思政专栏

技术创新与新质生产力

中国共产党一贯重视科技创新对经济发展与国家安全的关键作用。新中国成立后,毛泽东就已意识到应该把工作重点转移到推动科技发展上,提出"向科学进军"的口号。改革开放以来,邓小平立足于社会主义现代化的实践,运用历史唯物主义的方法论,正确分析了科学技术与生产力的关系,提出"科学技术是第一生产力"的重要论断。江泽民则提出在全国实施科教兴国战略,并进一步强调科学技术在国民经济中的重要性:"科学技术是第一生产力,而且是先进生产力的集中体现和主要标志。"以胡锦涛为总书记的党中央,则把推进自主创新、建设创新型国家作为落实科学发展观、推进社会主义现代化的一项重大战略决策,将科技创新提升到了国家发展战略的核心高度。

---

① 这里所说的边际收益是第 1 章中所述的边际利益的一种表现形式。
② 参见第 6.1 节。

党的十八大以来,以习近平同志为核心的党中央领导国家全面深化科技体制改革,推进科技治理体系与治理能力现代化,以体制机制改革激发创新活力,为实现发展驱动力的根本转换奠定体制基础。党的十九大报告中首次提出"加快建设创新型国家"。十九届五中全会则明确提出,创新是引领发展的第一动力,也是实现社会主义现代化的重要着力点。党的二十大报告则指出,教育、科技、人才是全面建设社会主义现代化国家的基础性、战略性支撑。必须坚持科技是第一生产力、人才是第一资源、创新是第一动力,深入实施科教兴国战略、人才强国战略、创新驱动发展战略,开辟发展新领域、新赛道,不断塑造发展新动能、新优势。

新质生产力则是新时代有关技术创新的重要概念。2023年9月,习近平总书记在黑龙江考察期间指出,要整合科技创新资源,引领发展战略性新兴产业和未来产业,加快形成新质生产力。在随后召开的新时代推动东北全面振兴座谈会上,习近平总书记再次指出,"积极培育新能源、新材料、先进制造、电子信息等战略性新兴产业,积极培育未来产业,加快形成新质生产力,增强发展新动能"。所谓新质生产力,是以科技创新为主的生产力,是摆脱了传统增长路径、符合高质量发展要求的生产力,是数字时代更具融合性、更体现新内涵的生产力。这一新质生产力有别于传统生产力。改革开放以来,我国经济曾依赖资源要素投入实现了高速增长,但随着迈入高质量发展阶段,过去那种主要依靠资源要素投入推动经济增长的方式已经行不通了,科技创新应在经济增长中起主导作用。

2023年的中央经济工作会议指出,要以科技创新推动产业创新,特别是以颠覆性技术和前沿技术催生新产业、新模式、新动能,发展新质生产力。在解读2023年中央经济工作会议精神时,中央财办有关负责人强调,加快培育新质生产力要把握好三点。一是打造新型劳动者队伍,包括能够创造新质生产力的战略人才和能够熟练掌握新质生产资料的应用型人才。二是用好新型生产工具,特别是掌握关键核心技术,赋能发展新兴产业。技术层面要补短板、筑长板、重视通用技术。产业层面要巩固战略性新兴产业、提前布局未来产业、改造提升传统产业。三是塑造适应新质生产力的生产关系。通过改革开放着力打通束缚新质生产力发展的堵点卡点,让各类先进优质生产要素向发展新质生产力顺畅流动和高效配置。

该中央财办负责人同时表示,领会落实会议有关科技创新的精神,重点要做好三方面工作。一要健全新型举国体制,抓好关键核心技术攻关。既要发挥好政府的战略导向作用,也要发挥好企业的创新主体作用。二要大力推进新型工业化,增强产业核心竞争力。要积极主动适应和引领新一轮科技革命和产业变革,并运用先进适用技术为传统产业注入新动能,加快实现转型升级。三要凝练产业需求,优化创新体系布局。要根据产业的当下急需和长远发展需要,再凝练部署一批关系全局、影响长远的国家重大科技项目,不断加强应用基础研究和前沿研究,进一步发挥好国家实验室体系等国家战略科技力量的作用。

本章附录:生产理论和成本理论的数学处理

A4.1 成本最小化

厂商理论是建立在厂商选择最佳要素组合以使产出成本最小的假设基础上的。假设厂商只使用资本(K)和劳动(L)两种要素,则生产函数为$Q=F(K,L)$,资本的边际产品$MP_K(K,L)>0$,劳动的边际产品$MP_L(K,L)>0$。再假设所考察的是完全竞争厂商,它们接受既定的劳动价格ω和资本价格r。

因此,成本最小化问题可以写成:

$$\min \omega L + rK \tag{A4.1}$$

其限制条件为生产Q_0的产出,即:

$$F(K,L) = Q_0 \tag{A4.2}$$

要确定厂商对资本和劳动的需求,我们选择在条件式(A4.2)下使得式(A4.1)最小化的K和L值。拉格朗日函数为:

$$\Phi = \omega L + rK - \lambda[F(K,L) - Q_0] \tag{A4.3}$$

分别对K、L和λ求偏导,并使导数等于0,我们就得到了最大化的必要条件[①],即:

$$\partial \Phi / \partial K = r - \lambda MP_K(K,L) = 0$$

$$\partial \Phi / \partial L = \omega - \lambda MP_L(K,L) = 0$$

$$\partial \Phi / \partial \lambda = F(K,L) - Q_0 = 0 \tag{A4.4}$$

联立前两个条件,我们得到:

$$MP_K(K,L)/r = MP_L(K,L)/\omega \tag{A4.5}$$

式(A4.5)告诉我们,如果企业要使成本最小化,它必须选择使每种要素的边际产品与要素价格之比相等时的要素投入数量。要想验证这一点,可以假定MP_K/r大于MP_L/ω。因此,企业能通过使用更多的资本和更少的劳动来生产相同的产出,而成本却降低了。

最终,我们可以将式(A4.4)中前两个条件以另一种方式联立,算出拉格朗日乘数,即:

$$\lambda = r/MP_K(K,L) = \omega/MP_L(K,L) \tag{A4.6}$$

现在假定产出增加1单位。因为资本的边际产品表示资本投入增加1单位所引起的产出增加量,所以$1/MP_L(K,L)$表示生产单位产出所需的额外资本。因此,$r/MP_K(K,L)$表示通过增加资本投入每增加1单位额外产出的投入成本的增加额。同理,$\omega/MP_L(K,L)$表示通过增加劳动投入每增加1单位产出的投入成本的增加额。在上述两种情况下,拉格朗日乘数等于边际生产成本,它告诉我们,如果产出增加1单位会使成本增加多少。

A4.2 边际技术替代率

等产量线表示能给厂商带来相同产出水平(比如Q^*)的所有投入要素组合的点的轨迹。因此,条件$F(K,L) = Q^*$表示一条等生产量线。当投入组合沿等产量线变动时,由$F(K,L)$的全导数给出的产出变化为0(也就是说,$dQ = 0$)。因此有:

$$MP_K(K,L)dK + MP_L(K,L)dL = 0 \tag{A4.7}$$

重新组织一下可得到:

$$-dK/dL = MRTS_{LK} = MP_L(K,L)/MP_K(K,L) \tag{A4.8}$$

式中,$MRTS_{LK}$是劳动与资本之间的企业边际技术替代率。

[①] 这些条件对于两种投入为正数的问题来说是必要的。

现在将式(A4.5)所给出的条件进行改写,得到:
$$\mathrm{MP}_L(K,L)/\mathrm{MP}_K(K,L)=\omega/r \tag{A4.9}$$

因为式(A4.8)左侧表示等产量线斜率的相反数,所以在等产量线与等成本线的切点,厂商的边际技术替代率与投入要素的价格比率(等成本线的斜率)相等。

我们可以将式(A4.9)再改写一下,从而得到以下结果:
$$\mathrm{MP}_L/\omega=\mathrm{MP}_K/r \tag{A4.10}$$

式(A4.10)告诉我们,经过每种投入的单位成本调整后的所有生产投入的边际产出必须相等。如果成本调整后的边际产出不相等,企业可以通过改变投入以更低的成本进行生产。

A4.3 常见的生产函数类型

A4.3.1 里昂惕夫生产函数

里昂惕夫(Leontief)生产函数又称为固定投入比例生产函数,是指在每一个产量水平上任何一对要素投入量之间的比例都是固定的生产函数。它的通常形式为:
$$y_1=f(x_1,x_2)=\min\{x_1,x_2\}$$

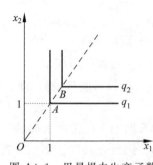

图 A4.1 里昂惕夫生产函数

此时要素之间不能进行任何替代,等产量线呈"L"形,产出究竟是多少取决于投入相对较少的那一种生产要素的量。当一种生产要素的数量不能变动时,另一种生产要素的数量再多也不能增加产量。图 A4.1 表示里昂惕夫生产函数。当生产要素 $x_1=1$ 以及 $x_2=1$ 时,产量 $Q=q_1$,此时增加 x_2 的投入也不会带来产量的任何变化。因此,在"L"形等产量线的垂直和水平部分,x_1 的边际产量和 x_2 的边际产量均为 0,只有两种生产要素同时增加,如组合从 A 到 B,才会带来产量的增加。

A4.3.2 线性生产函数

线性生产函数是指在每一个产量水平上生产要素之间是可以完全替代的生产函数。它的通常形式为:
$$y=f(x_1,x_2)=x_1+x_2$$

此时等产量线就是一条直线,如图 A4.2 所示。

A4.3.3 柯布-道格拉斯生产函数

柯布-道格拉斯(Cobb Douglas)生产函数最初是美国数学家柯布(C. W. Cobb)和经济学家道格拉斯(Paul. H. Douglas)共同探讨投入和产出的关系时创造的生产函数,是经济学中使用最广泛的一种生产函数。它的通常形式为:
$$y=f(x_1,x_2)=Ax_1^\alpha x_2^\beta$$

通过对生产函数等式两端取对数可得:

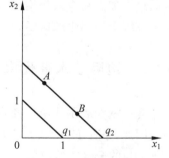

图 A4.2 线性生产函数

$$\ln y = \ln A + \alpha \ln x_1 + \beta \ln x_2$$

根据 α 和 β 的组合情况，它有三种类型：

(1) $\alpha+\beta>1$，则生产函数具有规模报酬递增的性质，表明按现有技术用扩大生产规模的方式来增加产量是有利的。

(2) $\alpha+\beta<1$，则生产函数具有规模报酬递减的性质，表明按现有技术用扩大生产规模的方式来增加产量是不利的。

(3) $\alpha+\beta=1$，则生产函数具有规模报酬不变的性质，表明生产效率并不会随着生产规模的扩大而提高，只有提高技术水平，才会提高经济效益。

通常假定 A 为技术水平，$x_1=K$ 为投入的资本，$x_2=L$ 为投入的劳动，则 α 是劳动产出的弹性系数，β 是资本产出的弹性系数，则有：

$$y = f(K,L) AK^\alpha L^\beta$$

图 A4.3 表示柯布-道格拉斯生产函数的等产量线。

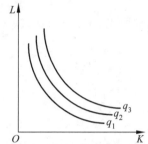

图 A4.3 柯布-道格拉斯生产函数的等产量线（$\alpha=0.5,\beta=0.5$）

A4.3.4 不变替代弹性（Constant Elasticity of Substitution，CES）生产函数

它的通常形式为：

$$y = f(x_1, x_2) = A(\delta_1 x_1^{-\rho} + \delta_2 x_2^{-\rho})^{-V/\rho}$$

其中，$A>0, V>0, 0<\delta_1<1, 0<\delta_2<1, -1<\rho\neq 0$。用 σ 表示替代弹性，则 $\sigma=1/(1+\rho)$ 是一常数，故而称之为 CES 生产函数。如果令 $\delta_1=\delta_2=\delta$，令 ρ 趋向于 0，则可以证明其极限形式就是柯布-道格拉斯生产函数。因此，柯布-道格拉斯生产函数是一种特殊形式的 CES 生产函数。

假定 A 为技术水平，$x_1=K$ 为投入的资本，$x_2=L$ 为投入的劳动，$\delta_1+\delta_2=1$，则有：

$$y = f(x_1, x_2) = A[\delta K^{-\rho} + (1-\delta) L^{-\rho}]^{-V/\rho}$$

根据 V 的大小，它也有以下三种类型：

(1) $V>1$，则生产函数具有规模报酬递增的性质。

(2) $V<1$，则生产函数具有规模报酬递减的性质。

(3) $V=1$，则生产函数具有规模报酬不变的性质。

A4.4 成本函数的推导

我们以科布-道格拉斯生产函数为例来推导成本函数 $C(Q)$。

要找出使厂商生产 Q_0 成本最小的资本和劳动数量，我们首先写出拉格朗日函数，即：

$$\Phi = \omega L + rK - \lambda(AK^\alpha L^\beta - Q_0) \tag{A4.11}$$

对 L, K 和 λ 分别求偏导，并令这些导数为 0，可以得到：

$$\partial \Phi/\partial L = \omega - \lambda(\beta AK^\alpha L^{\beta-1}) = 0 \tag{A4.12}$$

$$\partial \Phi/\partial K = \omega - \lambda(\alpha AK^{\alpha-1} L^\beta) = 0 \tag{A4.13}$$

$$\partial \Phi/\partial \lambda = AK^\alpha L^\beta - Q_0 = 0 \tag{A4.14}$$

由式(A4.12)可得到：

$$\lambda = \omega/(A\beta K^\alpha L^{\beta-1}) = 0 \tag{A4.15}$$

将式(A4.15)代入式(A4.13)中，可得到：

$$r\beta A K^\alpha L^{\beta-1} = \omega \alpha A^{\alpha-1} L^\beta \tag{A4.16}$$

或：

$$L = \beta r K/\alpha\omega \tag{A4.17}$$

然后利用式(A4.17)，从式(A4.14)中消去 L，可得：

$$A K^\beta \beta^\beta r^\beta K^\beta / \alpha^\beta \omega^\beta = Q_0 \tag{A4.18}$$

将式(A4.18)改写为：

$$K^{\alpha+\beta} = (\alpha\omega/\beta r)^\beta Q_0/A \tag{A4.19}$$

或：

$$K = [(\alpha\omega/\beta r)^{\beta/(\alpha+\beta)}](Q_0/A)^{1/(\alpha+\beta)} \tag{A4.20}$$

我们现在已确定了成本最小化的资本的数量。要确定成本最小化的劳动的数量，只要式(A4.20)代入式(A4.17)即可，因此有：

$$L = [(\beta r/\alpha\omega)^{\alpha/(\alpha+\beta)}](Q_0/Aa)^{1/(\alpha+\beta)} \tag{A4.21}$$

上述已说明了在产出一定的条件下，通过使成本最小化来确定厂商的资本与劳动的最优组合。现在我们来确定厂商的成本函数。生产任意产出 Q 的总成本可以用式(A4.20)代替，同时用式(A4.21)代替 L，并代入式 $C = \omega L + rK$。经过代数运算，可以得到：

$$C = \omega^{\beta/(\alpha+\beta)} r^{\alpha/(\alpha+\beta)} \left[\left(\frac{\alpha}{\beta}\right)^{\beta/(\alpha+\beta)} + \left(\frac{\alpha}{\beta}\right)^{-\alpha/(\alpha+\beta)} \right] \left(\frac{Q}{A}\right)^{1/(\alpha+\beta)} \tag{A4.22}$$

该成本函数不仅表明了总生产成本是如何随产出水平变动而变动的，而且表明了成本是如何随投入要素的价格变动而变动的。当 $\alpha+\beta=1$ 时，成本按比例地随着产出的增加而增加，这意味着该生产过程的规模收益不变。同理，如果 $\alpha+\beta>1$，规模收益递增；如果 $\alpha+\beta<1$，规模收益递减。

复习思考题

计算题

(1) 已知生产函数为 $Q = f(K,L) = 10KL/(K+L)$，

① 求出劳动的边际产量及平均产量函数；

② 考虑该生产函数的边际技术替代率函数(MRTS)的增减性；

③ 考虑该生产函数劳动的边际产量函数的增减性。

(2) 已知某厂商的生产函数为 $Q = L^{3/8} K^{5/8}$，又假设 $P_L = 3$ 元，$P_K = 5$ 元。

① 求产量 $Q = 10$ 时的最低成本支出和使用的 L 与 K 的数量；

② 求产量 $Q = 25$ 时的最低成本支出和使用的 L 与 K 的数量；

③ 求总成本为 160 元时厂商均衡的 Q、L 与 K 的值。

(3) 设厂商产出一定量某种产品需要的劳动(L)和资本(K)的数量可以采用下表 A、B、C、D 四种组合中的任何一种，

	L（单位数）	K（单位数）
A	18	2
B	13	3
C	11	4
D	8	6

① 若每单位劳动价格为 6 美元，每单位资本财货价格为 12 美元，则该厂商为使成本最低宜采用哪种生产方法？

② 若资本财货价格不变，P_L 上升到 8 美元，该厂商采用哪种方法生产？

分析题

（1）规模报酬的递增、不变和递减这三种情况与可变比例生产函数的报酬递增、不变和递减的三种情况的区别何在？"规模报酬递增的厂商不可能也会面临要素报酬递减的现象"这个命题是否正确？为什么？

（2）一个企业主在考虑再雇用一名工人时，在劳动的平均产量和边际产量中他更关心哪一个？为什么？

课堂自测

第Ⅲ篇

完全竞争的市场：局部均衡与一般均衡

第 5 章　完全竞争的产量和价格
第 6 章　完全竞争的要素价格和使用量
第 7 章　一般均衡与效率

本篇在上一篇研究了消费者行为和生产者选择的基础上，转入分析完全竞争条件下的产品市场和要素市场均衡。

第 5 章阐明了在完全竞争的产品市场中，使厂商实现最大利润的均衡产量和均衡价格是如何决定的，并在厂商均衡的基础上，分析了完全竞争行业的长期均衡。

第 6 章将利润最大化原则运用于要素市场分析，具体阐述了完全竞争厂商利润最大化的要素使用原则以及要素均衡价格和均衡使用量的决定，并讨论了以边际生产力理论为基础的功能性分配以及资本市场和利率决定问题。

第 7 章从局部均衡分析转向一般均衡分析，探讨了一般均衡与效率的关系。

第 5 章

完全竞争的产量和价格

在上一章中,我们通过对生产者行为的分析,推导出了厂商的各种成本曲线和厂商实现利润最大化的产量决策的一般原则。由于在不同的市场结构中,厂商所面临的市场需求曲线不同从而收益曲线是不同的,所以,我们有必要分析在不同的市场条件下使厂商实现最大利润的均衡产量和均衡价格是如何决定的。本章主要讨论完全竞争条件下产品市场的短期和长期均衡。

5.1 完全竞争的基本假定

5.1.1 完全竞争的条件

经济学中的竞争一般是指经济行为主体之间激烈的利益冲突和对立。从这个意义上来说,海尔公司与TCL公司,中国移动通信公司与中国联通公司,它们彼此都是竞争者。在这种场合,每一个厂商只有在考虑到它对竞争对手的影响以及此对手的反应后,才做出究竟是采用一种新的包装,还是对产品进行改进或者是进一步加强广告宣传的决定。然而,本章的完全竞争(Complete Competition)或纯粹竞争(Pure Competition)与上述对竞争概念的理解有很大的差别,其基本特征是非直接的对立性。因为在本章的完全竞争市场或行业中存在着许多厂商,以至于没有一个厂商会把其他厂商看作自己的竞争对手。例如,没有一个玉米种植者会把其他的玉米种植者视为自己的竞争对手。确切地说,一个完全竞争的市场或行业,必须具备以下四个条件。

1. 存在着大量的买者和卖者

完全竞争要求市场上存在大量的买者和卖者,其中每一个成员所提供或购买的份额相对于整个市场规模来说非常小,以至于谁也不能影响产品的价格。这就是说,市场价格是由众多的买者和卖者共同决定的,任何单个的厂商和消费者都是价格的接受者(Price Taker),而不是价格的制定者(Price Fixer);他们可以按照既定的价格销售和购买他们愿意买卖的任何数量而不致对价格产生明显的影响。

2. 产品是同质的

完全竞争的市场要求任何销售者的产品都是相同的,或者说,任一销售者的产品对于买者来说,都是完全的替代品。这意味着在价格相同时,消费者无论从哪一家厂商购买商品都是无所谓的(这种购买行为是随机性的),如果一个厂商稍微提高其产品的价格,所有的顾客将会转而购买其他厂商的产品。

3. 资源的流动不受任何限制

完全竞争的市场要求所有的资源都能自由流动,每一种资源都能进入和退出市场;没有任何自然的、社会的或法律的障碍阻止新厂商进入该行业和原有的厂商退出该行业;劳动力可以在不同地区和职业间流动;原材料的使用也不存在垄断。当然,以上所说资源的充分流动是就长期而言的。在短期内,即使在完全竞争条件下,有些资源也是无法从一种用途转到另一种用途中去的。

4. 信息是完全的

完全竞争的市场要求所有的厂商和消费者掌握所有对于进行正确的经济决策所必不可少的信息:厂商了解有关生产的技术条件(即相关的生产函数)、它们为所需要的各种投入必须支付的价格以及它们能够销售的产品的价格;消费者知道他们自己的偏好以及他们感兴趣的各种物品和劳务的价格。进一步地说,消费者作为投入的供给者,知道他们提供的生产性服务所能获得的报酬。不仅如此,完全竞争要求上述所有经济决策单位对过去、未来和当前的情况都要有准确的了解。

显然,以上四个条件是极其严格的,在现实世界中,恐怕没有一个行业完全满足上述条件,然而,这并不意味着完全竞争的模型是没有用处的。即使在上述条件中的一个或多个未被满足的情况下,经济学家也常常在许多场合利用完全竞争模型,这是因为任何一般的理论模型的用处,并不取决于其假定的准确性,而是取决于其预测能力。大量经验已经证明,完全竞争模型在说明和预测现实的经济行为方面是很有用的,它有助于对资源配置的效率做出准确的判断。尽管完全竞争模型所假定的条件非常严格,但从这一模型出发,可以对原来的假定不断做出修改,使之更接近于现实,从而对更复杂的市场结构做出更具体的描述。

5.1.2 厂商的收益曲线

1. 厂商和行业面对的需求曲线

既然完全竞争市场的一个基本特征是大量的厂商销售同质的商品,每个厂商所供给的仅仅是整个行业产量中的一个很小部分,所以,单个厂商的产量决策对市场价格也只会产生相应的微小影响。为简化起见,这里的"微小"影响,可以看作"零"影响,这样,完全竞争厂商所面对的需求曲线就可以画成完全水平的了。一条水平的需求曲线意味着厂商能够卖掉它想卖的任何产量而不会影响产品的价格。换句话说,完全竞争的厂商是价格的接受者,因为价格主要是由市场上所有成员决定的,或者说,是通过总的市场供给和市场需求的相互作用所决定的,单个厂商只是把市场价格当作既定的,而不认为它的决策会影响价格,如图5.1所示。

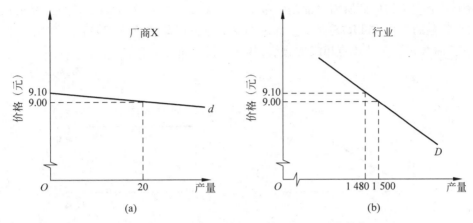

图 5.1　完全竞争的行业和厂商所面对的需求曲线

在图 5.1(b)中,横轴表示某一完全竞争行业的产品的总产量,即该行业所有厂商的产量之和,纵轴表示价格,该行业面对的市场需求曲线如 D 所示,它由该市场上所有消费者的需求曲线水平加总而成。既然假定价格是在所有厂商提供的总销售量与上述需求曲线 D 的共同作用下决定的,那么,当所有厂商的产量之和为 1 500 单位时,市场价格则为 9.00 元。

厂商 X 是该行业中的许多厂商之一,如图 5.1(a)所示,它正在以 9.00 元的价格销售 20 单位产量。这里我们感兴趣的是,与厂商 X 的产量决策相关的需求曲线。假定厂商 X 把产量降到 0,而其他厂商继续销售 1 480 单位,那么,如图 5.1(b)所示,总产量将从 1 500 单位下降到 1 480 单位,价格则上升到 9.10 元。现在,我们得到了厂商 X 的需求曲线上的两个点,在价格为 9.10 元或更高时,该厂商什么也卖不出去;在价格为 9.00 元时,它能销售 20 单位。用同样的方法可以确定该厂商 X 需求曲线上的其他点。

这样,厂商 X 的需求曲线就由图 5.1(a)中的 d 来代表。图 5.1(a)说明,一个产量占总产量比重很小的厂商对市场价格的影响也很小。厂商 X 的需求曲线并不是完全水平的,它稍微向右下方倾斜。显然,如果其他厂商生产更多的产品,厂商 X 的需求曲线从所有实际的目的来看,会是完全水平的。一个厂商所生产的份额越小,其需求曲线就越接近于一条水平线。尽管在现实中很少有厂商具有完全水平的需求曲线,但只要其需求曲线接近于水平,像厂商 X 的需求曲线那样,把它当作水平的,就是一种有用的和相当准确的简化。

当然,假定完全竞争厂商所面对的需求曲线是水平的,这并不意味着价格不改变。它仅仅意味着单个厂商自身的行为不会影响现行价格。如果一个完全竞争行业中的所有厂商或大多数厂商同时增加或减少其产量,市场价格就会发生变动,但每一次变动后的市场价格对单个厂商来说,仍表现为一种既定的价格,厂商在相关的产量范围内,能够卖掉任一数量的产品而不会对价格产生影响。

2. 厂商的总收益曲线、平均收益曲线和边际收益曲线

厂商的总收益 TR 是指厂商从一定量产品的销售中得到的货币总额,这在本书上一章中已经定义过[见第 4.4 节和公式(4.18)]。

由于完全竞争的厂商所面对的是一条水平的需求曲线,厂商增减1单位产品的销售所引起的总收益的变化(ΔTR)总是等于固定不变的单位产品的价格 P,所以,如图 5.2(a)所示,总收益曲线是一条从原点出发的直线,其斜率就是固定不变的价格。

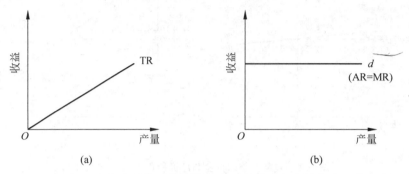

图 5.2　完全竞争厂商的总收益、平均收益和边际收益

厂商的**平均收益**(Average Revenue,AR)是按销售量计算的收益,它等于总收益除以销售量。因为销售一定量产品时平均每单位产品带来的收益也就是销售任一数量产品时单位产品的价格,其表达式为:

$$AR = TR/Q = P \cdot Q/Q = P \tag{5.1}$$

又因为需求曲线也可以理解为消费者愿意和能够为任一购买量支付的价格,所以,厂商的平均收益曲线在任何市场条件下都可以由其产品的需求曲线来表示。如图 5.2(b)所示,由于完全竞争厂商的需求曲线是一条水平线,所以,其平均收益曲线也是一条水平线。

在完全竞争条件下,无论单个厂商的销售量如何变化,其单位产品的价格保持不变,所以,每一单位产品的边际收益就等于固定不变的销售价格,从而等于平均收益,即 MR= P =AR。因此,图 5.2(b)中的平均收益曲线同时也就是边际收益曲线。这就是说,完全竞争厂商的平均收益曲线和边际收益曲线与需求曲线都是完全重合的。

5.2　产品市场的短期均衡

5.2.1　短期均衡产量的决定

在短期内,完全竞争的厂商可以通过增加或减少其可变投入的使用量来改变其产量。下面我们分别从两个不同的角度来分析追求利润最大化的厂商将如何确定其实际的产量水平。

1. 总收益与总成本分析

某完全竞争厂商在短期内的成本和收益状况,如表 5.1 所示。

表 5.1　某完全竞争厂商的短期成本和收益　　　　　　　　单位：百万元

产量（件）(1)	价格 (2)	TR (3)	TC (4)	TVC (5)	总利润 (6)	MC (7)	MR (8)	
0	12	0	15.0	0.0	−15.0	—	—	
1	12	12	25.0	10.0	−13.0	10.0	12	
2	12	24	33.0	18.0	−9.0	8.0	12	
3	12	36	40.0	25.0	−4.0	7.0	12	
4	12	48	46.0	31.0	2.0	6.0	12	MR>MC
5	12	60	54.0	39.0	6.0	8.0	12	
6	12	72	63.0	48.0	9.0	9.0	12	
7	12	84	73.0	58.0	11.0	10.0	12	
8	12	96	84.9	69.9	11.1	11.9	12	MR≈MC
9	12	108	98.0	83.0	10.0	13.1	12	
10	12	120	113.0	98.0	7.0	15.0	12	
11	12	132	132.0	117.0	0.0	19.0	12	MR<MC
12	12	144	155.0	140.0	−11.0	23.0	12	
13	12	156	185.0	170.0	−29.0	30.0	12	
14	12	168	225.0	210.0	−51.0	40.0	12	

从表 5.1 中可以看出，在产量较高和较低时，总利润可能是负的，也就是说，该厂商会亏损。请注意，当产量为 0 时，厂商亏损 1 500 万元，这是因为即使它暂时停止营业，也必须支付固定成本。在中间阶段的产量水平上，总利润是正的。然而，厂商希望获取尽可能大的利润，而当产量为 8 单位、总利润为 1 110 万元时，该厂商实现了利润最大化。

图 5.3 说明，如何用总收益 TR 曲线和总成本 TC 曲线来确定使利润最大化的产量水平。在图 5.3 中，厂商希望选择使利润最大的产量水平，这一产量水平就是 Q_1。与 Q_1 相对应的总收益为 AQ_1，总成本为 BQ_1，二者之间的垂直距离 AB 就是总利润。显然，无论是在较高的产量水平上还是在较低的产量水平上，总利润小于 AB。这是因为在较低的产量水平如 Q_0 上，TR 与 TC 曲线随着产量的扩大是逐渐分离的，这表明在较高的产量上利润较大，同时也反映着这样一个事实，即在一定范围内（从 Q_0 到 Q_1），边际收益 MR（TR 曲线的斜率）大于边际成本 MC（TC 曲线的斜率）；而在产量为 Q_1 时，TR 与 TC 曲线分离得最远（TR 曲线位于 TC 曲线之上），TR 曲线的斜率和 TC 曲线的斜率（TC 曲线上 B 点的斜率等于 bb' 的斜率）相等，这说明此时的边际收益与边际成本相等。

在图 5.3 中，在每一产量水平上的总利润水平也可以用总利润曲线明确地表示出来，这一曲线在产量为 Q_1 时达到最高点。总利润曲线是通过画出每一产量水平上 TR 和 TC 之间的差额而从图形上推导出来的，例如，AB 等于 CQ_1。当产量为 0 时，总利润为负，并等于负的总固定成本 TFC。

2．边际成本和边际收益曲线分析

总收益与总成本分析可能是厂商所喜欢使用的考察成本、收益和利润的方式，经济学家一般并不使用 TR 和 TC 曲线来分析厂商的产量决策，而是使用边际成本和边际收益曲线（二者分别是从 TC 曲线和 TR 曲线推导出来的），因为这些曲线能够更明确地表示单个

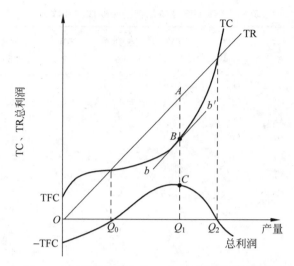

图 5.3 短期利润最大化：TR、TC 和总利润曲线

厂商利润最大时的产量。

图 5.4 是根据表 5.1 中的数字绘制的，或者说，其中的单位成本（AC、AVC 和 MC）曲线是由图 5.3 中的总成本曲线推导出来的。一般地说，任何追求利润最大化的厂商，都将根据边际收益等于边际成本的原则来确定其产量①，具体到完全竞争厂商的短期产量决策，这里主要有四种典型情况：

（1）厂商盈利。当厂商面对的需求曲线位于平均成本曲线的最低点以上，如图 5.4(a) 所示，厂商的均衡产量即能够获得最大利润的产量为 Q_0，在 E_1 点上，厂商的边际收益等于边际成本。之所以在边际收益等于边际成本时的产量 Q_0 为均衡产量，这是因为在任何低于 Q_0 的产量水平上，价格即边际收益都高于边际成本，这意味着当产量增加时，总收益的增加将大于总成本的增加，因此，进一步提高产量可使利润增加；而在任何高于 Q_0 的产量水平上，价格即 MR 都低于边际成本，这意味着当产量减少时，总成本的减少将大于总收益的减少，因此，这时减少产量能增加利润。由于在低于 Q_0 的产量水平上提高产量能使利润增加，在达到 Q_0 水平后进一步增加产量会使利润下降，因此，Q_0 必然是使利润最大化的产量，此时厂商能够获得超额利润。

（2）厂商不盈利也不亏损。当厂商所面对的需求曲线与平均成本曲线的最低点相切，如图 5.4(b) 所示，在与 Q_0 相对应的均衡点 E_2 上，MC＝AC＝MR＝P_0，厂商既没有亏损，也没有超额利润，任何高于或低于 Q_0 的产量水平都会给厂商带来亏损。所以，平均成本曲线与边际成本曲线的交点即平均成本曲线的最低点就是所谓的收支相抵点。当价格水平高于这一点时，如上所述，厂商会获得超额利润，当价格水平低于这一点时，厂商会亏损。

---

① 其证明如下：厂商追求短期利润 π 最大化，即：
$$\max_{(q)} \pi = \mathrm{TR}(q) - \mathrm{TC}(q)$$
则利润最大化的一阶条件为：
$$\frac{\mathrm{d}\pi}{\mathrm{d}q} = \frac{\mathrm{dTR}}{\mathrm{d}q} - \frac{\mathrm{dTC}}{\mathrm{d}q} = \mathrm{MR} - \mathrm{SMC} = 0$$
因此，利润最大化的条件为边际收益等于边际成本。

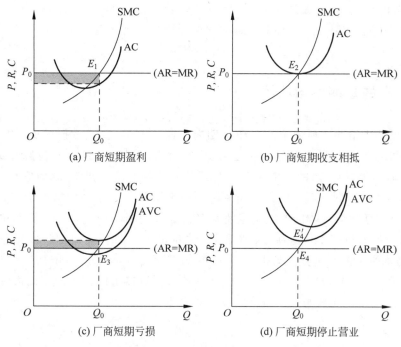

图 5.4 短期利润最大化——边际成本和边际收益曲线分析

(3) 厂商亏损但可以弥补可变成本。当厂商所面对的需求曲线低于平均成本曲线的最低点时,相对于任何产量水平的短期平均成本都高于价格即平均收益,这意味着厂商在选择任何产量水平时都会亏损。在这种情况下,厂商究竟是亏损经营还是停止营业,这要取决于产品价格能否抵偿其平均可变成本。如果需求水平高于 AVC 曲线的最低点,如图 5.4(c)所示,厂商应继续营业,因为厂商在短期内无论是否生产都必须为固定投入支付固定成本,如果它停止营业,它就要损失全部固定成本。而此时厂商继续生产不仅能够弥补全部的可变成本,还弥补了一部分固定成本,这对厂商的短期经营是有利的。所以,只要存在使 $P > \text{ATC} - \text{AFC} = \text{AVC}$ 的产量,厂商就应该继续生产,从而使亏损减少到最低限度。

(4) 厂商停止营业。如果需求水平低于 AVC 曲线的最低点,如图 5.4(d)所示,厂商应停止营业。由于不存在使 $P > \text{ATC} - \text{AFC} = \text{AVC}$ 的产量,这意味着厂商在任何产量水平上的平均收益都不仅不能补偿任何数量的平均固定成本,而且不足以补偿平均可变成本,在这种情况下,厂商应该停止营业以使亏损减少到最低限度,因为这样至少可以避免可变成本的部分损失。

如果厂商所面对的需求曲线与其平均可变成本曲线的最低点相切,那么,在切点 E_4' 上,$P = \text{ATC} - \text{AFC} = \text{AVC}$,这意味着厂商在 E_2 点上继续营业和停止营业,其结果都是一样的,因为在这两种情况下,亏损额 $= \text{AFC} \times Q_2$。因此,平均可变成本曲线和边际成本曲线的交点即平均可变成本曲线的最低点被称为停止营业点。

总之,以利润最大化为目标的厂商将根据边际收益等于边际成本的原则确定其均衡产量,这一点对于任何厂商都是适用的。① 只不过对于完全竞争的厂商来说,由于需求曲线是水平的,$MR=AR=P$,所以,上述利润最大化的原则可以具体表述为:

$$P = MC \tag{5.2}$$

5.2.2 厂商的短期供给曲线

厂商的短期供给曲线所表示的是在短期内厂商利润最大(或亏损最小)的产量水平与产品价格之间的关系。假定市场价格连续变动,就可以得到一组价格与边际成本相等的点。在图 5.5(a)中,当产品的价格为 P_2 时,厂商处于停止营业点上,这时它停止营业或在 Q_2 产量水平上继续营业,都能使其亏损额降到最低限度。当产品价格高于 P_2 时,厂商将按照边际收益等于边际成本的原则确定使其获得最大利润(或亏损最小)的产量。比如,当价格为 P_0 时,厂商将把产量定在 Q_0 水平上;当价格为 P_1 时,厂商将把产量定在 Q_1 水平上,其他价格水平上的产量依次类推。这样,我们就可得到如图 5.5(b)所示的厂商短期供给曲线。显然,这条曲线就是厂商位于 AVC 曲线最低点以上的部分的短期边际成本曲线,当价格低于 P_2 时,该曲线与表示价格的纵轴正好重合。

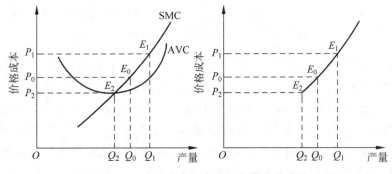

图 5.5 完全竞争厂商的短期供给曲线

从图 5.5 中可以看出,厂商的供给随着产品价格的提高而增加。随着产品价格变化所引起的供给的变化或沿着同一条供给曲线的移动,称为供给量的变化。

5.2.3 短期生产者剩余

在第 3 章中,我们将消费者剩余定义为"人们愿意为某一物品支付的最高价格与它的市场价格之间的差额"。此原理同样适用于厂商。如果边际成本上升,对于不包括最后一单位的每一生产单位而言,产品价格大于边际成本,结果是除最后一单位产量外的所有产量,厂商都

---

① 当然,如上所述,MR=MC 作为利润最大化的产量决策原则,不适用于需求曲线位于平均可变成本曲线以下时的情况。另外,由于 MC 曲线为"U"形,它可能与 MR 曲线有两个交点。根据利润最大化的二阶条件,则有:

$$\frac{d^2\pi}{dq^2} < 0, \quad \frac{d^2\pi}{dq^2} = \frac{d}{dq}\left(\frac{dTR}{dq} - \frac{dTC}{dq}\right) = \frac{dMR}{dq} - \frac{dSMC}{dq} < 0$$

可以得出,利润最大化的二阶条件为 MR 的斜率小于 SMC 的斜率,因此,利润最大化的产量仅出现在 MC 曲线从下面与 MR 曲线相交的点上。

能获得剩余。厂商的生产者剩余(Producer's Surplus)是所有生产单位边际生产成本和商品市场价格之间差额的总和,生产者剩余表示某一生产者边际成本曲线以上和市场价格以下的那部分面积,如图5.6所示。

在图5.6中,利润最大化产量为q^*,此处$P=MC$。生产者剩余是在产量O到产量q^*之间,厂商水平需求曲线以下、其边际成本曲线以上的阴影部分的面积。

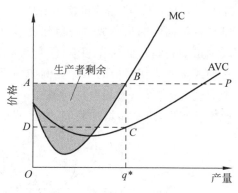

图5.6　厂商的生产者剩余

当我们将生产从O到q^*的产量水平下的边际成本加总起来,可以发现加总额等于生产q^*的可变总成本。边际成本表示增加1单位产量引起的总成本增加额,因为固定成本不随产量变化而变化,所以所有边际成本的总和必然等于可变成本的加总。因而,生产者剩余也可由厂商的总收益与其可变总成本TVC的差额来定义。在图5.6中,生产者剩余由矩形$ABCD$给出,它等于总收入($OABq^*$)减去总可变成本($ODCq^*$)。

生产者剩余与利润密切相关,但两者不相等。生产者剩余等于收入减去可变成本,而利润等于收入减去总成本,包括可变成本与固定成本,即生产者剩余$PS=TR-TVC$;利润$\pi=TR-TVC-TFC$。

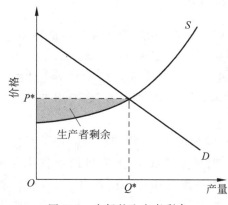

图5.7　市场的生产者剩余

这意味着在短期内,当固定成本为正时,生产者剩余大于利润。厂商享有生产者剩余的范围取决于它们的生产成本。成本较高的厂商享有的生产者剩余较少,而成本较低的厂商享有较多的生产者剩余。将所有的私人厂商的生产者剩余加总起来,我们能决定市场的生产者剩余,如图5.7所示。

在图5.7中,市场供给曲线始于纵轴上代表市场成本最低厂商的平均可变成本的那一点,生产者剩余也就是在产量$O\sim Q^*$之间位于产品市场价格以下和供给曲线以上的那部分阴影面积。

5.3　产品市场的长期均衡

5.3.1　厂商的长期均衡

当原有的厂商既可以调整其生产规模又可以离开原行业,新的厂商也可以进入该行业时,我们的分析便由短期进入到长期。

1. 长期内的调整过程

假定某厂商现有生产规模的短期平均成本曲线和边际成本曲线分别为图5.8中的

A_0A_0' 和 M_0M_0'，产品的价格为 OP。由于在短期内，厂商只能在现有的生产规模下经营，所以它将根据短期边际成本与边际收益（价格）相等的原则把产量确定在 Oq_0 水平上，并获得较少量的利润。而在长期内，厂商则不受现有生产规模的限制，它可以建立与图 5.8 中任一短期成本曲线相对应的工厂。例如，它可以建立与短期成本曲线 A_1A_1' 和 M_1M_1' 相对应的中等规模的工厂，使利润得到提高；或者建立与短期成本曲线 A_2A_2' 和 M_2M_2' 相对应的大规模的工厂，进一步增加利润，直至调整到获得最大利润时的规模。

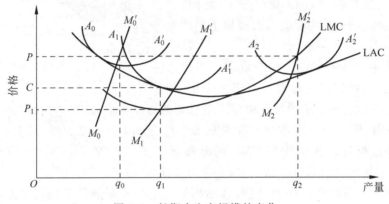

图 5.8 长期内生产规模的变化

一般地说，完全竞争厂商在长期内实现最大利润的条件是长期边际成本与价格相等，而在同一点上，厂商所用工厂的短期边际成本也与价格相等。显然，在图 5.8 中，上述条件只能在使用与短期成本曲线 A_2A_2' 和 M_2M_2' 相对应的工厂并在产量为 Oq_2 水平上才能实现。因为正是在这一产量水平上，厂商的长期边际成本等于价格，同时，厂商所用工厂的短期边际成本也与价格相等。

如果行业内除该厂商外，所有厂商都建立了最佳规模的工厂，则该厂商的扩张不会对价格产生重要影响。这样，由于 OP 高于产量为 Oq_2 时的平均成本，所有厂商都将获得利润。既然经济成本已经包含厂商的资源从其他最有利可图的用途中所能获得的收益，所以，这里所说的利润即经济利润意味着厂商得到的收益大于它将资源用于其他行业时所能获得的收益。这种高于平均水平的利润的存在会吸引新的厂商进入该行业，而当新厂商进入时，调整过程将继续进行。

2. 新厂商的进入和原有厂商的退出过程

显然，新厂商的进入将使行业的供给曲线向右移动，也就是说，在既定的价格下，行业的供给量将比以前增加。例如，假定图 5.9 中的行业供给曲线从 SS' 移到 S_1S_1'，由此引起价格由 OP 下降到 OP_1，而行业的产量由 OQ 增加到 OQ_1。尽管由于新厂商的进入使行业总产量增加了，但每个厂商的产量比以前减少了。现在，如图 5.8 所示，当价格为 OP_1 时，每个厂商的最佳产量是 Oq_1，不再是 Oq_2 了。而最佳的工厂是与短期成本曲线和边际成本曲线 A_1A_1'、M_1M_1' 相对应的工厂，这样，已经建立起与短期成本曲线 A_2A_2' 和 M_2M_2' 相对应的工厂的那些厂商将损失一大笔收益。即使那些建立了最佳规模工厂（与短期成本曲线 A_1A_1' 和 M_1M_1' 相对应的）的厂商，每单位产量也会损失 P_1C 元。

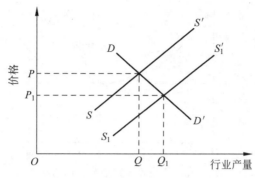

图 5.9 新厂商进入的影响

这并不意味着拥有最佳规模工厂的厂商没有实现利润最大化,相反,图 5.8 表明,在价格为 OP_1 时,如果厂商使用与短期成本曲线 A_1A_1' 和边际成本曲线 M_1M_1' 相对应的工厂并生产 Oq_1 单位产量,则厂商的长期边际成本等于短期边际成本并等于价格。显然,这就是该厂商实现利润最大化或使亏损最小的途径。

但是,即使厂商尽了最大努力,也不能获得经济利润,其结果是一些厂商将退出该行业。既然在其他行业中的厂商的资源所得到的收益更大些,那么,企业家将把这些资源转移到其他行业。由于厂商的退出使行业供给曲线向左移动,因此,调整过程还将继续下去。

3. 厂商的长期均衡

上述调整过程将一直持续到足够的厂商离开该行业,直到既消除了经济亏损又不存在经济利润时才能最终结束。这时,行业中留下来的厂商将达到均衡。由此,厂商的长期均衡是在其长期平均总成本与价格(即平均收益)相等的那一点上实现的。如果价格超过了某一厂商的平均总成本,该厂商就会得到经济利润,这将吸引新厂商进入该行业,如果价格低于某一厂商的平均总成本,该厂商最终将退出该行业。

厂商在达到长期均衡时,价格必须等于最低长期平均总成本,或者说,厂商必须在其长期平均总成本曲线的最低点进行生产。因为厂商要实现其利润最大化,必须在价格等于长期边际成本的那一点上经营,而要同时满足这两个条件,长期平均总成本必须与长期边际成本相等。由于只有在长期平均成本曲线的最低点上,长期边际成本才与长期平均成本相等,所以,这一点一定是厂商的长期均衡,如图 5.10 所示。

在图 5.10 中,厂商的均衡价格为 OP^*,厂商的均衡产量为 OQ^*,与其所用工厂相对应的短期平均成本和短期边际成本曲线分别为 SAC 和 SMC。在这一生产规模和产量水平上,一方面,长期边际成本和价格都相等,这保证了厂商实现利润最大化;另一方面,在同一产量水平上,厂商的长期平均成本与短期平均成本都和价格相等,这又使得厂商的经济利润等于 0。既然长期边际成本必须等于长期平均成本,均衡点就一定在长期平均成本曲线的最低点或底部。

由于价格对于行业内所有厂商来说必须是一样的,所以,所有厂商长期平均成本曲线的最低点一定是相同的。尽管有些厂商的成本看起来比同行业中的其他厂商低,但实际上,这些厂商通常都拥有与众不同的优等资源或特殊才能的管理人员。这些优等资源的所有者若把其资源投入其他可供选择的用途中,就可取得比普通资源更高的价格。所以,使

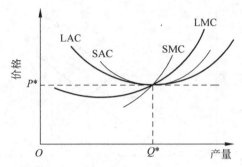

图 5.10 完全竞争厂商的长期均衡

用较优等资源厂商的替换成本或隐含成本,高于那些使用普通资源的厂商。如果把这一点考虑进来,并假定这些优等资源是被恰当地耗费的,那么,表面上看成本较低的厂商,其成本并不低。总之,完全竞争厂商长期均衡的条件表达式是:

$$AR = MR = LMC = LAC = SMC = SAC \tag{5.3}$$

或者说,完全竞争厂商长期均衡点位于长期平均成本曲线的最低点。

5.3.2 行业的长期均衡

在长期内,完全竞争行业的成本可能是不变的,也可能是递增或递减的。下面分别讨论这三种情况下行业的长期供给曲线和长期均衡。

1. 成本不变行业的长期均衡

图 5.11 描述了成本不变行业的长期均衡。图 5.11(a) 表示行业内典型厂商的短期和长期成本曲线,图 5.11(b) 表示市场需求曲线和市场(行业)供给曲线,其中 DD' 和 SS' 分别为初始的需求和供给曲线,假定行业处于长期均衡状态,这时价格线与长期(短期)平均成本曲线在其最低点上相切(这时的价格为 OP)。

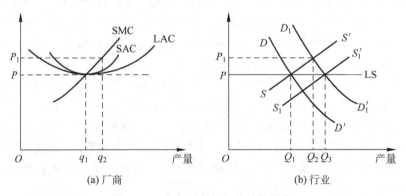

图 5.11 成本不变行业的长期均衡

现在假定需求曲线移到 D_1D_1'。在短期内,由于厂商的数目是固定的,产品价格将由 OP 上升为 OP_1,每个厂商的产量将由 Oq_1 扩大到 Oq_2;由于 Oq_1 高于产量为 Oq_2 时的平均成本,所以每个厂商将获得经济利润。其结果是新厂商将进入该行业,并使行业的供给曲线向右移动。在成本不变的行业内，新厂商的进入并不影响现有厂商的成本，因为该行业所使用的投入也为其他许多行业所使用，所以，该行业新厂商的出现不会抬高投入的价格从而提高现有厂商的成本。当然，新厂商的出现也不会降低现有厂商的成本。

由此可见，成本不变行业的长期供给曲线是水平的，如图 5.11(b)中的 LS 曲线所示。因为产量的增加可以通过用与 OP 相等的平均成本生产 Oq_1 产量的厂商数目的增加来实现，所以，行业的长期供给曲线在 OP 高度上呈水平状。只要行业仍处在成本不变的状态下，如果价格高于 OP，厂商会进入该行业；如果价格低于 OP，厂商将退出该行业。只有当价格为 OP 时，行业的长期均衡才能够实现，行业的产量可随着需求状况扩大或缩小，但并不改变这一长期均衡价格。

2. 成本递增行业的长期均衡

用同样的方法，我们可以推导出成本递增行业的长期供给曲线。首先从一个最初均衡位置开始，然后考察当市场需求曲线变动后所发生的调整过程，直到行业再次达到长期均衡点为止，如图 5.12 所示。在图 5.12(a)中，行业初始的长期均衡点为 A，与此相对应的长期均衡价格为 OP_1，均衡产量为 OQ_1；在图 5.12(b)中，典型厂商按照 OP_1 的既定价格生产 Oq_1 单位产量，并处于长期均衡状态。

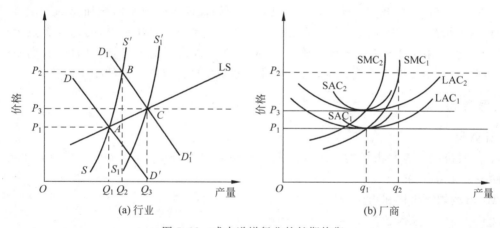

图 5.12　成本递增行业的长期均衡

现在假定行业面对的需求曲线由 DD' 移动到 D_1D_1'，这样，行业的短期均衡由短期供给曲线 SS' 与 D_1D_1' 的交点 B 所决定，价格上升到 OP_2，产量增加到 OQ_2。每个厂商都将沿着其短期边际成本曲线扩大产量，直到典型厂商生产 Oq_2 单位产量为止，这时厂商都在获得经济利润。在长期内，这种极为有利的投资机会必然会鼓励新厂商进入该行业，现有的厂商也会扩大其工厂规模。

然而，在成本递增的行业，行业产量的扩张会导致某些投入价格的上升。这样，产量的增加会以两种方式降低利润。一方面，较高的产量会导致价格下降，从而使利润减少；另一方面，由产量的扩大所引起的对投入的需求的增加会导致投入价格上升，而较高的投入价格意味着较高的成本，这也会减少利润。当行业的产量扩张到这样一个水平，以至于经济利润不复存在时，新的长期均衡就达到了。在图 5.12 中，新厂商的进入使 SS' 向 S_1S_1' 移动，从而使价格由 OP_2 向 OP_3 移动。每个厂商水平的需求曲线随着价格由 OP_2 向 OP_3

的下降而向下移动,这种下降使利润减少。与此同时,投入价格的上升使厂商的长期平均成本、短期平均成本和短期边际成本曲线分别由 LAC_1、SAC_1 和 SMC_1 逐渐上升为 LAC_2、SAC_2 和 SMC_2。当行业的供给曲线移到 S_1S_1',而价格为 OP_3 时,经济利润消失,这时厂商在 LAC_2 的最低点上生产 Oq_1 单位产量,正好能补偿其平均成本。一旦利润消失,行业产量进一步扩张的诱因也就不复存在,行业新的长期均衡也就达到了,这一均衡点就是 C 点。用同样的方法,我们可以画出其他一系列与 A、C 点相似的点,这些点的轨迹,就是成本递增行业的长期供给曲线,如图 5.12(b)中的 LS 曲线所示。

成本递增行业的长期供给曲线是向右上方倾斜的,其斜率为正值。这意味着当行业达到长期均衡后,只有价格进一步提高时,产量才会增加,这是因为随着行业的扩张,成本会上升。这里,成本递增是指当行业扩张而把投入价格抬高时,所有厂商的成本曲线向上移动。成本不变行业与成本递增行业之间的区别在于,在成本不变的行业中,由需求的增加所引起的新厂商的进入过程,直到价格恢复到原有水平为止;而在成本递增的行业中,新厂商的进入要持续到长期平均成本曲线的最低点上升到与新价格相等时为止。

在成本递减的行业,行业的长期供给曲线与成本递增的行业相反,行业的长期供给曲线是向上倾斜的。由于在完全竞争行业中成本递减是不常见的,这里不再分析,读者可以自己推导。

以上的分析表明,我们不能通过将行业内厂商的长期边际成本曲线加总的方法推导行业的长期供给曲线。因为每个厂商都是在长期供给曲线上(LMC=P)的每一个点上进行生产的,但当行业沿 LS 曲线进行调整时,厂商正在进入或退出该行业。因此,我们不可能像在短期那样,对一既定数量厂商的 LMC 曲线本身也会由要素价格的变化而移动。

复习思考题

计算题

(1) 假设完全竞争市场的需求函数和供给函数分别为 $Q_D = 50\,000 - 2\,000P$ 和 $Q_S = 40\,000 + 3\,000P$。求:

① 市场均衡价格和均衡产量。

② 厂商的需求函数。

(2) 假设某完全竞争厂商生产的某产品的边际成本函数为 $MC = 0.4Q - 12$(元/件),总收益函数为 $TR = 20Q$,且已知生产 10 件产品时总成本为 100 元,试求生产多少件时利润极大,其利润为多少?

(3) 假设某完全竞争行业有 100 个相同的厂商,每个厂商的成本函数为 $STC = 0.1q^2 + q + 10$,成本以美元计算,

① 求市场供给函数。

② 假设市场需求函数为 $Q_D = 4\,000 - 400P$,求市场的均衡价格和产量。

③ 假定对每单位产品征收 0.9 美元的税,新的市场均衡价格和产量为多少?厂商和消费者的税收负担各为多少?

分析题

(1) 为什么利润极大化原则 MC=MR 在完全竞争条件下可表达为 MC=P?

(2) "在长期均衡点,完全竞争市场中每个厂商的利润都为零。因而,当价格下降时,所

有这些厂商就无法继续经营。"这句话对吗？为什么？

课堂自测

第 6 章

完全竞争的要素价格和使用量

在第 5 章中,我们考察了完全竞争条件下产品市场均衡价格与均衡产量的决定,即生产什么和生产多少的问题。现在来研究完全竞争要素市场的价格与数量的决定问题。在 19 世纪,经济学家们习惯于把要素分为三类,即土地、资本、劳动,因此,要素的定价理论同时也就成了关于地主、劳动者、资本家三个阶层的收入分配理论。[①] 分配理论是经济学中最有争议的领域之一。

6.1 要素的需求

与产品的需求不同,要素的需求来自厂商而不是消费者,而厂商对要素的需求是一种派生的需求或"引致需求",也就是说,消费者对最终产品的需求间接地派生出对要素的需求。正因为如此,要素的价格及其使用量,不仅取决于要素市场的结构,而且依赖于产品市场的结构。本章主要分析完全竞争市场(包括产品市场和要素市场)中要素的均衡价格和均衡使用量。在下一篇的第 11 章中,我们将进一步讨论不完全竞争市场(包括产品市场和要素市场)中要素的均衡价格和均衡使用量。

6.1.1 利润最大化的要素使用原则

1. 利润最大化要素使用的一般原则

根据边际决策规则,厂商使用要素的利润最大化原则是要素的边际收益等于要素的边际成本,用公式表示如下:

$$MR_F = MC_F \tag{6.1}$$

式(6.1)左边的 MR_F 是**要素边际收益**(Marginal Revenue of Factor),即增加 1 单位要素所带来的总收益的增加。它用公式表示如下:

$$MR_F = \Delta TR/\Delta F = (\Delta TR/\Delta TP) \times (\Delta TP/\Delta F) \tag{6.2}$$

式(6.2)中,TR、TP、F 分别代表总收益、总产量、某要素使用量,ΔTR、ΔTP、ΔF 分别代表总收益、总产量、某要素使用量的变化量。$\Delta TR/\Delta TP$ 即增减 1 单位产量所带来的总收益的变动,即前述产品的边际收益 MR_P,$\Delta TP/\Delta F$ 即增减 1 单位生产要素所引起的总产量变动,即前述边际产品 MP_F。因此,要素边际收益等于要素的边际产品乘以产品的边际收

[①] 现代西方经济学家通常都把企业家才能作为第四种生产要素,而正常利润就是企业家才能的报酬。

益(MR_P),即:

$$MR_F = MP_F \cdot MR_P \tag{6.3}$$

式(6.3)中的 MR 之所以用 F(Factor 的缩写)作为下标,旨在与产品的边际收益相区别;而要素的边际产品 MP_F 与产品的边际收益(MR_P)的乘积即 $MP_F \times MR_P$,通常也被称为要素的边际产品收益(Revenue of Marginal Product of Factor, RMP_F)。①

式(6.1)右边的 MC_F 表示**要素的边际成本**(Marginal Cost of Factor),即增加 1 单位要素投入所引起的总成本的增加。它用公式表示如下:

$$MC_F = \frac{\Delta TC}{\Delta F} \tag{6.4}$$

这里的 MC 同样以 F(Factor 的缩写)作为下标,旨在与前述产品的边际成本相区别。②

2. 完全竞争条件下利润最大化的要素使用原则

式(6.1)表示利润最大化的要素使用的一般原则,下面我们进一步讨论这个一般原则在完全竞争条件下的具体表现形式。

在前面第 4 章中,我们已经推导出厂商在既定产出下最小化成本或者在既定成本下最大化产出以实现利润最大化的边际条件,即:

$$MP_{F1}/P_{F1} = MP_{F2}/P_{F2} = \cdots = MP_{Fn}/P_{Fn} \tag{4.13}$$

公式(4.13)的含义是,厂商只有通过对投入品的使用进行边际调整,达到在每一种投入品上花费的最后一单位货币所带来的产量相等,才能实现利润最大化。

将公式(4.13)的每一个比率都倒过来,可以得到:

$$P_{F1}/MP_{F1} = P_{F2}/MP_{F2} = \cdots = P_{Fn}/MP_{Fn} \tag{6.5}$$

现在我们来考察在其他投入不变的条件下,由任何一种要素的边际投入带来的最后一单位产出所花费的成本。已知最后一单位要素投入带来的边际产出为 MP_F,也就是说,MP_F 的倒数($1/MP_F$)即最后一单位边际产出所耗费的要素数量。记要素价格为 P_F,由于在完全竞争条件下,厂商所面对的要素供给曲线是水平的,也就是说,要素的价格是保持不变的,所以有:

$$\frac{1}{MP_F} P_F = MC_P \tag{6.6}$$

也就是说,P_F/MP_F 等于增加 1 单位产量所引起的总成本的增加。根据利润最大化的产量决策原则,厂商要实现利润最大化,必然满足下列公式所规定的条件,即:

$$P_{F1}/MP_{F1} = P_{F2}/MP_{F2} = \cdots = P_{Fn}/MP_{Fn} = MR_P \tag{6.7}$$

经过整理后,可得:

$$MP_{F1} \times MR_P = P_{F1}$$
$$MP_{F2} \times MR_P = P_{F2}$$
$$\vdots$$
$$MP_{Fn} \times MR_P = P_{Fn} \tag{6.8}$$

---

① 关于要素的边际收益等于边际产品收益的数学推导,详见本章附录 A6.1。
② 关于利润最大化的要素使用原则的推导与利润最大化的产量决策原则的推导相同。参见第 4.4 节。

公式(6.8)就是完全竞争条件下利润最大化的要素使用原则,因为等式的左边为前述要素的边际收益,等式的右边为要素的价格,而在完全竞争条件下,厂商所面对的要素供给曲线是水平的,因此,要素的价格也就等于要素的边际成本。

进一步地说,当产品市场为完全竞争时,厂商的产品边际收益等于产品的价格,所以要素边际收益也就等于边际产品乘以产品价格。若产品价格记为 P_P,则 $MR_F = MP_F \times P_P$。通常,$MP_F \times P_P$ 被称为**要素边际产值**(Value of Marginal Product of Factor,VMP_F),即由于增加 1 单位要素投入所增加的产品的价值。由此,我们可以得到完全竞争条件下的利润最大化要素使用原则,即:

$$VMP_F = P_F \qquad (6.9)$$

6.1.2 厂商的要素需求曲线

1. 一种可变要素

我们首先来分析生产过程中厂商只有一种可变投入品——X,在其他投入品的数量全部固定的情形下,厂商对投入品 X 的需求。我们假定产品价格为 4 元,投入品 X 的价格为 12 元,投入品的边际产品及边际产值如表 6.1 所示。

追求利润最大化的厂商会选择多少投入品 X 呢?当他选择 7 单位的投入品时,边际产品价值为 12 元,正好等于投入品的价格。如果继续增加使用可变投入 X,则边际产品价值会小于投入品价格,成本就会超过收益;而如果额外减少 1 单位,收益就会大于成本,无论哪种情况,利润都会减少。因此,厂商应该选择的投入品 X 的使用量为 7 单位。如果我们假定可变要素的投入可以是连续的,边际产值也是连续的,那么,边际产值与投入品价格相等的那一点所对应的要素使用量,即厂商对投入品的需求量。所以,厂商对单一可变要素的需求曲线即厂商的边际产值曲线,表示该种投入品不同使用量的边际产值,如图 6.1 所示。

表 6.1 投入品 X 的边际产品及边际产值

X 的数量(单位)	3	4	5	6	7	8	9
边际产品(元)	7	6	5	4	3	2	1
边际产值(元)	28	24	20	16	12	8	4

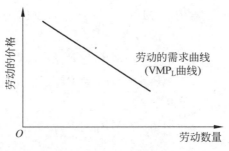

图 6.1 厂商对要素的需求曲线

2. 多种可变要素

如果厂商使用多种可变要素,厂商对要素 X 的需求曲线便不再是它的边际产值线。这是因为要素 X 的价格改变将使追求利润最大化的厂商改变其他要素的使用量,而其他要素使用量的改变又会反过来影响要素 X 的边际产品价值及其使用数量。

这里假设厂商使用两种可变要素——X 和 Y。要素 X 的初始价格为 10 元,初始使用量为 50 单位。假定由于某种原因,要素 X 的价格下降到 5 元。在要素 Y 的使用量不变的情况下,要素 X 的边际产品价值曲线如图 6.2 中的 V_1 所示。要素 X 价格的下降导致 X 的边际产品价值大于其新价格,厂商会增加对 X 的使用,即沿着 V_1 曲线选择与新价格 5 元相对应的新的均衡使用量 70 单

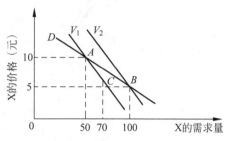

图 6.2 厂商对要素 X 的需求曲线

位。但是由于 Y 也是可变要素,当 X 的使用量改变时,Y 的边际产品及边际产值会发生相应的变化,导致厂商改变 Y 的使用量。就本例而言,可以预计,由于 X 的使用量增加,导致 Y 的边际产品增加,结果会刺激厂商增加 Y 的使用量,Y 的使用量的改变反过来会增加 X 的边际产品及边际产品价值,这又会导致 X 的使用量增加。如此循环往复。当所有这些相互影响都发生之后,要素 X 的边际产值曲线便移到了 V_2,理性厂商新选择的 X 的均衡数量将是 100 单位,而不是前述 70 单位。把 A、B 等均衡点连接起来就可得到厂商对要素 X 的需求曲线 D。这一曲线向右下方倾斜。

6.1.3 要素的市场需求曲线

我们知道,把单个消费者的需求曲线水平加总,就可得到产品的市场需求曲线。但要素的市场需求曲线不能简单地由各个厂商的要素需求曲线水平加总而成,因为许多行业都需求同样的要素,所以获得要素市场需求曲线的第一步是求出行业的要素需求曲线,第二步是把行业要素需求曲线水平相加,即得到要素的市场需求曲线。

而即使是行业的要素需求曲线,同样不能来自该行业各个厂商的要素需求曲线的水平加总。因为在前面分析厂商的要素需求时,我们假定投入品价格的变化以及相应的要素使用量的变动不会对产品的价格产生影响。这对于单个厂商而言是正确的,因为它仅仅是整个行业的一个极小的分子。但是,对于整个行业而言,情况就不一样了。当所有的厂商都对要素价格变化做出反应时,结果会影响到产品的价格,并最终对要素的需求产生影响。

假设要素 X 的初始价格为 10 元,每个厂商都处于均衡状态,这时典型厂商对 X 的需求曲线为图 6.3(a)中的曲线 d。每个厂商使用的要素数量都为 Oq,假设市场上共有 n 家厂商,行业对要素的需求量为 $n \times Oq$,记为 OQ,对应图 6.3(b)中的点 A 的横坐标 Q。

假设要素的价格下跌到 8 元,每个厂商都会增加对要素的使用量,结果导致整个行业的产量增加和价格下降。产品的边际产值曲线,即厂商对要素的需求曲线也随之下降到 d_1。典型厂商对要素的需求量则从 Oq 增加到 Or,而并非假定产品价格不变时的 Os。行业对要素的需求量为 $n \times Or = OR$,比 $n \times Os$ 要小。用类似方法可以求出行业要素需求曲线上的

其他点。求出行业要素需求曲线之后，将各行业的要素市场需求曲线水平相加，即可得要素的整个市场需求曲线。

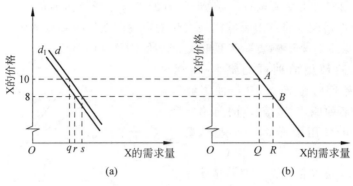

图 6.3　要素的行业需求曲线

6.2　要素的供给

6.2.1　劳动的供给

假定要素市场是完全竞争的，那么对于厂商而言，它的要素供给曲线是水平的：只要厂商愿意按照市场决定的要素价格支付，便可以购买到其所愿意购买的任意数量的要素（这句话的实际含义是，市场供应的要素数量相对于单个厂商的需求量而言，几乎是无穷大）。但是要素的市场供给曲线通常并非水平的。这二者之间并不矛盾。例如，对于一个农场主而言，在既定价格下，只要他愿意，他几乎可以耕种任何数量的土地，但对于所有的农场主而言，土地的供应量是有限的。

有一些要素通常是由个人提供的，由个人提供的要素的市场供给有一个有趣的现象：它可能是向后弯曲的，也就是说，价格高到一定程度，有可能导致较小的要素供给量。例如，劳动的市场供给就是这样的。要理解这种现象，需要研究人们在时间花费方面的选择。

每一天的小时数是固定的，它们在运用过程中会流逝。每个人必须决定多少时间用于工作，多少时间用于娱乐，多少时间用于睡觉，等等。为了简单起见，我们假定一个人的时间只有两种用途，即工作与闲暇。工作是获得收入的途径，收入通过购买行为转化成商品，进而给劳动者带来效用。工作或者说获得收入的机会成本就是闲暇。闲暇可以看作非工作活动的统称，通常假定它可以享受，能为人们带来效用。假设工人对每天的工作时间具有选择的灵活性，理性的劳动者会选择最大化自己效用的工作-闲暇组合。

图 6.4 中的纵轴代表收入，横轴代表闲暇时间。劳动者每天可用于工作和享受闲暇的时间总和为 24h。工资率为 W，在图 6.4 中表现为预算线的斜率，它可以理解为劳动者放弃 1 单位时间的闲暇享受所获得的收入，或者获得 1 单位时间的闲暇享受所放弃的货币，即闲暇的价格。这样，闲暇可以作为一种能够带来效用的商品，工资率的变化可以理解为闲暇这 1 商品价格的变化。因此，前面关于价格变化对消费者均衡影响的分析，完全适用于劳动者对工作和闲暇的选择。

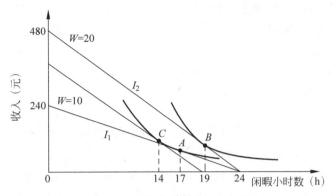

图 6.4 工资的替代效应与收入效应

工资的变化会带来两种效应,即替代效应和收入效应。我们来考察工资上升的情形。工资上升意味着闲暇这种商品变得更加昂贵了,假定劳动者的总效用水平(有时又称为实际收入)保持不变,这时他们会减少闲暇消费,转向消费更多的其他商品,这里即增加工作时间获取更多的收入,此即工资率的替代效应。可以看出,替代效应导致工资率与工作时间呈同方向变化,与闲暇时间呈反方向变化。与此同时,工资率上升使劳动者的预算线绕其与横轴的交点向右上旋转(见图 6.4),这意味着劳动者收入上升。假定相对价格不变,收入上升会使劳动者增加对各种商品的消费,包括闲暇,此即工资率的收入效应。可以看出,收入效应导致工资率与工作时间呈反方向变化,而与闲暇时间呈同方向变化。

替代效应与收入效应是完全相反的。当替代效应大于收入效应时,工资率的增加会导致劳动量供应的增加,这时劳动的供给曲线向右上倾斜。那么,工资的收入效应是否会超过替代效应呢?对于一般商品,收入效应通常要小于替代效应。对于闲暇商品,情况却有所不同。一般消费者收入的绝大部分来自工资,假定其他条件不变,闲暇价格——工资的上升会大大增加消费者的收入水平。因此,闲暇价格的收入效应很大。当工资水平较低时,工资水平上升的收入效用不会抵消替代效应,但是,当工资水平上升到一定高度之后,继续上涨工资带来的收入效应会超过替代效应,导致劳动供给量的减少,供给曲线向后弯曲。

在图 6.4 中,假定初始工资率为 10 元/h,预算线为 I_1,这时劳动者选择消费组合 A,即工作 7h,享受闲暇 17h。如果工资率上升到 20 元/h,劳动者的预算线为 I_2,如果劳动者保持效用水平不变,这时他将选择消费组合 C,即工作 10h,享受闲暇 14h,由此可得替代效应为 $3(10-7)$h。但是由于工资率上升同时带来了收入效应,劳动者选择最大化效用的消费组合 B 而非 C,收入效应为 $5(19-14)$ 元。工资率上升的总效应为 $-2(19-17)$ 元,即工资率上升导致劳动供给量减少 2h。其几何表现为劳动的供给曲线向后弯曲(见图 6.5)。

有必要说明的是,我们这里的研究以单个劳动者为例,因此,严格地说,这里的劳动供给曲线是单个劳动者的供给曲线,而非劳动的市场供给曲线。尽管完全竞争的劳动市场的供给曲线可由单个劳动者的供

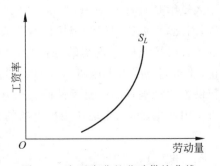

图 6.5 向后弯曲的劳动供给曲线

给曲线水平加总求得,但这并非意味着劳动的市场供给曲线与单个劳动者的供给曲线一定具有相同的几何性质,因为虽然工资的上升有可能导致工人减少工作时间,但同时也有可能吸引新的人员加入工人队伍。

6.2.2 土地的供给

经济学中所说的土地是指一切自然资源。通常假定它的数量是固定不变的,不会随着土地价格的变化而变化。当然,一方面,如果土地价格足够高的话,人们就可以通过改造沙漠等途径创造土地;另一方面,如果对土地的保护不够重视,则人们也有可能破坏土地,从而减少土地的有效供应量。不过,为了简化起见,我们这里明确假定土地使用权的自然供给是固定不变的,并在此假定下探讨土地使用权的市场供给。

土地使用权的自然供给是固定不变的,但这并不意味着土地的市场供给也是固定不变的。例如,严格来说,劳动的自然供给也是固定不变的,至少在短期内如此,但劳动的市场供给并非如此。为了研究土地使用权的市场供给,我们从单个土地使用权所有者的供给行为开始。

土地使用权所有者作为一个理性人,在土地使用权供给的选择上所面临的问题是,如何将其所拥有的有限的土地使用权,在自用与供给市场之间进行分配,以最大化自己的效用。与劳动的供给一样,供给土地使用权本身并不直接带来效用,供给土地使用权的目的是获得收入,收入通过购买行为转化为商品,最终给土地使用权所有者带来效用。土地使用权所有者在土地用途选择上所面临的效用函数可以记为:

$$U = U(X, Y) \quad (其中, X + Y = Q_0) \tag{6.10}$$

公式(6.10)中,U 代表效用;X 代表自用土地的数量;Y 代表供应市场的土地数量;Q_0 为固定的土地使用权自然供给量。

在劳动供给场合,时间的消费性使用——闲暇占去全部时间的一个较大部分,闲暇的价格——工资对闲暇的消费量具有较大的影响。与劳动供给不同的是,土地的自用通常只占其所有者拥有的土地使用权总量的很小一部分,这一部分可以忽略不计,从而效用函数可以简化为:

$$U = U(Y) = U(Q_0) \tag{6.11}$$

也就是说,在土地使用权供给完全竞争的条件下,无论土地使用权价格是多少,土地使用权所有者都向市场供应其所拥有的全部土地使用权。用几何术语来说,即土地使用权的个人供给是垂直的(见图6.6)。土地使用权的市场供给曲线由个人供给曲线水平加总而来,因此,土地使用权的市场供给曲线也是垂直的。

有必要进一步说明的是,在上面的分析中,之所以得出土地使用权供给曲线垂直的结论,并非完全因为土地使用权的自然供给量是固定的,自然供给量的固定性只是土地使用权供给曲线垂直的必要条件而非充分条件。这里还要假定土地用途的唯一性(只能提供给市场用作生产)[①]、土地使用权市场的完全竞争性,才构成土地使用权供给曲线垂直的充分

---

① 其实,土地不仅用于生产,还用于住宅和闲暇(公园)。即使是生产,也几乎涉及所有行业和领域。所以,假定土地的机会成本等于0也是不现实的。

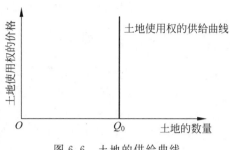

图 6.6　土地的供给曲线

条件。实际上,这一结论不仅适用于土地,也适用于其他资源。由此,我们可以得出一个一般性论断:如果一种资源的"自然供给"量是固定不变的,只有一种用途(即该用途的机会成本为 0)且其市场是完全竞争的,那么,该资源的供给曲线是垂直的。

6.3　要素市场的均衡

6.3.1　可变要素市场的均衡

前面已经对在短期内可变的生产要素的供给与需求进行了分析,在此基础上,只要把可变要素的供给曲线与需求曲线结合起来,就可以求得可变要素市场的均衡解。图 6.7 直观地显示了可变要素市场的均衡情况。从图 6.7 中可以看出,其均衡与一般商品市场的均衡没有实质性的差别。

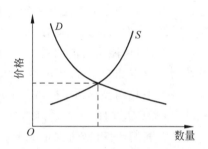

图 6.7　供给可变的要素市场均衡

6.3.2　固定要素市场的均衡

1. 租金

有一些要素的供给,无论是长期还是短期均是固定的,如土地等。对于此类要素,价格的提高不会增加其市场供给量,价格的降低也不会减少其市场供给量。经济学家通常把这类要素的价格称为**租金**(Rent)。此处使用的"租金"一词与我们日常在租车、租房时使用的"租金"一词,在含义上完全不同。前者是指供给数量不受价格等因素影响的那些特别要素的价格;后者是指在一定时间段内,获得某种物品所提供的服务所必须支付的货币数量。尽管在有些场合,如租用土地时,二者的含义会一致,但一般情况下不是这样的。因为日常生活中租用的物品,其供给量通常会随着租用物品的价格,即我们日常生活中所说的"租金"的变化而变化。换句话说,这类物品的供给曲线是向右上方倾斜而非垂直的。这类物品所提供的服务的价格是不能称为经济学意义上的租金的。

当要素的供给固定时,它的供给曲线是垂直的。因此,在这种情形下,要素的价格即租金,完全取决于需求。如图 6.8 所示,如果需求曲线为 D_0,则要素价格为 P_0;如果需求曲

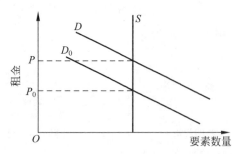

图 6.8　供给固定的要素市场均衡

线为 D，则要素价格为 P。需求越大，租金越高。

2. 准租金

还有一些要素的供给在长期是可变的，但在短期内是固定的，例如，厂商使用的厂房在短期内就不可能有多大的改变，在短期内既不能把它从现有的用途上退出来转移到收益较高的用途上，也不能增加它的供给。不过，尽管它们在短期内套牢于现有的用途上，但在长期内是可变的。这类要素的价格称为**准租金**（Quasi-rent）。由此可见，租金与准租金的区别在于，前者是指供给量无论在短期或长期均为固定的要素价格，后者是指供给量在短期内固定，而在长期可变的要素价格。

我们可以通过图 6.9 进一步考察准租金的性质。图 6.9 中的成本曲线都是短期成本曲线。假设产品价格是 P_0，在该价格下，厂商生产 Q_0 单位的产出，获得的总收益等于 OP_0CQ_0 的面积，$OGBQ_0$ 的面积代表为了生产 OQ_0 单位的产出必须支付的可变投入的成本。固定要素获得的收入相当于 GP_0CB 的面积，这就是准租金。

短期平均成本包括平均可变成本和平均固定成本。平均固定成本是指固定要素的机会成本，即固定要素用在其他地方（如果可以用在其他地方的话）可能获得的收益。如图 6.9 所示，平均固定成本相当于 $GDEB$ 的面积（即平均总成本减去平均可变成本，相当于 $ODEQ_0$ 的面积减去 $OGBQ_0$ 的面积）。因此，准租金并不就是纯经济利润，只有减去固定成本之后，剩下的才是经济利润。准租金并非总是大于固定成本，因此，经济利润并非总是正数。本例中的经济利润为正数，相当于 DP_0CE 的面积。

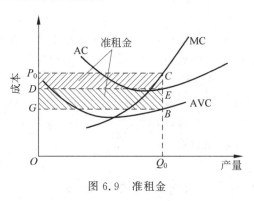

图 6.9　准租金

对于获得准租金的生产要素，在短期内，这类要素的供给曲线是垂直的，如专门的工程技术人员，无论其工资增长多少，他们的短期供给量都是固定的。其短期市场均衡如图 6.8 所示，因为厂商在短期内无法调整此类要素的使用量，所以其报酬（或者说价格）并不取决于边际生产力。但是，从长期来看，这些要素的供给都是可变的，其长期供给曲线一般而言也是向右上方倾斜的。长期市场均衡如图 6.7 所示，其价格取决于供给和边际生产力。

3. 经济租金

根据前面的分析，我们知道租金的减少并不会减少固定要素的供给数量。许多要素的收入尽管从总体上看不同于租金，但有一部分类似于租金，即从要素收入中减去该部分并不会影响要素的供给。我们通常把要素的这一部分的收入称为**经济租金**（Economic Rent）。由此定义可以看出，经济租金作为要素收入的一部分，并非是吸引该要素于当前使用中所必需的，因此，它可以被理解为要素的当前收入超出其机会成本的部分。简言之，经济租金等于要素收入减去机会成本。它类似于生产者剩余,只不过生产者剩余应用于产品市场,而经济租金应用于要素市场。

假定需求给定,经济租金的大小取决于要素供给曲线的形状。如果供给曲线具有完全的弹性,则经济租金为0。只有供给曲线具有不完全的弹性时,经济租金才会出现。当供给曲线完全缺乏弹性时,所有要素收入都是经济租金,因为此时无论支付什么样的价格,该要素都会有供给。此时的经济租金即我们在前面所定义的租金。从这一点来看,经济租金是一个含义更为宽泛的概念,租金只是经济租金的一个特例。

图6.10说明了应用于供给可变的要素市场中经济租金的情形。D、S分别代表要素的供求曲线,要素的全部收入相当于OR_0EQ_0的面积,要素所有者为提供Q_0的要素所付出的总成本相

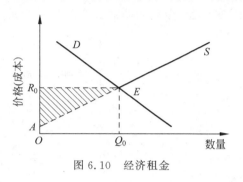

图6.10 经济租金

当于$OAEQ_0$的面积,它也是要素所有者所愿意接受的最低要素收入,二者的差额即阴影部分AR_0E是要素的"超额"收益,即使去掉也不会影响要素供给,因此,AR_0E的面积即经济租金的数量。

6.4 资本市场与利率的决定

6.4.1 跨时期选择:消费与储蓄

经济学中通常把要素分为三种,即土地、劳动和资本。前面我们已经对土地和劳动市场进行了分析,现在我们来研究资本。

实物形式的资本称为**资本品**(Capital Goods),主要包括机器、厂房、建筑、设备以及投入和产出的存货。实物形式的资本最初都是从市场上购买来的,购买资本品的货币称为货币资本或资金。货币资本来源于人们的储蓄。人们储蓄的目的是获得报酬,这种报酬我们称之为**利息**(Interest)。下面我们来看利率与储蓄的关系。

前面各章的分析都是基于同一个时期的选择的研究,每一期的支出金额都不能超过当期所得。然而,在现实生活中,我们既可以通过借贷的方式来提前消费,也可以通过储蓄的方式来推迟消费。这样,我们的决策便不受时期的限制了。这种跨越一个以上期间的选择使自己的效用最大化的行为分析就叫作**跨时期选择**(Intertemporal Choice)。

为了简化起见,我们假设只有两个时期,即今年和明年。某消费者今年的收入为30 000元,明年的收入为11 000元,如果消费者能够以10%的利率把钱贷出去或者借入,那么,他将如何安排他的收支或者消费呢?

我们在这里采用一个简单的消费者行为模型来分析消费者在今年和明年之间的消费选择。就像他在两种商品之间有一个偏好一样,他在今年消费和明年消费之间也有一个偏好,这一偏好可用图6.11中的无差异曲线来表示。图6.11中的预算线表示消费者能够达到的现在与未来消费的各种组合。显然,预算线一定通过今明两年收入组合所对应的点

B，沿着预算线向右下方移动意味着借入，向右上方移动意味着借出（即储蓄）。在利率为 10% 的假定下，今年每减少 1 元消费，明年可增加 1.1 元的消费，故预算线的斜率为 -1.1。由此，我们不难得到一个一般结论：如果利率为 r，那么，预算线的斜率必定等于 $(1+r)$。如图 6.11 所示，该消费者的最优消费组合选择为 A，即今年消费 20 000 元，明年消费 22 000 元。今年的储蓄水平为 10 000 元。

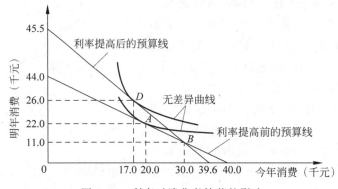

图 6.11　利率对消费者储蓄的影响

假定消费者的收入组合不变，利率上升至 15%，这意味着预算线绕着点 B 按顺时针方向旋转至新的位置，消费者新的消费组合选择对应均衡点 D。可以看出，利率提高刺激消费者增加了 3 000 元储蓄。

由图 6.11 可知，改变利率相当于改变今年消费与明年消费的相对价格，具体地说，提高利率相当于提高今年的消费价格，降低明年的消费价格。根据前面关于价格变动的效应分析，我们在这里也可以把利率变动的效应分为两部分：一部分为替代效应，利率上升，替代效应趋于减少今年消费，增加明年消费，即利率上升时，替代效应趋于鼓励储蓄；另一部分为收入效应，利率上升，收入效应趋于增加今年消费，减少明年消费，即利率上升时，收入效应趋于减少储蓄。利率下降时的效应恰恰相反。利率的总体效应是不确定的。一般而言，人们认为，利率提高会提高人们的储蓄水平。由此，我们可以得到一个向右上方倾斜的可贷资金供给曲线，如图 6.12 所示。

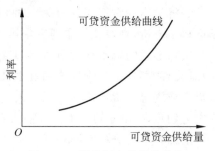

图 6.12　可贷资金的供给曲线

6.4.2　利率与投资

厂商的重要决策之一就是投资决策。它们通常会面临着许多投资机会，必须决定是否投资以及投资于哪一个项目。如果一个项目的资本收益率为 6%，利率为 8%，厂商就会放弃这一项目。因为如果它投资于该项目，在项目所需资本通过债务融资而来的情形下，每单位一元投资亏损 2 分。如果项目投资使用的资金为自有资金，那么，与厂商放弃项目把资金贷给其他厂商相比，它的亏损依然为每单位投资 2 分。理性的厂商是不会投资于这种项目的。但是如果利率为 4%，则每一元投资收益减去资本成本（即利率）之后，净赚 2 分，理性的厂商不会错过这样的项目。可见厂商对投资的需求取决于项目的收益率和利率。只要收益率大于利率,厂商就会投资,否则厂商就会放弃。

假定技术和经济中非资本资源的数量固定不变,那么在边际生产力递减规律的作用下,厂商投资的边际收益会递减。由此,我们可以得到一条向右下方倾斜的投资边际收益曲线,这条曲线实际上就是厂商的投资需求曲线。见图 6.13。

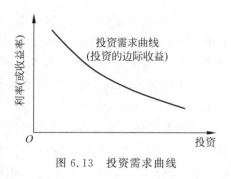

图 6.13　投资需求曲线

6.4.3　均衡利率

我们刚刚分析了可贷资金的供给与需求。有必要说明的是,在上述分析中,我们对问题进行了简化。在可贷资金供给分析中,略去了作为资金供给者的企业等经济主体,在可贷资金的需求分析中,略去了作为可贷资金需求者的消费者等。它们对可贷资金的需求与供给的性质与上述需求与供给并无实质差异,因此,前面所做的简化对我们研究并无实质性影响。

利率是一种价格,即使用别人的资金而必须支付的价格,因此,利率也是由可贷资金的供求共同决定的。我们把图 6.12 和图 6.13 放在一起,就可得到均衡利率的决定模型(见图 6.14)。

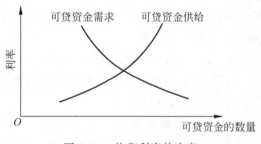

图 6.14　均衡利率的决定

就图 6.14 而言,仿佛经济中只存在一种利率。实际上各种贷款之间的利率存在着显著差异。导致这种差异的原因主要是期限和风险。一般而言,在其他条件完全相同时,期限越长,利率越高,例如,10 年期国债的利率高于 1 年期国债的利率;风险越大,利率越高,例如,小型的、财务状况不佳的企业的借款利率高于大型知名企业的借款利率。

6.4.4　贴现与投资决策

1. 现值

我们已经探讨了利率的本质与决定,现在来探讨这样一个问题:未来的 1 元钱值现在的多少钱?即如何将未来的钱贴现成现在的钱。解决了这一问题,我们就可以对不同时点获得或损失的货币在相同的基础上进行比较。

假定年利率为 r,则把今天的 1 元钱贷出去,一年后的今天就可以收到 $1+r$ 元。这就是说,一年后的$(1+r)$元钱相当于今天的 1 元钱,那么一年后的 1 元钱的现在价值或者说**贴现值**(Present Discounted Value)是多少呢?答案是 $1/(1+r)$元。因为把今天的 $1/(1+r)$元贷出去,一年后就会收到连本带息共 1 元钱。

两年后支付的 1 元钱的现值是多少呢?如果今天投资了 1 元钱,两年后将会收到本息共 $1\times(1+r)\times(1+r)=(1+r)^2$ 元。由此不难推出,如果今天投资 $1/(1+r)^2$ 元,两年后就会收到 1 元钱。这意味着两年后的 $(1+r)^2$ 元的贴现值是 1 元,两年后的 1 元钱的贴现值为 $1/(1+r)^2$ 元。依次类推,n 年后的 1 元钱的现值为 $1/(1+r)^n$ 元。假设未来 n 年的现金收入分别为 X_1、X_2、X_n,那么,该现金流的现值为:

$$\text{PDV} = X_1/(1+r) + X_2/(1+r)^2 + \cdots + X_n/(1+r)^n \tag{6.12}$$

这就是现金流的一般贴现公式。式中,PDV 为贴现值的英文缩写。

假设一种公司债券在未来的 10 年中每年支付 100 元的利息,并在 10 年后支付 1 000 元的本金。假设市场利率为 r,那么,该收入流的现值为:

$$\text{PDV} = 100 \div (1+r) + 100 \div (1+r)^2 + \cdots + 100 \div (1+r)^{10} + 1\,000 \div (1+r)^{10}$$

如果利率 r 为 5%,根据上述贴现公式可以算出债券现值为 1 386 元,也就是说,债券的市场价值为(即债券可卖到)1 386 元,如果利率为 15%,则债券只值 749 元。

2. 投资决策的净现值标准

厂商所做的最普通、最重要的决策之一就是投资于新资本。投资活动的特征是,产生的现金流通常是不确定的;投资所形成的资本多为沉淀成本,难以转移到其他用途上。这两个特征决定了投资决策的复杂性和重要性。

厂商如何判断一项投资是否值得呢?一种标准就是计算该项目未来预期现金流的现值,并把它与投资成本进行比较。如果投资的预期未来现金流的现值大于投资成本,则投资;否则就放弃。这就是投资的净现值标准。

假定一项投资的成本为 C,项目生命周期为 n 年,未来 n 年的现金收入分别为 X_1、X_2、X_n,期末项目残值为 0,未来现金流的贴现率为 r。那么,该项目现金流的**净现值**(Net Present Value,NPV)为:

$$\text{NPV} = -C + X_1 \div (1+r) + X_2 \div (1+r)^2 + \cdots + X_n \div (1+r)^n \tag{6.13}$$

按照净现值标准,如果 NPV>0,则投资;如果 NPV<0,则放弃;如果恰好 NPV=0,则投资与放弃是无差异的。

NPV 的含义取决于贴现率。厂商应该如何选择贴现率呢?通常贴现率的选择是根据厂商投资的机会成本决定的。如果厂商不投资该项目,它可以通过投资其他项目而得到回报,其他项目的回报率即厂商投资的机会成本率,它可以是债券的利率,也可以是另一项目的收益率。正确的 r 是厂商从一项风险相同的项目中可能得到的投资回报率。关于风险问题,我们将在本节后面进行分析,这里暂不讨论。以机会成本率作为贴现率,意味着投资成本 C 正好等于项目投资的机会成本。我们可以由此看到净现值的经济含义,即净现值为项目未来收益的现值与机会成本之差,净现值为正,意味着投资收益大于机会成本;净现值为负,意味着投资收益小于机会成本。净现值标准即机会成本最低或者收益率最高标准,选择净现值为正的项目即选择机会成本最低或者收益率最高的项目。

6.4.5 风险分担与资产定价

1. 可分散风险与不可分散风险

在迄今为止的未来现金流贴现分析中,我们一直没有考虑项目的风险问题,或者说,我们假定风险为零,这时贴现率取无风险利率即可。但是,一般而言,项目的未来收益都是不确定的,即未来的收入流是波动的,可能颗粒无收,也可能金银满仓。我们如何把这种不确定性或者风险考虑在内呢?

风险分为可分散风险和不可分散风险。**可分散风险**(Diversifiable Risk)是指那些可以通过投资多样化加以消除的风险。投资于一个项目通常会冒较大风险,例如,比亚迪公司的股票价格可能由于一个竞争对手推出一件新产品而下跌,煤矿公司的利润可能由于遭遇透水或瓦斯爆炸事故而受损。投资多样化可以消除这些对于某一具体厂商而言是特有的原因所造成的风险,因为多样化可以使得这些不确定事件的影响相互抵消。如果投资者不仅购买比亚迪的股票,也购买了其竞争对手的股票,新产品上市对其投资的影响就会被抵消;如果投资者不仅投资于煤矿,也投资于那些能从煤矿事故中获利的企业,如竞争对手、建筑商、设备供应商等,这些事故的影响就会被抵消。既然这类风险可以如此简单地被消除,那么,一个经济主体便不能因为承担这样的风险而要求获得一个较高的收益。人们也不会为投资者承担不必要的风险而给其付费。因此,可分散风险不应纳入风险贴水补偿。这意味着如果项目的唯一风险是可分散的,那么贴现率就是无风险利率。

不可分散风险(Non-diversifiable Risk)是指那些无法通过上述办法消除的风险。例如,经济的景气波动等。一般而言,经济繁荣时,多数公司的利润就会增长;经济衰退时,多数公司的利润就会下降。由于经济的未来景气波动是不确定的,因而这类风险就无法消除,投资者应当因为承担这类风险而要求获得较高的回报,因此风险贴水取决于不可分散风险的大小。

2. 资产定价模型

人们经常使用的资本资产定价模型(CAPM),是由诺贝尔奖获得者威廉·夏普(William Sharpe)和约翰·林特纳(Lintner John)等经济学家发展起来的。按照该模型,贴现率的计算公式如下:

$$r = i + \beta(r_m - i) \tag{6.14}$$

其中,r 代表贴现率;i 代表无风险利率,通常使用政府债券利率作为无风险利率的近似值;$\beta(r_m - i)$ 代表风险贴水,其中 r_m 代表整个股票市场的平均收益率,β 通常称为系数,β 是相对于整个股票市场的风险所选定的资产的风险,即:

$$\beta = 选定资产的风险程度 \div 股票市场的风险程度 \tag{6.15}$$

为了理解这一模型,我们假定首先投资于整个股票市场,这样的投资就完全分散化了,这意味着投资者不承担任何可分散风险,因为股票市场趋于和整个经济一起变动。这时投资者所得到的就是整个股票市场的平均预期回报率 r_m,它高于无风险利率 i,高出的部分$(r_m - i)$即不可分散风险的贴水,它是由于投资者承担了不可分散的风险而预期能够得到的回报。

现在假定投资者选定了一种资产,其不可分散的风险可能高于也可能低于整个股票市场的风险。衡量这一资产的相对风险即 β 系数的一种办法是计算该资产的回报与整个股票市场的回报的关联性。如果市场回报率变动 1%，该资产的预期回报变动为 2%，则 β 系数为 2；如果市场回报率变动 1%，该资产的预期回报变动为 0.5%，则 β 系数为 0.5；如果市场回报率变动 1%，该资产的预期回报变动为 0，则 β 系数为 0。假定资产的风险贴水与市场的风险贴水成比例，那么我们就可得到公式(6.11)。

如果选定的资产是股票，β 系数可以用统计数据估算出来，但是当资产是一家新工厂时，确定 β 系数就较为困难了。许多公司利用资本成本作为贴现率。资本成本是权益资本成本与债务资本成本的加权平均值，这种方法在公司的可分散风险较小时，还是比较合理的。

6.5 欧拉定理

我们已经知道，要素的价格由其市场供给与需求共同决定。在完全竞争条件下，要素价格对于单个厂商而言是外生给定的，在厂商使用要素的均衡点，要素的边际产值等于要素价格，即要素所有者按照要素的市场价格取得报酬。现在的问题是，全部要素取得的实际报酬是否恰好等于社会总产品？

不妨假定只有一种产品，其价格为 1；生产该产品使用两种要素，即劳动和资本。假定生产函数为：

$$Q = Q(L, K) \tag{6.16}$$

其中，Q 代表产量；L 代表劳动使用量；K 代表资本使用量。

假设市场是完全竞争的，并且厂商的规模报酬不变，那么可以推导出如下结果[①]：

$$Q = L \times \partial Q/\partial L + K \times \partial Q/\partial K \tag{6.17}$$

等式(6.17)右边的第一项 $L \times \partial Q/\partial L$ 为劳动按其边际生产力获得的报酬，第二项 $K \times \partial Q/\partial K$ 为资本按其边际生产力获得的报酬。等式(6.17)意味着全部产品按边际生产力分配，正好足够分配给两种生产要素。这一结论称为产品分配净尽定理(或产品耗尽原理)。其证明应用到数学上的欧拉定理，故又称为**欧拉定理**。

需要指出的是，产品分配净尽定理只有在规模报酬不变的条件下才成立。如果规模收益递增，则：

$$Q < L \times \partial Q/\partial L + K \times \partial Q/\partial K \tag{6.18}$$

即如果按边际生产力分配，产品不够分配给各个生产要素。

在规模收益递减的情况下，可以证明：

$$Q > L \times \partial Q/\partial L + K \times \partial Q/\partial K \tag{6.19}$$

如果按边际生产力分配，产品在分配给各个生产要素之后，还会有部分剩余。[②]

📖 课程思政专栏

新型生产要素与按要素贡献分配

改革开放以来，伴随着公有制为主体的混合所有制结构的形成和社会主义市场经济体

[①] 证明见附录 A6.2。
[②] 证明见附录 A6.3。

制的确立,我国的收入分配制度也发生了深刻变革,即从主张实行单一的按劳分配原则逐步建立起按生产要素贡献分配的制度。党的十三大提出,社会主义初级阶段实行按劳分配为主体、多种分配方式并存。在政策层面承认了非劳动要素参与分配的合理性与合法性。党的十五大又进一步提出"把按劳分配与按生产要素分配结合起来"。这一提法进一步明确提出社会主义初级阶段的分配关系应是两种分配原则有机的结合。党的十六大首次确立了劳动、资本、技术、管理等四大生产要素按贡献参与分配的原则,科学地揭示了社会主义初级阶段分配关系的本质规律。党的十七大又将生产要素按贡献参与分配提升为一种制度,提出"要健全劳动、资本、技术、管理等生产要素按贡献参与分配的制度"。

党的十八大以来,由要素市场评价贡献并按贡献分配的机制得到进一步完善与强调。十八大首次提出要完善劳动、资本、技术、管理等生产要素按贡献参与分配的初次分配机制。十八届三中全会进一步强调,要健全资本、知识、技术、管理等由要素市场决定的报酬机制。十八届五中全会则更加明确地指出,要优化劳动、资本、土地、技术、管理等要素配置,完善市场评价贡献并按贡献分配的机制。在此前劳动、资本、技术、管理等四种要素基础上,又加上了土地这一基本的生产要素。

数据要素则成为近年来最受关注的新型生产要素。党的十九届四中全会将数据、土地与劳动、资本、知识、技术、管理并列为按贡献参与分配的七大生产要素。《中共中央、国务院关于构建更加完善的要素市场化配置体制机制的意见》对培育数据要素市场作了具体部署。《"十四五"国家信息化规划》将"加强数据要素理论研究"列为数据要素市场培育工程的首要任务。《中共中央、国务院关于构建数据基础制度更好发挥数据要素作用的意见》首次提出"扩大数据要素市场化配置范围和按价值贡献参与分配渠道"。党的二十大则进一步强调"深化要素市场化改革","完善按要素分配政策制度"和"加快发展数字经济,促进数字经济和实体经济深度融合"。

习近平总书记曾在十九届中央政治局第二次集体学习时指出,"要构建以数据为关键要素的数字经济"。他还进一步指出,"发挥数据的基础资源作用和创新引擎作用,加快形成以创新为主要引领和支撑的数字经济"。2022年12月,中共中央、国务院印发的《关于构建数据基础制度更好发挥数据要素作用的意见》中,从数据产权、流通交易、收益分配、安全治理等四方面系统性构建数据基础制度体系的"四梁八柱",绘制了数据要素发展的长远蓝图。与时俱进地调整与数字生产力发展相适应的生产关系,构建数据基础制度体系,这是新时代我国改革开放事业持续向纵深推进的标志性、全局性、战略性举措。截至2022年底,全国成立40余家数据交易机构,数据要素市场日趋积极活跃,释放出澎湃动能。

本章附录

A1. $MR_F = MP_F \times MR_P$ 的证明

为了证明 $MR_L = MP_L \times MR_P$,则有:

(1) 设产品的需求函数为 $Q = f_1(P_P)$

厂商的总收益为 $TR = P_P \times Q$

其产品边际收益为总收益的微分,即:

$$\mathrm{MR_P} = \frac{d(TR)}{dQ} = P_P \cdot \frac{dQ}{dQ} + Q \cdot \frac{dP_P}{dQ}$$

$$\mathrm{MR_P} = P_P + Q \cdot \frac{dP_P}{dQ}$$

(2) 在只有劳动一种可变生产要素时,生产函数为 $Q = f_2(L)$

劳动的边际产品为该函数的微分,即:

$$\mathrm{MP_L} = \frac{dQ}{dL}$$

(3) 根据劳动的边际收益的定义,则有:

$$\mathrm{MR_L} = \frac{d(TR)}{dL}$$

已知 $TR = P_P \times Q$,对总收益函数求关于 L 的导数,则有:

$$\frac{d(TR)}{dL} = P_P \times \frac{dQ}{dL} + Q\left[\frac{dP_P}{dQ} \cdot \frac{dQ}{dL}\right]$$

或者:

$$\mathrm{MR_L} = \frac{dQ}{dL}\left[P_P + Q\frac{dP_P}{dQ}\right]$$

由(2)步可得:

$$\frac{dQ}{dL} = \mathrm{MP_L}$$

由(1)步可得:

$$P + Q\frac{dP}{dQ} = \mathrm{MR_P}$$

因此可得出:

$$\mathrm{MR_L} = \mathrm{MP_L} \times \mathrm{MR_P}$$

A2. 欧拉定理的证明

设生产函数为:

$$Q = f(L, K)$$

由于假定该函数为线性齐次式(即规模报酬不变),故如果对函数中每一自变量均乘以 $1/L$,则有:

$$\frac{Q}{L} = f\left(\frac{L}{L}, \frac{K}{L}\right) = f(1, k) = \varphi(k) \quad \left(k = \frac{K}{L}\right)$$

其中,k 为资本-劳动比率或人均资本;人均产量 Q/L 是人均资本 k 的函数。

现在设法用新的函数 $\varphi(k)$ 及其导数 $\varphi'(k)$ 来表示劳动及资本的边际产品,则有:

$$\frac{\partial Q}{\partial L} = \frac{\partial[L \times \varphi(k)]}{\partial L} = \varphi(k) + L \times \frac{d\varphi(k) \times \frac{dk}{dL}}{d(k)} = \varphi(k) + L \times \varphi'(k) \times \frac{dk}{dL}$$

$$= \varphi(k) + L \times \varphi'(k) \times \left(-\frac{K}{L^2}\right) = \varphi(k) - k \times \varphi'(k)$$

$$\frac{\partial Q}{\partial K} = \frac{\partial [L \times \varphi'(k)]}{\partial k} = L \times \frac{\mathrm{d}\varphi(k)}{\mathrm{d}(k)} \times \frac{\partial k}{\partial K} = L \times \varphi'(k) \times \frac{1}{L} = \varphi'(k)$$

借助上面的两个表述式,很容易证明欧拉定理,即:

$$L \times \frac{\partial Q}{\partial L} + K \times \frac{\partial Q}{\partial L} = L \times [\varphi(k) - k\varphi'(k)] + K \times \varphi'(k)$$

$$= L \times \varphi(k) - K\varphi'(k) + K\varphi'(k) = L \times \varphi(k) = Q$$

A3. 规模收益变动条件下的产品分配

为简化起见,假设生产函数 $Q = f(L, K)$ 为 r 齐次,则有 $Q = L^r \times \varphi(k)$,从而有:

$$\frac{\partial Q}{\partial K} = L^{r-1}\varphi'(k)$$

$$\frac{\partial Q}{\partial L} = rL^{r-1}\varphi(k) - L^{r-2}K\varphi'(k)$$

因此:

$$L \times \frac{\partial Q}{\partial L} + K \times \frac{\partial Q}{\partial K} = rL^r\varphi(k) = rQ$$

显然,在报酬递增(即 $r > 1$)时,有下式成立:

$$L \times \frac{\partial Q}{\partial L} + K \times \frac{\partial Q}{\partial K} > Q$$

在报酬递减(即 $r < 1$)时,则有:

$$L \times \frac{\partial Q}{\partial L} + K \times \frac{\partial Q}{\partial K} < Q$$

复习思考题

计算题

(1) 在产品和要素市场中完全竞争的厂商雇用 1 天的价格是 20 元,厂商的生产情况如下表所示。

天数	3	4	5	6	7	8
产出数(单位)	6	11	15	18	20	21

假设每个产品的价格是 10 元。问:该厂商应雇用多少个劳动日?

(2) 假定厂商的生产函数是 $Q = 12L - L^2$,$L = 0 \sim 6$,其中 L 是每天的劳动投入,Q 是每天的产出。如果产出品在竞争性市场上以 10 美元售出:

① 导出厂商的劳动需求曲线。

② 当工资率为每天 30 美元时,厂商将雇用多少工人?

(3) 假设某特定劳动市场的供需曲线分别为:$D_L = 6\,000 - 100W$,$S_L = 100W$,则:

① 均衡工资为多少？
② 假如政府对工人提供的每单位劳动课以 10 美元的税，则新的均衡工资变为多少？
③ 对单位劳动征收的 10 美元税收实际上由谁支付？
④ 政府征收到的总税收额为多少？

分析题

（1）两种投入要素互补，当对一种要素的需求增加时，对另一种要素的需求会怎样？

（2）劳动供给曲线为什么向后弯曲？

课堂自测

第 7 章

一般均衡与效率

前面各章详细研究了个体决策单位的行为及单个市场的运行,并假定个体之间、市场之间是相互独立、互不影响的。这一分析方法可以使人们对市场有一个简单的认识。但实际上,单个个体、单个市场之间是相互联系、相互影响的,这种联系与影响是本章研究的主题。本章将首先简要介绍一下一般均衡分析;接着考察完全竞争市场中是否存在一般均衡,并探讨这种均衡的有效性;最后,本章将讨论市场结果是不是公平的。

7.1 一般均衡的性质及存在条件

7.1.1 一般均衡与局部均衡

到目前为止,在讨论一个市场的均衡价格和均衡产量时,我们都假定其他市场的供求为给定不变的。该市场的变动不影响其他市场,其他市场也不影响该市场。这种把单个市场孤立起来进行研究的方法,我们称之为**局部均衡分析方法**(Partial Equilibrium Analysis Method)。这一研究方法可以使我们很容易明白供求力量怎样相互作用,以决定单一商品的价格和产量。但是它忽略了市场之间的相互影响,而正是这种影响使得各个单个市场联结为一个整体,构成市场经济。我们只有理解了市场之间的联系,才能真正理解市场经济。

现实的市场之间是相互联系的:一个市场发生了变化,会引起其他市场发生变化,而其他市场的变化,又有可能反过来影响最初发生变化的市场。这种市场之间的相互作用通常称为**反馈效应**(Feedback Effect)。例如,我们来考虑石油、汽油、汽车、汽车工人4个相关市场。如图7.1所示,假定这些市场最初都是均衡的,石油、汽油、汽车、汽车工人的均衡价格分别是 P_1、P_2、P_3、W。

假设石油供应商决定减产以提高价格,石油供应曲线由 S_1 上移至 S_1^*,结果石油价格上升,产量减少;石油价格上升导致汽油成本增加,汽油供应曲线由 S_2 上移至 S_2^*,结果是汽油价格上升;汽油价格上升导致行车费用提高,这又引起对汽车需求的减少、汽车价格降低;汽车价格降低又导致对汽车工人需求减少、汽车工人工资下降;汽车需求减少反过来导致对汽油、石油的需求减少等。我们还可以继续追踪下去,推导出一系列效应。可以预期这四个市场最终会达到一个新的均衡,这一新的均衡由新的供求曲线的交点决定。如图7.1所示,最终的结果是石油价格上升到 P_1^*,汽油价格上升到 P_2^*,汽车价格下降到 P_3^*,汽车工人的工资下降到 W^*。尽管上述例子中曲线的移动有一定的随意性,但足以显示市场之间的相互联系,而这种联系性是局部均衡方法所不考虑的。

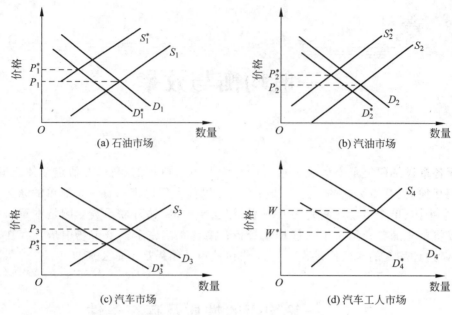

图 7.1　石油及其相关市场的均衡

要分析不同市场之间的相互影响,就要把所有市场放在一起,同时研究所有市场均衡价格与均衡产量的决定,这一分析方法我们称之为**一般均衡分析方法**(General Equilibrium Analysis Method)。上例就是一种简化的一般均衡分析方法。所有市场同时达到均衡的状态通常被称为**一般均衡状态**(General Equilibrium)。一般均衡状态具有如下属性:①每个消费者依据其偏好和预算线来选择最大化其效用的商品组合,预算线由投入品价格和产品价格决定;②每个消费者依据现行投入品价格和产品价格,选择其所提供的投入品的数量;③厂商在给定的现有技术、产品需求、投入品供给的约束条件下,选择最大化其利润的决策,且从长期来看,厂商的经济利润为 0;④所有市场(包括投入品市场和产品市场)同时达到均衡,即在要素及产品的现行价格下,所有商品的供求都相等。

面对一般均衡的定义,人们不禁会产生如下疑问:市场能达到一般均衡状态吗?从一般均衡的定义明显可以看出,要达到一般均衡,必须同时满足一些条件,那么,这些条件又是什么呢?

7.1.2　一般均衡的条件

包括肯尼斯·阿罗(Kenneth Arrow)、杰拉德·德布鲁(Gerard Debreu)、莱昂内尔·麦肯齐(Lionel McKenzie)等在内的许多经济学家证明,在一组相当宽泛的条件下,可以实现市场均衡。不同学者提供的一般均衡模型所要求的假定条件有一定差异,有的条件严格,有的条件宽松。在一般经济学教科书所提供的模型中,这些条件主要包括:①所有市场都是完全竞争的,即所有的产品都是同质的;市场上有大量的买者和卖者,单个家庭或厂商对市场的影响可以忽略不计;交易费用为零;信息是完全的。②每个家庭既是产品需求者,又是投入品供给者,收入来自他们供给的要素,且收入全部用于消费,他们在一定的约束条件下追求效用最大化。每个家庭的效用函数都是连续的,且无差异曲线凸向原点。③每个企业都是要素的需求者和产品的供给者,它们在生产函数的约束下追求利润最大化,且等产量线凸向原点,不存在规模报酬递增。④只考虑最终产品的生产和交换,没有中间产品。

一般均衡存在并不意味着均衡是唯一的。只有相对价格才影响消费者、厂商、资源所有者的决策,因此,如果所有市场在一组价格下是均衡的,那么,当所有的价格同比例增加或减少时,市场仍然是均衡的。经济学家已经证明,在一定条件下,存在唯一的一组相对价格可以实现一般均衡。

7.2 简单的一般均衡模型

7.2.1 数学模型

1. 经济循环流程

本节将详尽地给出一个简单的一般均衡模型,以更全面地说明完全竞争经济中一般均衡的性质。在这一模型中,我们假定经济由两个部门组成,即只有一个生产部门和一个消费部门。尽管抽象掉了政府和外贸部门,但这并不影响我们描述一般均衡的本质特征。这里还假定所有的生产均由厂商完成,所有投入品均由消费者提供,即没有中间产品。

图7.2描绘了投入和产出、生产和消费形成的经济循环流程,其中,位于外部的实线表示要素与产品的流动,位于内部的虚线表示货币的流动。在这一流程中,所有的要素和产品市场相互依存,形成了一张看不见的网络系统。从这一网络中,我们可以看到各个市场中价格和产出决定的逻辑结构:家庭按照效用最大化原则供给要素,购买产品;企业按照利润最大化原则购买要素,生产并出售产品。由此形成了产品和要素两类市场。从面包、计算机到劳动、资本,每种商品(包括要素)都在市场上交易,并在供求两种力量的作用下同时决定所有商品的价格与数量。在这样一个相互联结的网络型市场结构中,家庭的效用动机和企业的利润动机是决定市场均衡的两种基本力量。

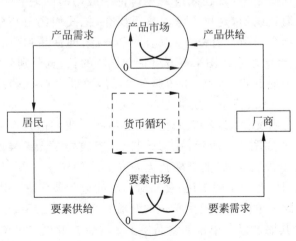

图 7.2 两部门的经济流程

2. 一般均衡数学模型

另外我们还假定：消费者所有的收入皆来自向厂商出售要素所得，并且全部收入都用于消费；消费者向厂商提供的要素数量是固定的，不受要素价格影响；该经济中有 n 种产品，m 种要素，a 个消费者，一个厂商。那么，一般均衡模型中包含如下三类方程：

(1) 消费者对商品的需求方程。这里把消费者 j 对第 i 种消费品的需求记为 D_{ij}，第 i 种消费品的价格记为 P_i，第 i 种要素的价格记为 W_i。那么可得如下方程：

$$D_{ij}=D_{ij}(P_1,P_2,\cdots,P_n,W_1,W_2,\cdots,W_m) \quad (i=1,2,\cdots,n \text{ 且 } j=1,2,\cdots,a)$$

全体消费者对第 i 种消费品的需求总量记为 D_i，那么：

$$D_i=D_{i1}+D_{i2}+\cdots+D_{ia}=D_i(P_1,P_2,\cdots,P_n,W_1,W_2,\cdots,W_m) \quad (i=1,2,\cdots,n) \tag{7.1}$$

(2) 要素供求均衡方程。假设厂商采用固定比例的生产技术，即生产 1 单位第 i 种产品所需的第 j 种要素的数量是固定不变的，不妨记为 x_{ij}，生产所需的第 j 种要素的数量记为 X_j，消费者供给的第 j 种要素的数量记为 Q_j。那么可得如下市场均衡方程：

$$X_j=x_{1j}D_1+x_{2j}D_2+\cdots+x_{nj}D_n=Q_j \quad (j=1,2,\cdots,m) \tag{7.2}$$

(3) 完全竞争产品市场均衡方程。我们假定产品市场是完全竞争的，该市场达到均衡时，厂商产品的成本与价格相等，利润为 0，由此，我们可得到如下方程：

$$P_i=x_{i1}W_1+x_{i2}W_2+\cdots+x_{im}W_m \quad (i=1,2,\cdots,n) \tag{7.3}$$

至此，我们构造了一个由式(7.1)~式(7.3)所组成的简单一般均衡数量模型。根据消费者总收支相等这一恒等条件，结合式(7.2)和式(7.3)，可以证明式(7.2)中所包含的 m 个方程并不独立，即只要其中 $m-1$ 个成立，另一个自动成立。这样，这 3 个方程组共包含 $2n+m-1$ 个独立方程、$2n+m$ 个未知数。可以证明，在一组相当宽泛的条件下，存在一组有意义的解，即存在一个有意义的一般均衡状态。

7.2.2 交换的均衡

前面给出了一般均衡模型，现在来进一步讨论一般均衡的内容、特征及效率。我们首先从交换开始。为了简化说明，这里不考虑货币媒介，把我们的分析建立在以物易物的基础上。假定只有张三和李四两个消费者；只有两种商品，即食品和药品，总量分别为 F_0 和 M_0。这里我们利用埃奇沃思盒形图来展开分析。该图的长、宽分别为 F_0 和 M_0，两种商品的初始配置如图 7.3 中的点 Q 所示。李四拥有食品的数量为 OA、药品的数量为 OB，张三拥有食品的数量为 F_0-OA、药品的数量为 M_0-OB。

如果两个人可以自由交换，那么将发生何种交易呢？我们假定两个人都知道对方的偏好，并且交易成本为 0。如图 7.3 所示，在初始状态，李四处于无差异曲线 S_1 上，张三处于无差异曲线 R_1 上(对于张三，我们把坐标及无差异曲线旋转了 180°，使原点位于埃奇沃思盒形图的右上角)。这时，对于李四来说，食品对药品的边际替代率(MRS)为 3(这意味着其愿意以 3 单位的药品换 1 单位或者更多单位的食品)；对于张三来说，食品对药品的边际替代率为 1/2(这意味着其愿意以 1 单位的食品换 1/2 单位或者更多单位的药品)。根据无差异曲线的性质，在 Q 点，无差异曲线 S_1 的斜率为 3，无差异曲线 R_1 的斜率为 1/2。

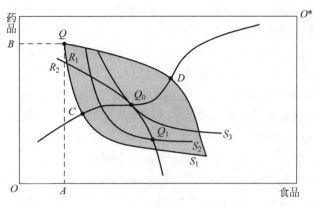

图 7.3　埃奇沃思盒形图——交换

这样,由于食品对于李四的效用相对地高于张三,就产生了互利贸易的机会。在一定范围内,李四用药品交换张三的食品,可以提高至少一方的福利水平。例如,李四用 1 单位的药品换取张三的 1 单位食品,双方的福利水平都会提高。实际上,只要物品相对于两个人的边际替代率不同,就存在通过交易改善双方福利的空间。也就是说,只有满足物品的边际替代率对于所有的消费者都相等这一条件,物品在消费者之间的配置才是有效率的。

交换的条件(即交换的相对价格)及交易后物品配置的结果取决于具体的市场结构。假设市场上只有李四和张三两个交易者,这时市场是一种双头垄断结构,交易条件及交易结果取决于双方的特征(如讨价还价的技巧)以及双方掌握的信息等。一般而言,很难预测讨价还价后达成的交易条件及实现的具体配置,但我们可以明确交易条件及配置结果所处的区间。只要交易是自愿的,食品与药品交换的相对价格就不会超出 1/2 和 3 之间,也就是说,1 单位的食品至少换取 1/2 单位的药品(这时李四获取了交易所增加的全部福利),至多换取 3 单位药品(这时张三获取了交易所增加的全部福利)。交易的结果将会位于无差异曲线 S_1 之上与 R_1 之下的阴影部分(包括两个交点之间相应的无差异曲线),因为在该阴影部分之内,都至少有一方的福利水平较交易前有所提高,同时任何一方的福利水平不会降低。交易结果不会位于阴影区域之外,因为在该区域之外的任何一点,都至少有一方的利益受损,这种情况在理性人自愿交易的情形下不会发生。

假设交易的结果使得物品的配置从初始点 Q 移到 Q_1,李四和张三的福利水平都得到了提高(李四的福利水平由 S_1 提高到 S_2,张三的福利水平由 R_1 提高到 R_2),但是这种配置并不是有效率的配置,因为两个人的边际替代率在该点并不一致,依然有通过交易提高两个人的福利水平的空间。如果进一步的交易使得物品的配置从 Q_1 移到 Q_0,该点是李四与张三的无差异曲线的切点,在该点两者的边际替代率相等,任何一方不可能在使其他人利益不受损的情况下使自己受益,因此,Q_0 点代表一个有效率的配置。所有这些有效配置点,即所有的李四与张三的无差异曲线的切点所组成的曲线,我们称之为**契约曲线**(Contract Curve)。契约曲线显示了所有的不可能再进行互利贸易的配置点。可以看出,就本例而言,Q_0 并不是唯一的有效交易结果,C 与 D 之间的契约曲线上的所有的点都是有效率的交易结果。

契约曲线上的配置通常称为帕累托有效配置,它是以意大利经济学家费尔弗雷多·帕累托(Vilfredo Pareto)的名字命名的。在一定资源配置下,如果一些人的境况好转必须以另一些人的境况恶化为条件,那么,这种资源配置就是**帕累托有效**(Pareto Efficient)。一般情况下,经济学中所说的有效就是指帕累托有效。帕累托有效也称作**帕累托标准**(Pareto Criterion)。按照该标准,任何改善了某些人的福利,同时又不损害其他人的福利的变化都是一种进步,被称作**帕累托改进**(Pareto Improvement)。多数经济学家都认为,社会应当寻求那些不伤害任何人而能改善一些人境遇的变化,如果所有满足这一条件的变化都得以实现,没有再做此类改变的任何余地,这种状态就称为**经济上有效率**(Economically Efficient)。帕累托有效配置并不是一个很强的概念,在对李四和张三的偏好有更进一步的了解之前,我们无法对任意两个有效配置点进行比较,也就是说,它只是说明我们应该进行所有交易,但并没有说明哪些交易最好。在现实中,一些交易尽管使某些人受损,但是若加入其他交易,也常常能提高效率。例如,削减汽车配额会使汽车消费者受益,并使一些汽车工人失去工作。如果把废除汽车配额与对汽车工人实行工作重置补贴结合起来,则有可能既使消费者得益,又不使汽车工人受损,结果就会提高效率。

7.2.3 生产的均衡

1. 生产的契约曲线

在上一部分中,我们研究了只有消费没有生产的纯交换经济中商品的配置,并且商品的生产被抽象掉了。本部分将考察只有生产没有消费的简单情形下投入品的配置问题。为简化分析,我们假定只生产两种产品,即食品和药品;只使用两种投入,即资本和劳动;并且使用的这两种投入的总量是固定的,其中劳动的总量是 OL,资本的总量是 OK。我们继续利用埃奇沃思盒形图进行分析。在图 7.4 中,纵轴代表资本,横轴代表劳动,O_f 为食品生产的原点,O_m 为药品生产的原点,该盒形图内,每个点代表一个技术上可行的生产食品和药品的要素投入组合,F_1、F_2、F_3 代表食品生产的 3 条等产量线,M_1、M_2、M_3 代表药品生产的 3 条等产量线,它们分别代表各种不同投入组合所带来的某一特定产出水平,等产量线越远离原点,代表的产量水平越高。

假设要素的初始配置位于 Z 点,即用于食品生产的劳动为 O_fA,资本为 O_fB;用于药品生产的劳动为 $OL-O_fA$,资本为 $OK-O_fB$。就该初始配置而言,在食品生产中,资本对劳动的边际技术替代率高于药品生产中相应的边际技术替代率,这一点可以从 F_1 在 Z 点的斜率小于 M_2 在 Z 点的斜率看出。不妨假设在 Z 点可以用 1 单位资本替代 2 单位劳动来保持食品产量水平不变,同时可以用 1 单位劳动代替 2 单位资本来保持药品产量不变。这样,在一定限度内,食品业少用些劳动多用些资本,药品业少用些资本多用些劳动,就可以在不减少一种产品产出的情况下,增加另一种产品的产出。如食品业减少 1 单位劳动增加 1 单位资本,药品业增加 1 单位劳动减少 1 单位资本,尽管使用的投入品总量没变,但食品和药品的产量都会增加。

对于某种特定的投入品配置,如果不减少一种产品的产出,就无法增加另一种产品的产出,这种配置就是**技术上有效的**(Technical Efficiency)。这意味着在初始点 Z,投入品在这两种产品生产中的配置是没有效率的。实际上,根据等产量线的性质,在 F_1 与 M_2 之间

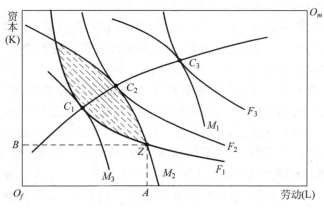

图 7.4 埃奇沃思盒形图——生产

的阴影部分(包括等产量线在两个交点之间的部分)中的任何一点所代表的资源配置,都比初始配置更有效率。当然,这并不意味着阴影部分内的任意一点都必然是有效率的。

我们在前一部分的讨论中指出,商品在消费者之间有效配置的条件是,对于不同的消费者,两种商品的边际替代率相等。基于同样的道理,投入品在生产过程中有效配置的条件是,对于不同的产品,两种投入品的边际技术替代率相等。从埃奇沃思盒形图来看,有效配置组合位于两种产品等产量线的切点上,这些点组成的曲线称为**生产的契约曲线**(Production Contract Curve)。它代表所有的技术上有效率的投入品组合,不在这条线上的每一个点所代表的投入组合都是无效率的,因为这些点都是等产量线的交点,投入品在这些点上的边际技术替代率不同,可以通过重新配置投入品,所有产品产量都不减少的条件下,至少提高两种产品中的一种产品的产量。

2. 生产可能性曲线

图 7.4 中的生产契约曲线给出了投入品的各种有效配置,该曲线上的每一个点都对应一定的食品产量水平和药品产量水平。假设 F_1、F_2、F_3 代表的食品产量水平分别为 100 单位、200 单位、300 单位,M_1、M_2、M_3 代表的药品产量水平分别为 30 单位、100 单位、150 单位,那么切点 C_1、C_2、C_3 对应的产量组合分别为 (100,150)、(200,100)、(300,30)。其中,括号内第一个变量表示食品产量,第二个变量表示药品产量。如果我们以横轴代表食品产量,纵轴代表药品产量,形成一个坐标系,把契约曲线上每一个点所对应的产量组合描绘在这一坐标系中,我们就可以得到一条曲线 P^*P,通常称之为**生产可能性曲线**(Production Possibilities Curve)[①](见图 7.5)。

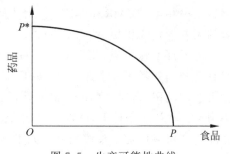

图 7.5 生产可能性曲线

生产可能性曲线表示从固定的投入品总量中所能生产的食品和药品的各种可能组合。在曲线上每一点所代表的这些组合中,任何一种产品的产

---

① 本书第 1 章曾简要介绍过生产可能性曲线,它的另一个名称叫生产可能性边界。

量,都是与另一种产品的产量相对应的该产品的最大产量。

在现有的技术水平下,要达到生产可能性曲线之外的一点是不可能的,却可能达到生产可能性曲线之内的点。不过在这些点上,投入品的配置是缺乏效率的。只要生产是有效率的,产出组合就必然位于生产可能性曲线上的某一点。

我们通常把生产可能性曲线的斜率定义为产品的**边际转换率**(Marginal Rate of Transformation,以下简称 MRT。有的教科书中称之为产品转换率 RPT——Rate of Product Transformation)。它表示要增加 1 单位某种产品必须至少放弃的多少单位另一种产品。人们通常认为生产可能性曲线是凹向原点的,从图 7.5 中我们可以看到,沿着生产可能性曲线向右下方移动(即增加食品的生产,减少药品生产),其斜率的绝对值越来越大,即药品对食品的 MRT 越来越高,也就是说,要增加 1 单位食品,必须放弃越来越多的药品。这是边际生产力递减的缘故。假设生产从 O_f 开始,我们逐步把资本和劳动从药品的生产转移到食品的生产中,在初始阶段,增加 1 单位食品,要放弃的药品很少,但是随着生产沿生产可能性曲线向右下方移动,资本和劳动在食品生产中的边际生产率越来越低,在药品生产中的边际生产率越来越高,这样每增加 1 单位的食品,必须放弃的药品越来越多,在几何上表现为生产可能性曲线凹向原点,即其斜率(药品对食品的边际转换率)的绝对值越来越大。但是,也有可能存在相反的情况。例如,如果食品生产具有很强的规模报酬递增趋势,随着食品生产的增加,每多获得 1 单位食品所必须放弃的药品会越来越少,这样生产可能性曲线至少会在一定范围内呈凸状(即凸向原点)。

7.2.4 生产与交换的均衡

以上我们分别考察了交换与生产的简单模型,下面,我们把生产与交换联系起来进行考察。这里假定的经济包括两个消费者,即张三和李四;两种商品,即食品和药品;两种投入,即劳动和资本。经济中使用的投入品总量、两个消费者的无差异曲线、两种产品的生产函数及生产可能性曲线是事先给定的。那么,两种商品各生产多少才是有效率的呢?

在一个生产与交换同时存在的经济中,要达到经济效率,不仅要实现不同投入品在不同商品生产之间的有效配置和商品在不同消费者之间的有效配置,而且生产的商品组合必须与人们购买它们的意愿相一致,即生产要符合消费者的需要。关于前两个条件,我们已经给出并做了简单的论证。达到生产与消费意愿相一致的条件是,商品的边际替代率与边际转换率相等,即 MRS=MRT。用几何形式表示就是,生产可能性曲线要与任意一个消费者的无差异曲线相切(见图 7.6)。

为了证明这一点,我们假设一种简单的情况:只有一个厂商,既生产食品又生产药品;只有一个消费者——李四;一开始厂商生产 F 单位的食品和 M 单位的药品,该商品组合全部由李四消费,这时李四的食品对药品的边际替代率为 X,厂商的药品对食品的边际转换率为 Y。在初始条件下,李四愿意放弃 X 单位药品以换取 1 单位食品,厂商减少 Y 单位食品的生产可以增加 1 单位药品。如果 $X>Y$,这时在保持投入资源固定不变的条件下,增加 1 单位食品的生产,减少 Y 单位的药品生产,李四消费新的生产组合的效用将会高于原有消费组合的效用,增加部分相当于$(X-Y)$单位药品所带来的效用。同样可以证明,如果 $X<Y$,减少食品生产,增加药品生产,也可以提高李四的效用水平。因此,只有 X 与 Y 相等(本例

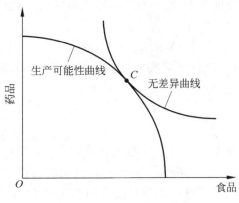

图 7.6　生产与交换的均衡

中,无差异曲线与生产可能性曲线的切点 C 满足这一条件),即商品的边际转换率与边际替代率相等时,商品的生产结构才是最有效率的。

7.3　均衡与效率——福利经济学定理

7.3.1　经济效率的边际条件

根据前面对生产与交换的研究,我们可以看出,从本质上讲,一种经济达到帕累托有效标准必须满足三个必要条件。其中,第一个必要条件与商品在不同消费者之间的配置有关,它要求对任意两个消费者而言,任何两种商品的边际替代率都相等。关于这一条件对消费者效用最大化的必要性,我们在前面已经利用几何(埃奇沃思盒形图)及简单示例的方法给予了证明,实际上利用代数证明方法也很简单。

1. 交换的效率

假定有两个消费者 A 和 B,其效用函数分别为 $U_A(X,Y)$ 和 $U_B(X,Y)$,有两种商品 X 和 Y,其总量分别为 X_0 和 Y_0,A 和 B 消费的商品 X 的数量分别为 X_A、X_B,消费的商品 Y 的数量分别为 Y_A 和 Y_B,B 的效用水平假定外生给定为 U_0。我们来看满足 A 的效用最大化的条件。

目标函数　　$\max\limits_{X_A, Y_A}\{U_A(X_A, Y_A)\}$　　(7.4)

约束条件　　$U_B(X_B, Y_B) = U_0$　　(7.5)

$$X_A + X_B = X_0 \quad (7.6)$$

$$Y_A + Y_B = Y_0 \quad (7.7)$$

由上述目标函数取得极值的一阶条件可得:

$$\frac{\partial U_A / \partial X_A}{\partial U_A / \partial Y_A} = \frac{\partial U_B / \partial X_B}{\partial U_B / \partial Y_B} \quad (7.8)$$

式(7.8)的左、右两边分别代表 A、B 的边际替代率,把它们分别记为 MRS_{XY}^{A}、MRS_{XY}^{B},可得:

$$\mathrm{MRS}_{XY}^{A} = \mathrm{MRS}_{XY}^{B} \tag{7.9}$$

式(7.6)就是商品在两个消费者之间有效配置的必要条件,即不同消费者的任意两种商品的边际替代率相等。

2. 生产的效率

第二个条件是任意两种投入品的边际技术替代率,对于任何两个生产者(或者同一个生产者的两种产品)都相等。这一条件的必要性我们在前面已经给予了简单的论证,其实这一条件的严格代数证明也很简单。我们假设有两个生产者 A、B,使用两种投入品 X、Y,生产函数分别为 $f_A(X_A, Y_A)$、$f_B(X_B, Y_B)$,使用的投入品数量分别为 X_A、Y_A 以及 X_B、Y_B,投入品总量是外生给定的,分别为 X_0、Y_0,B 的产量为固定数量 f_0,我们来看厂商 A 的产量最大化的条件。

$$\text{目标函数} \quad \max_{X_A, Y_A} \{f_A(X_A, Y_A)\} \tag{7.10}$$

$$\text{约束条件} \quad f_B(X_B, Y_B) = f_0 \tag{7.11}$$

$$X_A + X_B = X_0 \tag{7.12}$$

$$Y_A + Y_B = Y_0 \tag{7.13}$$

由目标函数取得极值的一阶条件可得:

$$\frac{\partial f_A/\partial X_A}{\partial f_B/\partial X_B} = \frac{\partial f_B/\partial X_B}{\partial f_B/\partial Y_B} \tag{7.14}$$

式(7.14)的左、右两边分别代表两种投入品对于 A、B 的边际技术替代率,把它们分别记为 MRTS_{XY}^{A}、MRTS_{XY}^{B},那么:

$$\mathrm{MRTS}_{XY}^{A} = \mathrm{MRTS}_{XY}^{B} \tag{7.15}$$

式(7.15)即投入品在不同商品生产者之间有效配置的必要条件,它意味着投入品的配置应该使生产者处于其生产契约曲线上。

3. 生产与交换的效率

第三个条件与产品结构和消费者偏好的一致性有关,它要求任意两种商品的边际替代率必须等于其边际转换率。关于这一条件的必要性,我们在前面已经做了说明,下面给出代数证明。

假设有两个消费者 A、B,社会共生产两种产品 X、Y,A、B 所消费的 X、Y 的数量组合为 (X_A, Y_A)、(X_B, Y_B),生产可能性曲线方程为 $T(X, Y) = 0$,A、B 的效用函数分别为 $U_A(X_A, Y_A)$、$U_B(X_B, Y_B)$,B 的效用外生给定为 U_0。现在来看什么样的生产组合可以使 A 的效用最大化。

$$\text{目标函数} \quad \max_{X_A, Y_A} \{U_A(X_A, Y_A)\} \tag{7.16}$$

$$\text{约束条件} \quad X_A + X_B = X \tag{7.17}$$

$$Y_A + Y_B = Y \tag{7.18}$$

$$T(X, Y) = 0 \tag{7.19}$$

$$U_B(X_B, Y_B) = U_0 \tag{7.20}$$

根据目标函数取得极值的一阶条件可得：

$$(\partial U_A / \partial X_A)/(\partial U_A / \partial Y_A) = (\partial T / \partial X)/(\partial T / \partial Y) \tag{7.21}$$

$$(\partial U_B / \partial X_B)/(\partial U_B / \partial Y_B) = (\partial T / \partial X)/(\partial T / \partial Y) \tag{7.22}$$

式(7.21)、式(7.22)的左边分别是两种商品对于 A、B 的边际替代率，分别记为 MRS_{XY}^A、MRS_{XY}^B，右边分别是两种商品的边际转换率，记为 MRT。那么，结合两式可得：

$$\mathrm{MRS}_{XY}^A = \mathrm{MRS}_{XY}^B = \mathrm{MRT}_{XY} \tag{7.23}$$

此即产品结构有效率的条件。

7.3.2 完全竞争与经济效率——福利经济学第一定理

微观经济学最为基本同时也最为重要的发现是，完全竞争经济满足我们在前一节中所提出的经济效率的三个条件，它是经济学家坚持竞争性市场经济的基本理由。下面我们将从三个方面分别考察完全竞争市场的有效性。

在一个完全竞争的市场经济中，有无数的买者和卖者，他们之间相互交易的结果将会形成一个使市场供求相等即均衡的市场价格。由于每一个人相对于巨大的市场规模而言都是微不足道的，因而这一价格相对于单个消费者而言，仿佛是外生给定的。他们只是市场价格的被动接受者。作为理性的消费者，他们从自己的偏好出发，在各自的预算约束下选择最大化自己效用的商品组合。根据第 3 章中的研究，我们知道每一个消费者达到效用最大化——均衡时，满足如下条件：

$$\mathrm{MRS}_{XY} = P_X / P_Y \tag{7.24}$$

市场价格对于每一个消费者都是一样的，因此式(7.24)意味着在完全竞争的市场经济中，任意两种商品对于所有消费者的边际替代率都相等。也就是说，竞争性市场经济中消费者均衡位于契约曲线上，满足经济有效率的第一个必要条件。这一结论无论是在一个交换框架内还是在一个所有市场都是完全竞争的一般均衡结构内都成立，它非常简洁地说明了亚当·斯密的"看不见的手"如何运作以及运作的结果。由此我们得到了**福利经济学第一定理**(The First Theorem of Welfare Economics)，即**任何竞争性市场均衡都是有效率的**。

我们知道，市场通常有无数的交易者参与，它要求一种贯穿于整个交易过程的某种结构，来保证某种人们所期望的结果出现。福利经济学第一定理的重要性就在于，它向我们阐述了一种可以保证实现帕累托有效配置的一般机制，即竞争性市场机制。当然，要达到这一结果并非毫无条件，通常它要求市场是充分竞争的，并且不存在外部性。

对于有许多人参与的资源配置问题，要确保有效率的结果，信息是一个十分重要的问题。在竞争性市场中，消费者不必知道商品是如何生产、何人生产、何地生产之类的情况，他只需知道价格就可确定需求，因而市场大大减少了每个人所需掌握的信息量。这一事实有力地证明了它不失为一种配置资源的好方法。

竞争性的投入品市场也可以达到有效率的配置，也就是说，竞争性的市场均衡满足经济有效率的第二个条件。下面我们给出简单的证明。如果资本市场和劳动市场是完全竞争的,市场就会形成一个统一的资本与劳动价格——利率 r 和工资率 w。对于任意一个追求利润最大化的厂商,当达到厂商均衡时,其所使用的资本与劳动的组合满足如下条件:两种投入品的边际产出比等于投入品的价格比,即:

$$\mathrm{MP}_L/\mathrm{MP}_K = w/r \tag{7.25}$$

我们前面的研究表明,投入品(这里是指劳动与资本)的边际产出比等于劳动对资本的边际技术替代率,即:

$$\mathrm{MRTS}_{LK} = \mathrm{MP}_L/\mathrm{MP}_K = w/r \tag{7.26}$$

资本与劳动的价格对于所有的厂商而言都是相同的,因此,投入品的边际技术替代率对于所有厂商而言都是相等的。也可以证明,对于同一厂商的不同产品,投入品的边际技术替代率也是相等的。如果从埃奇沃思盒形图来看,竞争性要素市场上的厂商均衡位于生产契约曲线上,从而是有效率的。至于是位于契约曲线上的哪一点,则取决于消费者对产品的需求。

下面我们来考察完全竞争市场是否满足经济有效率的第三个条件。

当产品市场是完全竞争时,消费者均衡满足如下条件:

$$\mathrm{MRS}_{XY} = P_X/P_Y$$

同时,每个利润最大化的厂商都会将其生产调整到价格与边际成本相等的那一点上,对于两种商品 X、Y 来说,即:

$$P_X = \mathrm{MC}_X \quad P_Y = \mathrm{MC}_Y$$

因为边际转换率等于边际成本比率,所以:

$$\mathrm{MRT}_{XY} = \mathrm{MC}_X/\mathrm{MC}_Y = P_X/P_Y = \mathrm{MRS}_{XY} \tag{7.27}$$

第三个效率条件得到满足。至此,我们可以毫无疑问地说,完全竞争市场是有效率的。

7.3.3 效率与均衡——福利经济学第二定理

福利经济学第一定理告诉我们,一组竞争市场中的均衡是帕累托有效率的。那么,反过来假设有一个帕累托有效配置,是否可以找到一组均衡价格与这一配置相适应呢?在一定条件下,是可以的。

假定在一个纯交换经济中,有两个消费者 A、B,有两种商品 X、Y,初始配置 Q 为一个帕累托有效配置。那么,在该点 A 与 B 的无差异曲线相切。如图 7.7 所示,其中的直线为它们的共同切线,其斜率决定了一组相对价格。假设这条直线代表每个交易者的预算集,交易者在该预算集上选择其最佳消费组合,由此产生的均衡即初始配置 Q。这就是说,给定一个初始帕累托最优配置,就可以自动确定一组均衡价格,以及一组适当的初始商品禀赋,使得初始给定的帕累托最优配置即该禀赋与价格下的竞争性均衡。

但是,这一结论并非总能成立。图 7.8 便是一个例子。图 7.8 中,Q^* 点是一个帕累托有效配置点,但在通过此点的预算线上,A 的要求消费组合是 Q_1^*,而 B 的要求消费组合是 Q^*,即按照预算线所示的相对价格,供求并不相等。也就是说,尽管 Q^* 是一个帕累托有效配置,但没有一组初始禀赋及价格与之对应,使之成为该禀赋与价格下的竞争性均衡。两者的差异在于图 7.7 中所示的偏好为凸形,图 7.8 所示的偏好却不是。如果两个偏好都是凸型,则无差异曲线的共同切线只能同任意一条无差异曲线切一次,并且不可能相交,因此

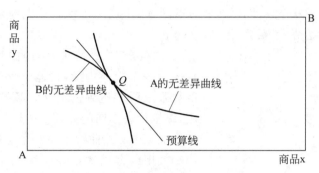

图 7.7 福利经济学第二定理

也就不可能发生供求不等的现象。这样,我们就可以得到**福利经济学第二定理**(The Second Theorem of Welfare Economics),即如果个人偏好是凸形的,则每一个帕累托有效配置对于商品的某个初始禀赋来说,是一个竞争性均衡。

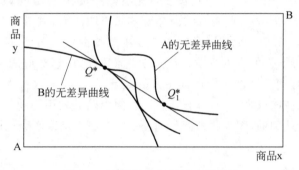

图 7.8 非均衡的帕累托有效配置

福利经济学第二定理告诉我们,每一个帕累托有效配置均能达到竞争均衡。这一结论的意义在于,它表明分配与效率两个问题可以分开来考虑。也就是说,市场机制在分配上是中性的,不管商品或财富公平分配的标准如何,任何帕累托有效配置都可以通过市场机制实现。

价格在市场体制中具有两种作用:一是通过显示商品的稀缺性,起到配置商品的作用;二是通过影响消费者的购买量,起到分配作用。福利经济学第二定理告诉我们,这两种作用可以分别开来,即可以通过改变人们对商品的初始禀赋来确定财富的分配结构,然后利用价格来确定商品的有效配置。但是在实际生活中,人们往往要求干预价格以促进分配平等。如有人主张把生活必需品价格控制在较低水平,以照顾低收入家庭等。但是这种干预往往导致商品无效的配置。通常没有必要以这种损害效率的方式来促进平等。实际上,我们可以通过改变商品的初始禀赋来达到平等与效率兼顾的目标。

7.4 效率与公平

7.4.1 效用可能性边界

以上我们阐明了经济效率的三个必要条件。那么,有效率的配置是否公平呢?显然,对这个问题的回答,取决于人们对公平的不同理解。这里,我们首先提供一个理解公平的工具,即效用可能性边界,然后讨论公平的标准。

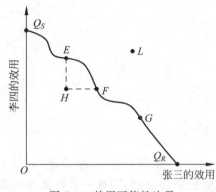

图 7.9　效用可能性边界

在两人交换经济中,契约曲线上的每一个点不仅表示一个交换均衡,也显示了交易的双方——李四和张三所能达到的效用。用横轴代表张三的效用,纵轴代表李四的效用,构成一坐标系,我们可以把图 7.3 中契约曲线上每一个点所代表的张三和李四的效用组合描述在该坐标系中,形成一条曲线,我们称之为**效用可能性边界**(Utility Possibilities Frontier),如图 7.9 所示,沿着效用可能性曲线向右下方移动,表示张三的效用增加,李四的效用减少。

效用可能性边界上的任何一点所对应的商品配置都是有效率的配置。点 Q_S 是一个极端情况,对应图 7.3 中的点 O^*,在这一点所有的商品全部归李四所有,其效用达到最大;而张三则没有商品,其效用为 0。E、F、G 分别对应图 7.3 中契约曲线上的点 D、Q_0、C,因而不可能在不使一人受损的情形下使另一人受益,H 点为一无效配置点,对应图 7.3 中的初始配置点 Q,在 EFH 内进行的任何交换都至少保证一人受益且无人受损。Q_R 代表另一个极端情况,对应图 7.3 中的点 O,在该点张三的效用达到最大,而李四的效用为 0。L 点位于效用可能性曲线之外,它是不可能达到的,因为两种商品的任一组合都不足以产生这样一个效用组合。

7.4.2　公平的标准

有的学者认为,公平的标准就是帕累托最优,也就是说,如果一种配置有帕累托改进空间,那么,它就是不公平的。相对于图 7.9 中的点 H 而言,效用可能性曲线上 E、F 之间的任意一点对应的配置,都是 H 点所对应的配置的一个帕累托改进,因此,相对于 E、F 之间的点,一个经济在点 H 进行资源配置,至少对李四和张三两人中的一人是不公平的。但是,如果我们假定 H、G 是唯一可能的配置,那么 H 是否比 G 更公平些呢?有的人可能认为 H 比 G 更公平,有的人可能认为恰恰相反。这就是说,一种无效率的配置可能比另一种有效率的配置更公平。

定义公平的难点在于它涉及效用的人际比较。由于效用是一种主观感受,无法进行客观比较,因此,任何关于公平的定义都包含个人的主观价值判断。经济学中常用**社会福利函数**(Social Welfare Function),即由个人偏好的"加总"而来的社会偏好,来确定什么样的商品配置是最优的,或者说是公平的。社会福利函数是各个消费者个人效用函数的增函数。这里我们假定社会共有 n 个消费者,x 代表一种商品配置,n 个消费者的效用函数分别为 $u_1(x), u_2(x), \cdots, u_n(x)$,社会福利函数记为 $W[u_1(x), u_2(x), \cdots, u_n(x)]$。社会福利函数的具体形式有多种,每一种都代表一类公平观。

1. 功利主义的公平观

功利主义(Utilitarianism)的社会福利函数为:

$$W[u_1(x), u_2(x), \cdots, u_n(x)] = u_1(x) + u_2(x) + \cdots + u_n(x)$$

按照这一福利函数，追求社会总福利的最大化，即追求每一个消费者效用的总和的最大化。因此，与这一社会福利函数相应的公平观是，使所有社会成员的总效用最大化。

2. 罗尔斯主义的公平观

另一个著名的社会福利函数是罗尔斯社会福利函数，其形式为：

$$W[u_1(x), u_2(x), \cdots, u_n(x)] = \min\{u_1(x), u_2(x), \cdots, u_n(x)\}$$

按照这一社会福利函数，社会福利最大化即效用最小的消费者的福利最大化。因此，与这一社会福利函数相应的公平观是，最公平的配置是使社会中境况最糟的人的效用最大化。罗尔斯主义的看法并不必然是平均主义的。因为对生产力较高的人给予更多的奖励能够使他们更努力地工作，创造更多的商品和服务，其中的一部分可以通过再分配使穷人境况变得更好。

3. 平均主义的公平观

这种公平观认为所有的社会成员得到相同的商品组合才是公平的。但是，由于消费者并不具有相同的偏好，这种平等的分配并不具有帕累托有效率。从这种平等的分配开始进行交换，可以达到帕累托最优配置，其结果至少会增加一部分消费者的利益，同时并不损害其他消费者的利益。但是，由于我们无法保证交换带来的福利增加能够在消费者之间平均分配，甚至无法断定是否进行平均分配，因此交换的结果未必是平均的。

4. 市场主导主义的公平观

这种公平观认为，由竞争性市场配置的结果就是公平的，因为它奖励那些最有能力和工作最努力的人。按照这种观点，如果图 7.8 中的 E 点是相对于某一资源的初始禀赋的一个竞争性均衡，而 F 点不是。尽管 E 点比 F 点更不均等，但它比 F 点公平。

至此，如果我们从最平均主义到最不平均主义对上述四种观点进行排序的话，其顺序应该是，平均主义、罗尔斯主义、功利主义、市场主导主义。

7.4.3 公平与效率的替换

我们在前部分中已经证明，竞争性均衡的配置结果是有效率的。但是，竞争性均衡可以在契约曲线上的任一点产生，如图 7.3 所示，或者配置点是 O，这意味着所有的商品都配置给了李四；或者配置点是 O^*，这意味着所有的商品都配置给了张三；或者配置点位于 O 与 O^* 之间。所有这些都表明，竞争性均衡可能是不公平的。至于不公平的程度，既取决于公平的标准，也取决于商品（或者说资源）的初始配置。

既然市场所决定的有效配置并不必然是公平的（无论根据何种公平标准），社会似乎就应该在一定程度上依靠政府进行收入或商品的再分配，以实现一定的社会公平目标。政府可用的手段包括：累进所得税，遗产税，医疗照顾方案，食品券计划，低收入家庭子女免费教育计划，等等。但遗憾的是，这些计划往往都带有一定的缺陷，给经济效率带来某种程度的损害。政府常常不得不在公平与效率之间进行权衡。

课程思政专栏

有效市场与统一大市场建设

邓小平同志从社会主义的现实状况出发,提出"计划经济不等于社会主义,资本主义也有计划;市场经济不等于资本主义,社会主义也有市场"的科学论断,打破了长期以来禁锢人们头脑的传统观念,丰富和发展了马克思主义理论。社会主义市场经济体制是我国改革开放的伟大创造,已成为社会主义基本经济制度的重要组成部分。以党的十一届三中全会的召开为标志,我国走上了改革开放的道路,我们党把工作重心转移到经济建设上来。党的十三大提出"社会主义有计划商品经济的体制应该是计划与市场内在统一的体制"的观点。党的十四大正式确立"我国经济体制改革的目标是建立社会主义市场经济体制"。

党的十八大以来,以习近平同志为核心的党中央加快完善社会主义市场经济体制,将社会主义市场经济体制作为社会主义基本经济制度的重要组成部分,强调使市场在资源配置中起决定性作用,更好发挥政府作用,强调正确认识和把握资本的特性和行为规律,深刻回答了加快完善社会主义市场经济体制面临的一系列重大理论和现实问题,深化了我们党对社会主义市场经济规律的认识,推进和拓展了中国式现代化,丰富和发展了马克思主义政治经济学关于市场经济的理论。党的二十大报告把"构建高水平社会主义市场经济体制"作为加快构建新发展格局、着力推动高质量发展的重要战略任务。

统一大市场建设则是进一步完善社会主义市场经济的重要举措。习近平总书记在中央全面深化改革委员会第二十三次会议时强调:"构建新发展格局,迫切需要加快建设高效规范、公平竞争、充分开放的全国统一大市场,建立全国统一的市场制度规则,促进商品要素资源在更大范围内畅通流动。""十四五"规划纲要统筹中华民族伟大复兴全局和世界百年未有之大变局,提出"加快构建新发展格局"的战略部署,并明确把"加快建设全国统一大市场"作为构建新发展格局的头号工程。为此,2022 年 3 月 25 日,中共中央、国务院专门印发实施《关于加快建设全国统一大市场的意见》。党的二十大报告则强调,加快构建新发展格局,着力推进高质量发展,必须加快"构建全国统一大市场,深化要素市场化改革,建设高标准市场体系",对加快建设全国统一大市场进行了再部署。

习近平总书记指出:"市场决定资源配置是市场经济的一般规律,市场经济本质上就是市场决定资源配置的经济。"建设高效规范、公平竞争、充分开放的全国统一大市场,是坚持扩大内需战略、构建新发展格局、建设高水平社会主义市场经济体制的内在要求。习近平总书记强调,要强化统一大市场基础制度建设,推进市场基础设施互联互通,建立公平规范高效的市场监管体系。打造高标准商品、服务和要素市场,促进现代流通体系建设,大力发展物联网,降低制度性交易成本和全社会物流成本,增强统一市场的规模效应和集聚效应。深入实施乡村振兴战略和新型城镇化战略,畅通城乡要素流动,激发融合发展的巨大潜能。建立有利于发挥比较优势的区域协调发展机制,促进生产要素在更大范围、更广领域流动交融。同时,要加快统一市场法规及标准的建立和修订,坚决废除妨碍全国统一市场和公平竞争的各种规定和做法。

复习思考题

计算题

(1) 一封闭经济用两种生产要素——土地和劳动——生产两种商品 X 和 Y。所有土地都是同质的,劳动也一样。两种要素的供给曲线完全无弹性。所有要素为私有,市场均属完全竞争,并处于长期均衡中。生产函数为:

$$X = 48^{0.25} K_X^{0.75} L_X^{0.25}, Y = 3^{0.25} K_Y^{0.25} L_Y^{0.75}$$

其中, X 和 Y 分别为两种商品的年产出单位数, K_X 和 K_Y 分别为商品 X 和 Y 生产过程中使用的土地平方公里数, L_X 和 L_Y 分别为两种商品生产中雇用的劳动人数。所有人都具有相同的效用函数,并由下式给出:

$$U = X^{0.5} Y^{0.5}$$

现有 324 平方公里的土地,2 500 名工人,商品 X 的价格为 100 元。试计算下列均衡值:

① 商品 Y 的价格;
② 每平方公里土地的年租金 R;
③ 每个工人的年工资 W。

(2) 假设鲁宾孙·克鲁索生产与消费鱼(F)与椰子(C)。假设在某一时期中,他决定工作 200 小时,至于把这些时间用到捕鱼还是收椰子上是无差异的,鲁宾孙的鱼产量为:

$$F = L_F^{0.5}$$

椰子产量为:

$$C = L_C^{0.5}$$

其中, L_F、L_C 分别为花在捕鱼和收椰子上的时间。鲁宾孙的效用函数为:

$$U = (FC)^{0.5}$$

① 如果鲁宾孙无法与外部世界进行贸易,他将如何配置他的劳动;
② 假设可以进行贸易,且 $P_F/P_C = 2/1$,给定(1)中的产量,鲁宾孙将如何选择他的消费?
③ 鲁宾孙将如何调整他的生产和消费?

(3) 如果决定两个人的效用可能性曲线的公式是: $U_A + 2U_B = 100$,求:

① 若要使社会福利最大化,当社会福利函数是 $W(U_A, U_B) = \max(U_A, U_B)$,社会福利最大时的 U_A 和 U_B 分别是多少?
② 若把社会福利函数定义为 $W(U_A, U_B) = \min(U_A, U_B)$,当社会福利函数最大时, U_A 和 U_B 分别是多少?
③ 若社会福利函数是 $W(U_A, U_B) = U_A^{0.5} U_B^{0.5}$,社会福利最大时的 U_A 和 U_B 是多少?

分析题

(1) 整个经济处于全面均衡状态,如果某种原因使商品 X 的市场供给(S_X)增加,试考察:

① 在 X 商品市场中,其替代品市场和互补品市场会有什么变化?
② 在生产要素市场上会有什么变化?
③ 收入的分配会有什么变化?

(2) 假设:a.一个简单经济最初处于全面的、长期的完全竞争均衡;b. L 和 K 是仅有的两种生产要素,各具有一定的数量;c.仅有两种商品 X 和 Y,X 的劳动密集程度(即 L/K 的比例)大于 Y;d.商品 X 和 Y 互为替代品;e.X 行业和 Y 行业是成本递增行业。

① 从局部均衡的角度来讨论,如果 D_X 上升将会发生什么情况?

② Y 商品市场将会发生什么变化?

③ 劳动和资本市场中发生的变化是如何转而影响整个经济的?

课堂自测

第 Ⅳ 篇

不完全竞争的市场：市场势力

第 8 章　完全垄断
第 9 章　垄断竞争与寡头
第 10 章　博弈论与决策行为
第 11 章　不完全竞争的要素价格和使用量

上一篇在完全竞争的假定条件下，分析了产品市场和要素市场的均衡，并在局部均衡分析的基础上，考察了一般均衡与效率问题。本篇将放弃完全竞争的假设，分析在具有市场势力的不完全竞争条件下的均衡。本篇共 4 章。

第 8 章分析了完全垄断厂商的均衡价格和产量，并将完全竞争与完全垄断进行比较。

第 9 章考察了不完全竞争的另外两种形式，即垄断竞争和寡头市场结构的均衡价格及产量。

第 10 章介绍了博弈论的基本内容，进一步深化对寡头行为的分析。

第 11 章讨论了不完全竞争条件下要素的均衡价格和使用量。

第 8 章

完全垄断

在上一篇中,我们为完全竞争的市场规定了四个假定条件,其中之一是假定市场上有大量的买主和卖主。本章首先放弃这一假定,转而走向另一个极端,即假定产品市场上只有一个卖主或(和)一个买主,从而使我们的分析对象由完全竞争的市场转向完全垄断的产品市场。

8.1 完全垄断的特性及成因

8.1.1 完全垄断的特性

我们首先来了解一下完全垄断市场的特性。**完全垄断**包括卖方垄断(Seller's Monopoly)和买方垄断(Buyer's Monopony)。卖方垄断是指一种产品市场上只有一个卖主的市场结构,市场中不存在相近的替代品。在这种市场结构下,卖方垄断厂商本身就构成一个行业,因为该市场上只有它一家厂商。

在上述有关卖方垄断的定义中,我们强调对于垄断者的产品来说,没有相近的替代品。这是因为,如果存在相近的替代品,该厂商就得和生产相近替代品的厂商竞争,从而也就不能在很大程度上控制价格。因此,相近替代品的存在就意味着竞争,必须将它从卖方垄断的定义中排除掉。

卖方垄断厂商不存在直接的竞争者,但是并非不存在潜在的或间接的竞争者。这是因为,许多产品之间都存在一定程度的替代关系。例如,即使某一厂商是某种钢材的唯一制造商,它也会面临铝、塑料、玻璃和陶瓷等材料制造厂商的竞争。这种潜在或间接的竞争程度取决于其他替代产品卖方垄断厂商生产的产品的替代程度。

如果说完全竞争是市场结构的一个极端,那么,卖方垄断则是市场结构的另一个极端。尽管如此,它同样是一个有用模型。因为评价某一模型的标准必须根据其预测能力,而不是根据其假设是否符合实际。现实中的电力公司、电话公司、自来水公司通常被看作卖方垄断厂商。

8.1.2 卖方垄断的成因

一个厂商之所以能成为某种产品唯一的供给者,一定有某种原因使其他厂商不能进入该市场并生产同种产品。经济学家一般把卖方垄断的成因或卖方垄断势力的源泉归纳为以下四个方面。

1. 厂商控制了生产某产品所必需的原料供给

如果某厂商控制了生产某一种产品所必需的原料的全部供给,而其他厂商无法获得这种原料,那么,该厂商就会成为该产业的卖方垄断厂商。这方面的例子多与对某种特定的自然资源的占有有关。

2. 自然垄断(Natural Monopoly)

如果某种产品的生产技术及其市场需求状况具有这样的特征,以至于一个大厂商既能够以有利可图的价格,又能以低于分享同一市场的几个小厂商的平均成本供给整个市场,那么,这一个大厂商就会成为该行业的唯一生产者。若由两家或两家以上厂商提供相同产品,将导致更高的平均成本,各厂商均无利可图,造成社会资源浪费。这种行业属于自然垄断行业。例如,特定地区内的供电、供水和电话服务等公用事业就是自然垄断行业。

3. 专利

一个厂商可能由于具有生产某种产品所必需的技术或生产某种特殊物品的唯一权利而成为垄断者。通常,这种使用某种生产技术或生产一定产品的独占权是由政府以专利的形式赋予的。专利法通常准许发明人享有某种产品或独特工艺的一段时间内的专有权。实行专利法有其经济上的合理性。因为如果发明成果能立即被那些对该项发明的研究与开发(R&D)毫无投资的人所利用,那么,厂商和个人将会减少对发明和创新的投资。

4. 市场特许权

政府往往授予某个厂商经营某种产品的特许权而使该厂商成为经营该产品的垄断者。许多国家的邮政业、某些公用事业都是政府给予某个公司特许的垄断经营权。

8.1.3 卖方垄断厂商的收益曲线

1. 卖方垄断厂商所面对的需求曲线就是市场需求曲线

根据定义,卖方垄断厂商是某种产品的唯一生产者,所以,卖方垄断厂商所面对的需求曲线就是该产品的市场需求曲线。那些决定产品需求曲线形状的因素也就是决定卖方垄断厂商需求曲线形状的因素,这些因素包括替代品及互补品的价格、收入和消费者偏好等。卖方垄断厂商的需求曲线一般情况下都是向右下方倾斜的,或者说,其斜率为负值。这一点与完全竞争厂商的需求曲线形成明显的差别。因为完全竞争厂商的需求曲线是一条水平线。完全竞争厂商是价格的接受者,而卖方垄断厂商则是价格的制定者,也就是说,卖方垄断厂商可以制定任何其想要的价格。但是,既然卖方垄断厂商所面对的需求曲线是向右下方倾斜的,那么,如果它提高价格,其销售量就必然会下降,相应地,其所得到的利润不一定是最大的利润值。

2. 卖方垄断厂商边际收益小于平均收益

一般地说，厂商的卖价即平均收益就是消费者的买价，因此，厂商的平均收益曲线在任何情况下都和需求曲线重合。但是，由于完全竞争厂商所面对的是一条水平的需求曲线，所以，其边际收益与价格即平均收益相等，边际收益曲线与需求曲线即平均收益曲线重合。由于卖方垄断厂商所面对的需求曲线向右下方倾斜，所以，卖方垄断厂商每增加 1 单位销售，价格必须降低，不仅新增加这个单位的收益要减少，而且全部销售的单位收益都要减少。卖方垄断厂商的边际收益总是小于且越来越小于单位产品的销售价格，边际收益曲线以快于需求曲线的速度下降，也就是说，其边际收益曲线总是在平均收益曲线即需求曲线之下，如图 8.1 所示。①

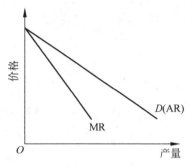

图 8.1 完全垄断厂商的收益曲线

8.2 卖方垄断的均衡

和完全竞争厂商均衡一样，卖方垄断厂商的均衡也分为短期均衡和长期均衡两种情况。

8.2.1 卖方垄断厂商的短期均衡

垄断厂商与竞争厂商一样，使其利润最大化的产量和价格都是由需求状况和成本状况共同决定的，其利润最大化的原则或短期均衡条件都是 $MC_P = MR_P$。所不同的是，完全竞争厂商只是通过调整产量来实现在既定价格下的利润最大化，而垄断厂商不仅通过调整产量，而且通过调整价格（实际上，两者是同时进行的）来实现利润最大化。由于在短期内固定投入不能改变，厂商只能通过调整可变投入来调整产量。

需要指出的是，尽管垄断厂商可以通过调整价格和产量使 $MC_P = MR_P$，利润达到最大化，但在短期内，它不一定总能获得利润。中国的铁路业一直是国家垄断经营的，但铁路的经营在很长时期内都是亏损的。和完全竞争厂商一样，垄断厂商短期内是否可以获得利润要看产品市场价格的高低与垄断厂商平均成本的高低。若在均衡的产出水平上产品价格高于平均成本，则垄断厂商短期内可以获得经济利润。若在均衡的产出水平上产品价格等于平均成本，则垄断厂商只能获得正常利润。若在均衡的产出水平上产品价格低于平均成本，则垄断厂商发生亏损。以下具体分析这三种情况。

1. 获取经济利润时的短期均衡

当垄断厂商的需求曲线与成本曲线如图 8.2 所示时，卖方垄断厂商将根据产品边际收

---

① 参见本章附录。

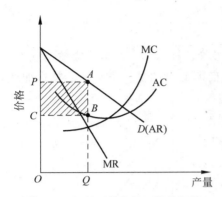

图 8.2　垄断厂商获得经济利润的短期均衡

益等于产品边际成本的原则把产量确定在 Q 点，与此相对应的价格为 OP，此时平均成本则为 OC。显然，由于平均收益 AR 即价格大于平均成本 AC，所以，厂商获得经济利润。从图 8.2 中可以看出，垄断厂商的总经济利润＝总收益 $OQAP$－总成本 $OQBC$＝$CBAP$，或者说，垄断厂商的总经济利润＝（价格 OP－平均成本 OC）×产量 OQ。

2. 获取正常利润时的短期均衡

图 8.3 说明了垄断厂商获取正常利润时的短期均衡。垄断厂商根据产品边际成本等于产品边际收益的利润最大化原则，均衡的产量确定在 Q' 点，与此相对应的均衡价格为 OP'，这时的平均成本也为 OP'。不难看出，垄断厂商的总收益与总成本相同，均为 $OQ'AP'$。这时，垄断厂商处于收支相抵点，即厂商只能获得正常利润（它包含在平均成本中），没有经济利润。

3. 亏损状态下的短期均衡

当垄断厂商所面对的需求曲线低于平均总成本 ATC 曲线，但高于平均可变成本 AVC 曲线时，如图 8.4 所示，在任何产量水平上，厂商都会蒙受亏损。为使亏损降到最低限度，厂商仍将根据产品边际收益等于产品边际成本的原则，把产量定在 OQ'' 水平上，与此相对应的均衡价格为 OP''，这时平均成本为 OC。因平均成本 OC 大于平均收益（价格）OP''，所以，厂商处于亏损状态。或者从另一角度分析，由图 8.4 可知，厂商的总收益为 $OQ''AP''$，总成本为 $OQ''BC$，后者比前者多 $P''ABC$，所以，厂商处于亏损状态，亏损额为 $P''ABC$。

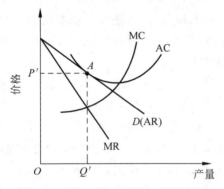

图 8.3　获取正常利润时的短期均衡

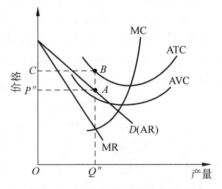

图 8.4　亏损状态下的短期均衡

8.2.2　卖方垄断厂商的长期均衡

现在，我们分别以第 8.21 节中所论述的垄断厂商短期均衡的三种情况为出发点，进一步分析在长期内垄断厂商的均衡。

1. 短期内存在经济利润时的情况

与完全竞争的长期均衡不同,垄断行业的长期均衡并不一定以经济利润的消失为标志。如果垄断厂商在短期内能获得经济利润,只要需求曲线不向左移动,它在长期内就仍然能够获得经济利润,因为它无论是在短期还是在长期,都不会遇到竞争对手,除非该行业不再是垄断行业了。

获得短期经济利润的垄断厂商在长期内不仅可以利用原有的生产规模仍然维持原来的利润水平,而且可以通过调整生产规模以获得比原来更多的利润。例如,如图 8.5 所示,假定垄断厂商的需求曲线为 DD',边际收益曲线为 MR,长期平均成本曲线和长期边际成本曲线分别为 LAC 和 LMC,并假定厂商与最初的生产规模相对应的短期平均成本和短期边际成本曲线分别为 SAC_1 和 SMC_1。垄断厂商根据边际成本等于边际收益的利润最大化原则,即根据 $SMC_1 = MR$ 确定最初的短期均衡产量为 OQ_0,均衡价格为 OP_0。相应的短期平均成本为 OB,因此,最初可获得的经济利润将是 $OQ_0 \cdot (OP_0 - OB)$。

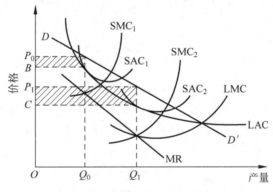

图 8.5 垄断厂商的长期均衡

然而,在长期内,厂商可以调整其生产规模以获得大于 $OQ_0 \cdot (OP_0 - OB)$ 的利润。显然,当垄断厂商选择长期边际成本等于长期边际收益的产量水平时,它将获得长期最大利润。如图 8.5 所示,当产量为 OQ_1 时,厂商的长期边际成本曲线 LMC 与边际收益曲线 MR 相交,与此对应的长期平均成本为 OC,价格为 OP_1,与这一规模相对应的短期平均成本曲线为 SAC_2,短期边际成本曲线为 SMC_2。此时的总利润为 $OQ_1 \cdot (OP_1 - OC)$,这是垄断厂商在长期所能获得的最大利润。从图 8.5 中可以看出,这个利润显然大于 $OQ_0 \cdot (OP_0 - OB)$。由于不存在直接的竞争对手,垄断厂商的经济利润可以长期保持。但是国有垄断部门可能长期亏损,因为国家可以拿财政收入补贴这些亏损的垄断部门。

从以上分析我们可以得出垄断厂商的长期均衡的条件是:
$$MR = SMC = LMC \tag{8.1}$$

这就是说,只有当垄断厂商产品的长期边际成本 LMC 与短期边际成本 SMC 同时等于边际收益 MR 时,垄断厂商的长期均衡才能达到,而在这一条件得到满足时,短期平均成本 SAC 必定等于长期平均成本 LAC,即长期平均成本曲线与短期平均成本曲线相切。因为如前所述(见第 4 章),与短期边际成本曲线和长期边际成本曲线的交点相对应的长期平均成本曲线上的点,同时就是相应的短期平均成本曲线与长期平均成本曲线相切的切点。

2. 短期内只获得正常利润时的情况

如果垄断厂商在短期只能获得正常利润,在长期,它可能通过调整生产规模以获得利润,也可能会继续处在收支相抵点(尽管其生产规模可以相应地扩大)。究竟是哪一种结果,这要取决于它所面对的需求曲线的位置和形状。

3. 短期亏损时的情况

如果垄断厂商在短期内蒙受亏损,那么,在长期内,假如能够通过调整生产规模消除亏损或取得经济利润,它将继续留在这一行业并进行长期的调整;假如无论怎样调整其生产规模都不能避免亏损的话,它在长期内将退出该行业。

8.2.3 卖方垄断厂商价格与产量的关系

在完全竞争的条件下,将所有厂商短期供给曲线加总就可以得到行业的供给曲线。由于行业供给曲线的存在,产品价格与产量或供给量之间存在一一对应的关系。然而,在卖方垄断条件下,价格和产量之间却不存在这种一一对应的关系,或者确切地说,卖方垄断厂商没有供给曲线。由于卖方垄断厂商具有某种垄断力量,可以对自己的产品销售实行市场分割,因此,不同的市场上卖方垄断厂商可能面临不同的需求曲线。若卖方垄断厂商面临的需求曲线形状不同,即使在同一产量下,所对应的产品价格也是不同的。我们用图 8.6 来分析这种情况。

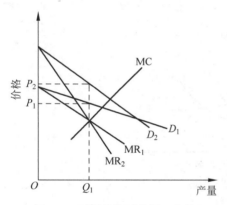

图 8.6 不同价格下的同一产量

图 8.6 中,我们假定卖方垄断厂商短期内面临两种可能的需求曲线 D_1 与 D_2。当需求曲线为 D_1 时,价格为 OP_1,产量为 OQ_1。当需求曲线为 D_2 时,价格为 OP_2,但产量仍得保持在 OQ_1 水平上。这就是说,同一产量水平可能会对应不同的价格。同样地,同一价格水平也可对应不同的产量。因此,卖方垄断厂商不存在价格与产量一一对应的供给关系。

8.3 卖方垄断厂商的定价策略

由于卖方垄断厂商具有一定的市场势力从而能够控制价格,所以,它们可以采取不同的定价策略。本节主要介绍如下几种。

8.3.1 价格歧视

价格歧视(Price Discrimination)是指同一商品按照不同价格销售;或者,即使商品并不完全相同,但若颇相似的产品以与边际成本之比率不同的价格销售。例如,治疗某种癌症的手术对富人收取的费用为 500 000 元,对穷人收取的费用为 100 000 元,这就是价格歧视。应注意的是,相似商品之间仅仅存在价格差异这一事实本身并不能成为存在价格歧视的证据。只有当这些价格差异未反映成本差异时,才可以作为价格歧视的证据。

1. 价格歧视的条件

卖方垄断厂商实施价格歧视需要一定的条件。首先,不同群体的消费者对同一商品的需求价格弹性不同,而卖方垄断厂商能够以相对低的成本根据需求的价格弹性的差别将这些消费群体加以区分,如根据年龄和性别,可以把消费群体分成老年人和儿童、女士和先生;其次,这些商品不能倒卖,也就是说,这些商品一旦购买,就不能再卖出去。劳务由于其生产过程和消费过程是同一的,所以本身就是不能倒卖的。比如,女士在三八妇女节半价观看的电影,不能再以介于半价和全价之间的价格转卖给先生。对于制造品,要有效地阻止其转卖,就必须实行贸易封锁或建立贸易壁垒。

2. 价格歧视的形式

根据程度不同,价格歧视可分为一级、二级和三级。

我们首先考察三级价格歧视。三级价格歧视是指卖方垄断厂商将顾客分为两个或两个以上群体,对每个群体收取不同的价格,每个群体就构成一个相对对立的市场。

如果某一厂商想要实行此类价格歧视,那么,它要做出两个方面的决策:一是卖给各类消费者的产品应是多少?二是向各类消费者索要的价格是多少?假设只有两类消费者,则卖方垄断厂商为实现其利润最大化,在两类市场定价和分配产量的原则是,厂商总产量的边际成本等于两类市场的边际收益,即 $\mathrm{MC}_P = \mathrm{MR}_{P1} = \mathrm{MR}_{P2}$,其中,$\mathrm{MR}_{P1}$ 为第一类市场的边际收益,MR_{P2} 为第二类市场的边际收益。

我们用图 8.7 来说明这一原则。在图 8.7 中,D_1 表示第一类市场的需求曲线,D_2 表示第二类市场的需求曲线,R_1 为第一类市场的边际收益曲线,R_2 为第二类市场的边际收益曲线,Z 表示两条边际收益曲线 R_1 和 R_2 的水平累积的曲线。最佳产量是 Z 曲线与边际成本曲线相交的点所对应的产量。因此,该厂商将生产 OQ 单位产量,并且在第一类市场和第二类市场中分别出售 OQ_1 单位和 OQ_2 单位。第一类市场价格为 OP_1,而第二类市场价格为 OP_2。

下面我们用定量分析方法推导出厂商在两类市场中确定产量和价格的原则。设 P_1 为第一类市场价格,设 P_2 为第二类市场价格,设 q_1 为第一类市场销量,设 q_2 为第二类市场销量,$C(q)$ 为厂商的总成本,且 $q = q_1 + q_2$,则该厂商的利润函数为:

$$\pi = p_1 q_1 + p_2 q_2 - C(q)$$

利润最大化的一阶条件为:

$$\frac{\partial \pi}{\partial q_1} = 0$$

由此可得到:

$$\frac{\mathrm{d}(p_1 q_1)}{\mathrm{d}q_1} = \frac{\mathrm{d}C(q)}{\mathrm{d}q}$$

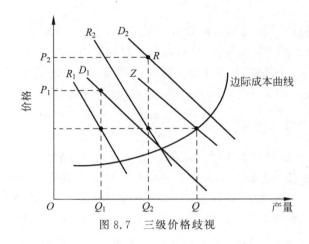

图 8.7 三级价格歧视

且 $\dfrac{\partial \pi}{\partial q_2}=0$

由此可得到：

$$\frac{\mathrm{d}(p_2 q_2)}{\mathrm{d}q_2}=\frac{\mathrm{d}C(q)}{\mathrm{d}q}$$

也就是得到：

$$\frac{\mathrm{d}(p_1 q_1)}{\mathrm{d}q_1}=\frac{\mathrm{d}(p_2 q_2)}{\mathrm{d}q_2}=\frac{\mathrm{d}C(q)}{\mathrm{d}q}$$

换言之，$\mathrm{MC}_P=\mathrm{MR}_{P1}=\mathrm{MR}_{P2}$。这就是厂商在两类市场中确定价格和产量的原则。

由于 $\mathrm{MR}_{P1}=p_1\left(1-\dfrac{1}{E_1}\right)$，$\mathrm{MR}_{P2}=p_2\left(1-\dfrac{1}{E_2}\right)$[①]，式中，$E_1$、$E_2$ 分别为第一类、第二类市场的需求弹性。若 $\mathrm{MR}_{P1}=\mathrm{MR}_{P2}$，则 $p_1\left(1-\dfrac{1}{E_1}\right)=P_2\left(1-\dfrac{1}{E_2}\right)$。因此，$\dfrac{p_1}{p_2}=\left(1-\dfrac{1}{E_2}\right)\div\left(1-\dfrac{1}{E_1}\right)$。因此，若实行价格歧视，就要在需求更富有弹性的市场中定价更低。

除了三级价格歧视以外，还有一级价格歧视和二级价格歧视。在**一级价格歧视**下，厂商知道每一位消费者愿为购买每一单位商品支付的最高价格，并据此确定价格，以便能从每位消费者中获取其全部消费者剩余。在**二级价格歧视**下，卖方垄断厂商获得买者的部分而非全部消费者剩余。例如，假设某煤气公司的每一位消费者都具有如图 8.8 所示的需求曲线。如果消费者每月煤气购买量低于 OX 单位，那么，该公司将索要高价 OP_0。对每月超过 OX 的购买量，该公司将索要中位价 OP_1。而对超出 OY 购买量的，该公司索要更低的价格 OP_2。因此，该公司从每位消费者获取的总收益等于图 8.8 中的阴影面积，因为消费者将以 OP_0 价购买 OX 单位，以 OP_1 价购买 $(OY-OX)$ 单位，而以 OP_2 价购买 $(OZ-OY)$ 单位。

显然，该公司采取对不同煤气购买量收取不同费用的策略，可以显著地增加其收益和利润。事实上，若只许可该公司索要一种价格，且它想要卖出 OZ 单位，则它只能索要 OP_2 价格。这时，该厂商的总收益仅为图 8.8 中长方形 OP_2EZ 的面积，这一面积比阴影面积小

[①] 参见本章附录式(A8.3)。

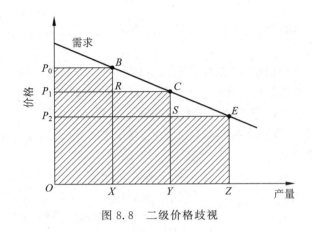

图 8.8 二级价格歧视

得多。凭借不同的索价,该公司可以多获得部分消费者剩余。

3. 价格歧视与行业生存

在某种情况下,某些商品或服务只有在实行价格歧视的条件下才能生产出来或提供出来。以图 8.9 为例,这里有两种类型的消费者,其需求曲线分别为 D_0D_0' 和 D_1D_1'。将这两条需求曲线累加起来,得到商品的总需求为 D_0UV。从图 8.9 可以看出,如果不实行价格歧视,那么,就不存在任何使价格高于或等于平均总成本的产量。然而,在实行价格歧视的情况下,厂商可以以 OP_0 的价格卖给第一类消费者 OQ_0 单位产量,以 OP_1 的价格卖给第二类消费 OQ_1 单位产量,其总产量(等于 OQ_2)使得平均价格 OP_2 大于平均总成本。

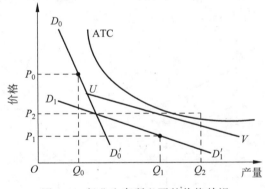

图 8.9 行业生存所必要的价格歧视

8.3.2 双重收费

双重收费(Two-part Tariff)是与价格歧视相联系的获取消费者剩余的另一种定价策略。它要求消费者首先付费以获得一种商品的购买权;然后,消费者为其所希望消费的每一单位该商品支付额外的费用。现实中,采取这种定价策略的实例很多。例如,电信公司向消费者索取的电话服务费就包括电话初装费和每月通话费;游乐场向消费者索取的服务费包括门票和每玩一个(次)游戏都必须支付的费用。

卖方垄断厂商所面临的问题是如何确定进入费(我们用 T 表示)和使用费(我们用 P

表示)。它是应该确定较高的进入费和较低的使用费呢?还是相反?让我们考察其中所涉及的基本原理。

假定市场上只有一个消费者(或许多消费者拥有同一条需求曲线),并假定卖方垄断厂商知道该消费者的需求曲线。显然,要尽可能多地获取消费者剩余,该厂商将令使用费 P 等于边际成本,令进入费 T 等于全部消费者剩余。这样,在图 8.10 中,该消费者为使用该商品支付 T^*,为消费每单位该商品支付 $P^* = \mathrm{MC}$。该厂商通过这种定价方式,把全部消费者剩余变成自己的利润。

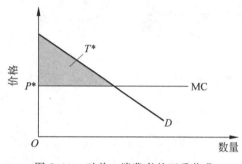

图 8.10　对单一消费者的双重收费

现在假定有两个(或两组)不同的消费者,而该厂商只能确定一种进入费和一种使用费。这时,该厂商不会再让使用费等于边际成本,如果它这样做,它就不能使进入费大于需求水平较低的消费者剩余(不然,它就会失去这个消费者),而这不会使其利润最大化。相反,该厂商应该把使用费定在边际成本之上,而使进入费等于需求水平较低的消费者尚存的消费者剩余。

图 8.11 说明了这一定价策略。这里有两个消费者,每一个都支付 T^*。由于确定在 P^* 点的最佳使用费大于 MC,该厂商的利润为 $2T^* + (P^* - \mathrm{MC})(Q_1 + Q_2)$。可以证明,这一利润额比 $P = \mathrm{MC}$ 时需求水平较低的消费者剩余即三角形 ABC 的面积的两倍还大。要确定 P^* 和 T^* 的精确值,厂商除了其边际成本之外,还必须知道需求曲线 D_1 和 D_2。这样,它就可以把利润写成 P^* 和 T^* 的函数,并且选择这两种价格以使该函数最大化(见复习思考题)。

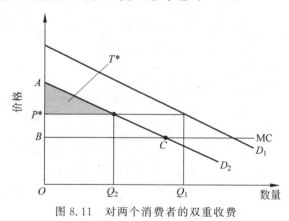

图 8.11　对两个消费者的双重收费

当卖方垄断厂商面对具有不同需求水平的许多消费者时,没有任何简单的公式可以计算最佳的双重收费标准。在这种情况下,可能需要某种试错法。但总是存在着某种替代:较低的进入费意味着较多的进入者以及来自该项销售的较多的利润。但随着进入费的降低和进入者的增加,来自进入费的利润会下降,这样,问题就在于选择一种能导致最佳数量进入者从而能产生最大利润的进入费。原则上,我们可以先确定一个使用费 P,以此确定相应的最佳进入费 T,并测算由此产生的利润。然后改变价格 P 并计算相应的进入费以及由此产生的新利润水平。

图 8.12 说明了这一过程。这里,卖方垄断厂商的利润 π 被分解为两个组成部分,每一个都被画成进入费 T 的一个函数,假定销售价格 P 保持不变。第一个组成部分 π_a 是来自进入费的利润,等于收入 $n(T)\times T$,其中,$n(T)$ 是进入者的数量(注意,较高的 T 意味着较少量的进入者)。最初,随着 T 从 0 开始增加,收入 $n(T)\times T$ 上升,但进一步提高 T,最终会使 n 如此之小,以至 $n(T)\times T$ 会下降。第二个组成部分 π_s 是以价格 P 销售该项目所产生的利润,它等于 $(P-MC)\times Q$,其中,Q 是进入者中购买该项目的比例。进入者数量 n 越大,Q 也就越大。这样,当 T 提高时,π_s 会下降,因为较高的 T 会减少 n。总利润 $\pi=\pi_a+\pi_s=n(T)\times T+(P-MC)\times Q(n)$

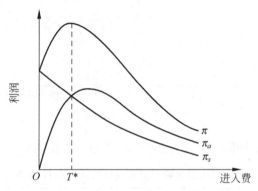

图 8.12 对许多不同消费者的双重收费

从 P 的某一个数值开始,我们可以确定最佳的 T^*,然后我们改变 P,再确定一个新的 T^*,并且判断这时的利润是高还是低。这一过程反复进行,直到处于利润最大化的位置。

8.3.3 捆绑销售

捆绑销售是指厂商要求客户购买其某种产品的同时,也必须购买其另一种产品。在顾客的偏好存在一定差异而厂商又无法实施价格歧视的条件下,运用这一策略可以增加厂商的利润。下面举例说明捆绑销售为何有利可图。假设有一电影公司,出租两部影片 A 和 B,恰好有甲、乙两家影院,每家影院愿意为每部影片支付的最高租费如表 8.1 所示。

表 8.1 每家影院愿为两部影片支付的最高租费(需求负相关) 单位:元

影院	影片	A	B	组合(A 与 B)
甲		12 000	3 000	15 000
乙		10 000	4 000	14 000

如果两部影片单独出租,对影片 A 索取的最高租费是 10 000 元,因为超过这一数额,影院乙会退出租赁。同样,对影片 B 索取的最高租费只能是 3 000 元。按照这样的价格,电影公司从每家影院得到的收入是 13 000 元,总计 26 000 元。但是,如果这两部影片是捆绑在一起出租的,那么,影院甲愿意为这组影片支付的最高租费为 15 000 元,而影院乙愿意为这组影片支付的最高租费为 14 000 元。这样,该电影公司可以捆绑销售的形式并分别按照 15 000 元和 14 000 元的价格向甲、乙两家影院出租这组影片并获得 29 000 元的总收入,这

明显高于单独出租时可得的租费(26 000元)。

在上述例子中,两部影片的捆绑销售之所以比单独销售更有利可图,是因为两家影院对两部影片的相对评价是反向的,具体地说,尽管两家影院愿意为影片 A 支付的租费都超过影片 B,但影院甲愿意为影片 A 支付的租费高于影院乙,而影院乙愿意为影片 B 支付的租费高于影院甲。用技术术语来说,这种需求是负相关的——愿意为影片 A 支付最多的消费者愿意为影片 B 支付的最少。图 8.13 中所显示的就是这种反向关系。

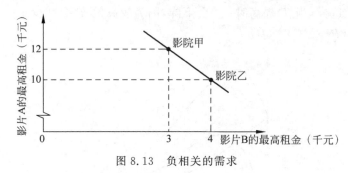

图 8.13 负相关的需求

如果需求是正相关的,即影院甲愿意为两部影片支付的租金都高于影院乙,如表 8.2 所示。

表 8.2　每家影院愿为两部影片支付的最高租费(需求正相关)　　单位:元

影 片		A	B	组合(A 与 B)
影院	甲	12 000	4 000	16 000
	乙	10 000	3 000	13 000

现在,影院甲愿意为两部影片支付的最高租费是 16 000 元,但影院乙愿意为两部影片支付的最高租费仅仅是 13 000 元。这样,如果电影公司进行捆绑销售,它出租每组影片索取的最高租金将是 13 000 元,其总收入为 26 000 元,这与单独出租每部影片的结果是相同的。因此,在需求为正相关时,捆绑销售并不能给厂商带来额外收益。图 8.14 描述了需求正相关的情况。

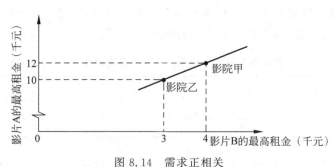

图 8.14 需求正相关

8.4　买方垄断

在产品市场中,除了卖方垄断外,还有买方垄断。买方垄断是指在一个市场中只有单一的购买者。

8.4.1 买方垄断与卖方垄断的比较

我们曾经指出,作为产品供给者的厂商,其利润最大化的原则是产品的边际收益等于产品的边际成本。一个卖方垄断者之所以能够索要高于边际成本的价格,是由于它面临一条向右下方倾斜的需求曲线或平均收益曲线,因而其边际收益小于平均收益。卖方垄断厂商根据产品边际成本与边际收益相等的原则,在确定使其利润最大化的产量 Q^* 的同时,也就确定了使其利润最大化的价格 P^*。显然,卖方垄断价格 P^* 高于完全竞争的价格 P_C,卖方垄断产量 Q^* 则小于完全竞争的产量 Q_C,如图 8.15(a)所示。

那么,作为产品购买者的厂商,决定其利润最大化的购买原则是什么呢?我们知道,当一个人作为消费者购买某种物品时,其遵循的是效用最大化的购买原则,即不断地购买某种物品,直到最后购买的一单位该物品所产生的额外价值或效用刚好等于在这最后一单位物品上的支出。换句话说,在这一边界上,额外的利益应该正好被额外的支出所抵消,即边际价值(Marginal Value,MV)要等于边际支出(Marginal Expenditure,ME)。用公式表示就是 MV=ME。本书第 4 章中推导出的个人需求曲线所度量的就是作为购买量函数的边际效用或边际价值。所以,一种物品对于买者的边际价值曲线,也就是买者对该物品的需求曲线。至于购买额外一单位该物品的边际支出则取决于购买者是完全竞争的还是买方垄断者。

对于一个竞争的买者来说,由于其对物品的价格没有影响力,他用于购买每一单位物品的支出是相同的,所以,他的边际支出等于平均支出(Average Expenditure,AE),也等于物品的价格。而对于一个买方垄断厂商来说,它会面临一条向右上方倾斜的市场供给曲线,这条曲线告诉买方,作为买方支付的函数,生产者愿意出售多少产品。它同时也告诉买方,作为买方所购买的单位数量的函数,买方必须为每单位支付的数量。换句话说,供给曲线也就是买者的平均支出曲线。既然供给曲线是向右上方倾斜的,边际支出曲线一定位于其上,因为购买额外一单位商品的决策不仅会提高这额外一单位商品的价格,而且会提高必须支付的所有单位的价格(参见第 4 章中有关成本的分析),如图 8.15(b)所示。

买方垄断者为了使购买物品的净利益最大化,其不会购买市场供给曲线与其边际价值曲线的交点相对应的数量,而是根据边际价值等于边际支出的原则,把最佳购买量确定在

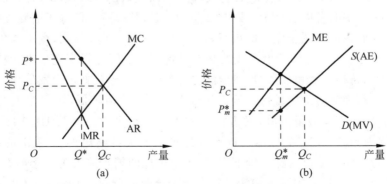

图 8.15　卖方垄断与买方垄断的比较

需求曲线(即边际价值曲线)与边际支出曲线交点所对应的 Q_m^* 点,而买方垄断厂商所支付的价格,也就是供给曲线上与 Q_m^* 点相对应即能够提供 Q_m^* 产量的价格 P_m^*。从图 8.15(b)中可以看出, P_m^* 和 Q_m^* 都分别低于一个竞争市场通行的价格 Pc 和产量 Qc。

8.4.2 买方垄断的成因

一个厂商之所以能成为某种产品唯一的购买者,一定有某种原因使其他厂商不能进入该市场并购买同种产品。一般来说,买方垄断的成因主要有以下几个。

1. 资源用途的局限性

如果某种资源只有一种专门用途,那么,购买该资源的厂商就可能成为一个买方垄断者。例如,某地区农民生产的一种西红柿,是专门用来进行西红柿加工的资源,但该地区只有一家西红柿加工厂商,因而,该加工厂商就成为该西红柿的买方垄断厂商。

2. 劳动力市场区位的特殊性

如果某一城镇只有单一的劳动力市场或劳动公司,或者单一的地方性雇用市场。显然,这种公司或雇用市场即成为购买劳动力的垄断者。

3. 体育联盟组织的特殊性

假设一个棒球选手要想工作,就只能为属于全国联盟的一支球队打球。在这种情况下,这些球队联合起来成为购买一个主要联盟棒球选手的唯一买主。

8.4.3 买方垄断的净损失

由于买方垄断的结果是较低的价格和较小的购买量,所以,我们可以预料它会使买方受益而使卖方受损。假定我们同等地评价买方的福利和卖方的福利,那么,买方垄断势力对总体福利会产生什么影响呢?下面,我们通过比较竞争市场与买方垄断市场各自所产生的消费者剩余及生产者剩余来分析买方垄断的净损失。

如图 8.16 所示,ME 为买方垄断者的边际支出曲线,AE 为平均支出曲线,MV 为边际价值曲线。当买方垄断者以价格 P_m 购买数量 Q_m 时,其边际价值等于边际支出,从而使其净利益最大化。而在一个完全竞争的市场,价格等于边际价值,因此,竞争性价格 P_C 和数量 Q_C 是通过平均支出与边际价值曲线的交点得到的。下面分析当竞争性价格 P_C 和数量 Q_C 变成买方垄断价格 P_m 和数量 Q_m 时,消费者剩余和生产者剩余会发生什么变化?

买方垄断厂商确定的价格较低且购买量较小。由于价格较低,卖方损失的生产者剩余为矩形 A。另外,由于销售量下降,卖方损失的生产者剩余为三角形 C。因此,生产者(卖方)剩余的总损失为 $A+C$。买方由于以较低的价格购买得到矩形 A 给出的剩余。但是,由于买方购买 Q_m 而不是 Q_C,购买量下降了,由此造成的剩余损失为三角形 B。因此,买方剩余的总得益为 $(A-B)$。把买方和卖方的剩余结合起来分析,可知 $(B+C)$ 就是净剩余损失,也叫作无谓损失(Deadweight Loss)。这种损失是垄断的社会成本。

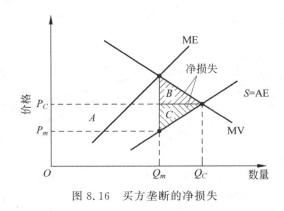

图 8.16 买方垄断的净损失

8.4.4 双边垄断

双边垄断是指一个市场中只有一个卖主以及只有一个买主。在这种市场结构中,买方和卖方都处于讨价还价的地位,很难确定市场的销售量及价格。没有一个简单的法则能决定究竟哪一方在讨价还价中更有利。

现实中双边垄断是很少见的,常见的情况是只有少数具有一定卖方垄断势力的生产者和少数具有买方垄断势力的买方销售的市场。虽然仍可能涉及讨价还价,但在此我们可以应用一个大致的原则,即买方垄断势力和卖方垄断势力倾向于相互抵消。换句话说,买方的垄断势力将减少卖方有效的垄断势力;反之亦然。这并不意味着最终市场看起来会像完全竞争一样,例如,卖方垄断势力可能较大,而买方垄断势力较小,以至于互相抵消后的垄断势力仍然会相当大。但一般来说,买方垄断势力将把价格压低到接近边际成本,而卖方垄断势力将把价格抬高到接近边际价值。

8.5　完全垄断与完全竞争的比较

因此,我们分别考察了完全竞争和完全垄断的产品市场结构,在这一节中,我们对这两种市场条件下行业的长期均衡进行一比较。这里假定所考察的两种行业的产品需求曲线和行业成本曲线均相同。

8.5.1 资源的利用

在完全竞争条件下,每个厂商都在长期和短期平均成本的最低点处运营。而在垄断条件下,虽然厂商所用的工厂是以最低平均成本生产长期均衡产量的,但所用的工厂本身,并不是可能的平均成本最低的工厂。一般来说,如果垄断厂商扩张其长期均衡产量,那么,它就能够利用平均成本更低的工厂。如图 8.17 所示,该垄断者生产 OQ_m 单位产量,它小于与长期平均成本曲线最低点相对应的产量水平。因此,社会资源在完全竞争的行业比在完全垄断的行业得到更有效的利用。

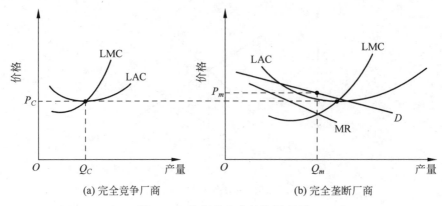

图 8.17　长期均衡中的资源利用

8.5.2　价格和产量

完全竞争行业与完全垄断行业相比,其产量一般较大,价格较低。完全竞争厂商是在价格等于边际成本处运营,而卖方垄断厂商则是在价格超过边际成本的条件下运营。图 8.18 对卖方垄断条件下与完全竞争条件下的均衡价格、均衡产量做了对比。为求利润最大化,垄断厂商将生产 OQ_m 单位产量,因为此产量水平时边际成本等于边际收益;同时,销售此产量的价格为 OP_m。相比之下,因完全竞争条件下的均衡价格必定等于边际成本,故完全竞争条件下的均衡产量必是 OQ_C,这是价格(各产量水平可由需求曲线给出)等于边际成本时的唯一产量。若完全竞争性行业的产量是 OQ_C,则根据需求曲线可知,价格必定是 OP_C。

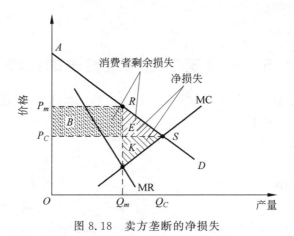

图 8.18　卖方垄断的净损失

8.5.3　卖方垄断造成的净损失

如果将图 8.18 中的完全竞争行业人为转变成一个卖方垄断的行业,那么,消费者因此蒙受多大的损失呢?换句话说,消费者剩余的损失有多大?在完全竞争条件下,消费者剩

余为三角形 P_CSA 的面积,而在卖方垄断条件下,消费者剩余为三角形 P_mRA 的面积。这两者之差为长方形 B 加上三角形 E 的面积,也就是因卖方垄断造成的消费者剩余的损失。

另外,垄断厂商以较高的价格(OP_m,而非 OP_C)出售产品赢得面积为长方形 B 的收益,却损失了面积为三角形 K 的收益,这是它若以完全竞争性价格出售额外(OQ_C-OQ_m)单位产量时原本可以获得的额外利润。因此,因垄断造成的生产者剩余的增加等于长方形 B 的面积减去三角形 K 的面积。

将生产者剩余的增加(长方形 B 减去三角形 K)和消费者剩余的损失(长方形 B 加上三角形 E)综合起来考虑,很容易看出,仍然存在三角形 E 加上三角形 K 的净福利损失,这也是垄断所造成的净损失。

8.5.4 合并的福利效应

垄断一方面会造成上述社会福利的净损失;另一方面,也有可能会产生净社会效益。以图 8.19 为例。假定两家合并前的厂商的成本为 AC_1,价格为 OP_1,由于合并后获得一定垄断势力,从而使价格上升到 OP_2,由此造成的净福利损失为三角形面积 ABC。此外,如果由于合并产生规模经济,从而使平均成本由 AC_1 下降到 AC_2,则成本的节约为矩形面积 $E[(AC_1-AC_2)\times OQ_2]$,它显然大于三角形面积 ABC。从社会福利的角度来看,这种合并是正当的。

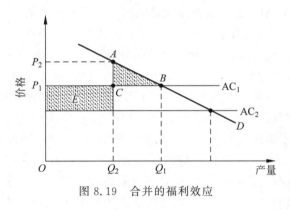

图 8.19 合并的福利效应

8.6 政府对垄断的管制

8.6.1 价格管制

垄断条件下的价格高于竞争,对于政府来说,解决这一问题的一个方法是对垄断厂商可能索取的价格进行管制。如图 8.20 所示,如果一个垄断厂商在正常情况下索取 15 元的价格,那么,政府可以实施一个 12 元的最高限价(Price Ceiling),以便降低消费者使用该产品的成本。我们在本书第 2 章曾经分析过,在一个竞争市场上实行最高限价会导致产量减少,从而造成在控制价格下的短缺和非价格配给。然而,垄断厂商对最高限价的反应方式与竞争行业不同。事实上,在一定条件下,对垄断价格的强制降低,可能会导致垄断产量的增加。

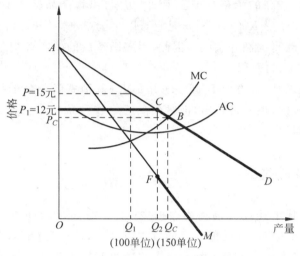

图 8.20 对垄断厂商的价格管制

我们知道,垄断厂商限制产量的目的是索取较高的价格。实施最高限价意味着限制产量不能导致较高的价格,所以,最高限价消除了垄断厂商限制产量的理由。如图 8.20 所示,垄断厂商的需求曲线是 AD,边际收益曲线是 AM。在没有任何管制的情况下,该厂商最有利可图的产量是 OQ_1,因为在此产量水平上,厂商的边际收益等于边际成本,垄断厂商将索取 15 元的价格。现在,政府实施了一个 12 元的最高限价,从而使垄断厂商的需求曲线变成 P_1CD。由于从 0 到 150 单位之间的任何产量都能以(但不能高于)12 元的价格出售,所以,与该厂商产量决策相关的需求曲线在这一产量范围内是一条水平线 P_1C。超过 Q_2 的较高水平的产量仍可以按照低于 12 元的价格出售,所以,需求曲线的 CD 仍然是相关的。由于边际收益曲线是随需求曲线而变化的,在需求曲线为水平线时,边际收益曲线与需求曲线重合,也就是说,P_1C 也是 150 单位产量之前的边际收益曲线。在高于 150 单位的产量水平上,原有需求曲线没有变化,因此,原有边际收益曲线中与 CD 段需求曲线相联系的 FM 段仍然是相关的。这样,整个边际收益曲线就是 P_1CFM,它在产量为 150 单位时是非连续的。因为在销售第 150 单位产品时,边际收益等于产品价格,即等于 12 元(等于 CQ_2)。而当销售第 151 单位产品时,厂商必须降低价格,如降为 11.94 元,这样,第 151 单位产品的边际收益就只有 3 元左右(等于 FQ_2)。所以,边际收益曲线在产量为 OQ_2 时从 12 元陡然下降到 3 元。

当实行最高限价后,对应于最初产量水平 OQ_1 的利润下降了。但这时的 OQ_1 不再是利润最大化的产量水平,因为在这一产量上,沿着 P_1C 的边际收益大于边际成本。因此,垄断厂商可以通过扩大产量来弥补一些利润损失。从图 8.20 中可见,当垄断厂商的产量从 100 单位扩大到 150 单位时,其边际收益都是超过边际成本的,这意味着在这一产量范围内,利润是随产量的扩大而增加的。但是,一旦产量超过 150 单位,边际收益就会低于边际成本。所以,OQ_2 是新的利润最大化的产量,因为边际成本在这一产量水平上与边际收益曲线的 CF 部分相交。

不难看出，在价格 P_1 和产量 Q_2 处，垄断势力造成的净损失减少了。当管制价格进一步下降时，产量则进一步增加，净损失也会进一步下降。在价格 OP_C 处，平均收益和边际成本相交，产量已提高到完全竞争的水平，垄断势力引起的净损失已被消除。若再进一步降低管制价格，会导致产量下降，这相当于对完全竞争行业实行最高限价，其结果会造成相应的产品短缺。

价格管制常用于**自然垄断**（Natural Monopolies）行业，例如，地方公用事业公司等。图 8.21 说明了对自然垄断行业的价格管制。应注意的是，自然垄断厂商的平均成本曲线一直是下降的，从而边际成本总是在平均成本之下。若不加管制，厂商将在价格 P_m 处生产 Q_m。从理想的角度来看，管制机构希望将厂商的价格压低至完全竞争的价格 P_C，但此时厂商因无法赚回平均成本而肯定会退出经营。因此，可行的最佳方案是将价格定在 P_r 处，此时平均成本与平均收益相交，厂商没有垄断利润，且产出已尽可能大到正好不至于使厂商退出经营。

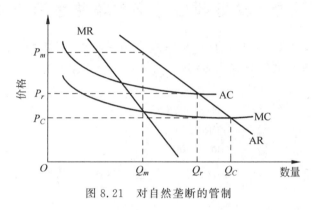

图 8.21 对自然垄断的管制

8.6.2 国内垄断与国际垄断——政府的不同态度

我们已经知道，根据图 8.18 的分析，垄断势力会造成净损失。这是政府对垄断实行管制或实施反托拉斯法的主要理论依据。但有的经济学家认为这是一种静态的理论分析，它忽视了市场结构对技术进步或"动态效率"的影响。图 8.18 中所衡量的净损失是假设在完全竞争和卖方垄断条件下成本曲线完全相同。这些经济学家特别是熊彼特认为，垄断厂商会把获得的垄断利润用于研究与开发，推动创新和技术进步，从而降低成本。社会从这种垄断厂商的创新中获得的收益可能要比由于垄断造成的损失大得多。

但是并不是每个人都能接受这种观点。一些持怀疑态度的经济学家反驳说，垄断者提供的只是平淡的生活、低劣的质量以及不文明的服务。当某家公司垄断了邮政业务时，多年来，消费者不得不满足于不甚流畅的物流服务。一旦竞争者加入该行业，物流服务的速度、效率和品质就有了急剧的提升。轻工业也是如此，改革开放初期，来自乡镇企业的竞争压力使得中国的国营轻工业厂商不得不生产更为可靠、安全的产品。

以上的分析有助于对以下两个案例的理解。

平台经济反垄断。2021 年 4 月，阿里巴巴因涉及"二选一"行为被罚 182.28 亿元，创下中国反垄断罚金的最高纪录。[①] 美团也因同样的原因被立案调查,此后被处以 34 亿余元罚款。我国政府对平台"二选一"行为的处罚,主要出于平台滥用垄断支配地位损害消费者福利。这种可能是有的,因为大型平台整合了消费者日常生活中的众多场景,完全可能利用由此而来的用户黏性而做出不当竞争行为,侵害消费者进行消费选择的权利。

南车与北车。 中国南车与中国北车曾是我国两大轨道车辆制造公司,在国内,这两家公司形成了典型的**双头垄断**(Duopoly)市场结构。在国际市场上,南车、北车互相存在竞争关系,还同来自日本与德国的轨道车辆制造公司竞争,最终政府并没有采取《反托拉斯法》,而是将南车、北车合并为中国中车,以便更好地同日本与德国的公司竞争。

阿里巴巴、美团、中车都具有较强的国际垄断或国内垄断势力,但结果有所不同,这取决于我国政府对垄断的不同态度。

本章附录:边际收益与平均收益之间的关系

设 $p=f(q)$ 为卖方垄断厂商的反需求函数(其中,p 为产品价格;q 为产量),并假定其斜率为负,则卖方垄断厂商的总收益为:

$$\text{TR} = p \times q = q \times f(q)$$
$$\text{AR} = \text{TR}/q = f(q) = p$$
$$\text{MR} = \frac{d\text{TR}}{dq} = \frac{d}{dq}[q \times f(q)]$$
$$= f(q) + q\frac{df(q)}{dq} = \text{AR} + q\frac{dp}{dq} \quad (A8.1)$$

因为 $\frac{dp}{dq}<0, q>0, q\frac{dp}{dq}<0$,故 MR<AR,即 MR 曲线在 AR 曲线下方。

又因为 AR=p,从式(A8.1)中剔除 AR,则有:

$$\text{MR} = p\left(1 + \frac{q}{p} \times \frac{dp}{dq}\right) \quad (A8.2)$$

因为需求的价格弹性 $E_p = -\frac{p}{q} \times \frac{dq}{dp}$,所以,式(A8.2)可转换为:

$$\text{MR} = p\left(1 - \frac{1}{E_p}\right) \quad (A8.3)$$

复习思考题

计算题

(1)假设卖方垄断面临的需求函数和成本函数分别为 $P = 100 - 3Q + 4\sqrt{A}$ 和 $TC = 4Q^2 + 10Q + A$,其中,A 是厂商的广告支出费用,求利润最大时的 A、Q 和 P 的值。

(2)设垄断厂商的产品的需求函数为 $P = 12 - 0.4Q$,总成本函数 $TC = 0.6Q^2 + 4Q +$

[①] 《阿里被罚 182 亿互联网平台反垄断破局》,参见:http://www.spp.gov.cn/spp/2dgz/202104/t20210419_516009.shtml。

5,求：

① Q 为多少时总利润最大,价格、总收益及总利润各为多少?

② Q 为多少时使总收益最大,与此相应的价格、总收益及总利润各为多少?

③ Q 为多少时使总收益最大且总利润 $\pi \geq 10$ 单位,与此相应的价格、总收益及总利润为多少?

(3) 某垄断者的短期成本函数为 $STC = 0.1Q^3 - 6Q^2 + 140Q + 3000$,成本用美元计算,$Q$ 为每月产量。为使利润最大,他每月生产 40 吨,由此赚得的利润为 1 000 美元。

① 计算满足上述条件的边际收益、销售价格和总收益。

② 若需求曲线为一条向右下方倾斜的直线,计算需求曲线均衡点的点弹性系数之值。

③ 假设需求曲线为直线：$PQ = a - bQ$,从需求曲线推导出 MR 曲线,并据此推导出需求方程。

④ 若固定成本为 3 000 美元,价格为 90 美元,该厂商能否继续生产? 如要停止生产,价格至少要降到多少以下?

⑤ 假设政府对每一单位产品征收一定税款,由此导致利润最大化的产量由原来的 40 吨减至 39 吨,请根据给定的需求状况和成本状况计算出产量为 39 吨的 MR 和 MC,并算出每单位产品的纳税额。

分析题

(1) 为什么垄断厂商实行二级价格歧视比实行一级价格歧视要容易些?

(2) 一垄断厂商在两个不同的市场上实行差别价格时,是否一定会在更有需求弹性的市场上多卖一些产品?

课堂自测

第 9 章

垄断竞争与寡头

我们已经考察了市场结构中的两个极端形式,即完全垄断和完全竞争。在完全垄断与完全竞争之间,还存在着垄断竞争和寡头垄断两种市场结构。本章将分别分析这两种市场结构的有关模型。

9.1 垄断竞争的均衡价格和产量

9.1.1 垄断竞争的特点

垄断竞争(Monopolistic Competition)是介于完全竞争与完全垄断之间,并更接近于完全竞争市场的一种较为现实的市场结构。垄断竞争具有如下三个主要特点:

(1) 市场上有许多厂商(少于完全竞争厂商的数目),单个厂商所占的市场份额比例较小,对市场价格有影响,但这种影响十分有限。各厂商之间不会相互勾结或串谋,也不存在相互依赖。任何一家厂商在进行价格决策时,都可以不考虑其他对手的可能反应。

(2) 厂商生产的产品属于同类但又有一定差别,即**产品差别**。完全竞争厂商生产的产品都是同质的或标准的,而垄断竞争厂商生产的产品都具有差别性。这种差别性可以是:①产品实质上的不同,如由于采用原材料、设计方案、工艺技术不同而带来的功能、品质上的差别;②产品的印象不同,如由于包装、商标、品牌、广告而引起的购买者主观感觉上的差别;③出售条件不同,如销售产品的地理位置、服务态度、服务条件不同等。

垄断竞争的产品首先是同类产品,其次才是差别性。所以垄断竞争产品的差别既不能大得以至于无法相互替代,又不能小得彼此间可以完全替代。产品的差别性是厂商具有一定垄断势力的基本原因,差别性越大,垄断程度就越大。但是,由于是同类产品,大同小异,需求的交叉价格弹性很强,比较容易被替代,所以竞争又很激烈。替代性越大,竞争程度就越高。所以每个厂商既是垄断者又是竞争者,故称为垄断竞争。

在完全竞争或完全垄断条件下,我们都可以定义一个行业。但是严格地讲,我们不能在垄断竞争的条件下定义一个行业。一个行业内所有厂商所生产的产品应该是完全相同的。在完全垄断条件下,一个行业只有一个厂商,行业的定义也很明确。在完全竞争条件下,所有厂商所生产的产品是同质的,我们可以通过对全部竞争厂商产量的加总得到行业的产品供给总量,也可以得到相应的行业供给曲线。可是在垄断竞争市场条件下,每个厂商所生产的产品虽然相近,但并不相同,产品间存在差别。严格地说,我们是不能通过对这些差别产品的相加得到行业供给曲线的。我们所能做到的是把生产同质的相近产品的厂商归类并称之为**产品集团**,如男士服装集团、汽车集团等。通过研究产品集团中具有代表性厂商的行为,也就能够理解产品集团所有厂商的行为。

(3) 厂商比较容易进入和退出。厂商的规模在技术上要求不太大,资本要求也很低,所以厂商进入壁垒和退出壁垒较小。

垄断竞争是现实经济中的普遍现象。如大城市的零售业、杂货店、加油站、发廊、干洗店、服装店和餐馆等,一般都具有垄断竞争的特点。

9.1.2 垄断竞争厂商的短期均衡

像讨论完全竞争与完全垄断条件下厂商的均衡一样,我们也分别就短期与长期两种情况来讨论垄断竞争条件下的均衡。为了后面分析的需要,我们先分析垄断竞争厂商的需求曲线。

1. 垄断竞争厂商所面对的需求曲线

在垄断竞争市场上,由于产品的差别性,厂商在一定程度上是市场价格的影响者。也就是说,个别厂商不再是市场价格的接受者,需求曲线弹性不可能为无限大。但由于厂商间存在激烈的竞争,所以需求曲线弹性也不是为 0。因此,垄断竞争厂商的需求曲线是向右下方倾斜的曲线,即斜率为负值。

垄断竞争厂商所面对的需求曲线有两种,即 d 需求曲线和 D 需求曲线。

d **需求曲线**也称为自需求曲线或预期需求曲线,表示在垄断竞争产品集团中的某个厂商改变产品价格,而其他厂商的产品价格都保持不变时,该厂商的产品价格与销售量之间的关系。在图 9.1 中,假定某垄断竞争厂商开始时处于价格为 OP_1 和产量为 OQ_1 的 A 点上运营,它想通过降价来增加自己产品的销售量。因为,该厂商认为,它降价以后不仅能增加对原有买者的销售量,而且能把买者从该生产集团内的其他厂商那里吸引过来。该垄断竞争厂商相信其他厂商不会对它的降价行为做出反应。当该垄断厂商把

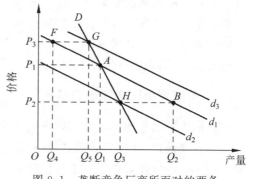

图 9.1 垄断竞争厂商所面对的两条需求曲线

产品价格由 OP_1 下降为 OP_2 时,其销售量沿着 d_1 需求曲线由 OQ_1 增加为 OQ_2。因此,它预期自己的生产可以沿着 d_1 需求曲线由 A 点运动至 B 点。同理,如果该垄断竞争厂商相信其他厂商对它将价格由 OP_1 提高到 OP_3 的行为无反应,则它会预期自己的销售量相应地由 OQ_1 减少为 OQ_4,自己的生产将沿着 d_1 需求曲线由 A 点调整到 F 点。

D **需求曲线**又称为比例需求曲线或客观需求曲线,表示当垄断竞争产品集团的某个厂商改变产品价格,集团内的其他所有厂商也使产品价格发生相同变化时,该厂商的产品价格与销售量之间的关系。在图 9.1 中,如果某垄断竞争厂商将价格由 OP_1 下降为 OP_2,集团内其他所有厂商也将价格由 OP_1 下降为 OP_2,则该垄断竞争厂商的实际销售是 D 需求曲线上的 OQ_3,OQ_3 小于其预期的销售量即 d_1 需求曲线上的 OQ_2。这是因为集团内其他

厂商的买者没有被吸引过来,每个厂商的销售量增加仅来自整个市场的价格水平的下降。所以,该垄断竞争厂商降价的结果是使自己的销售量沿着 D 需求曲线由 A 点运动到 H 点。同时,d_1 需求曲线也相应地从 A 点沿着 D 需求曲线平移到 H 点,即平移到 d_2 需求曲线的位置。d_2 需求曲线表示当整个产品集团将价格固定在新的价格水平 OP_2 以后,该垄断竞争厂商单独变动价格时在各个价格水平下的预期销售量。

同理,当该垄断竞争厂商把价格由 OP_1 提高到 OP_3 时,集团内的其他所有厂商也都将价格由 OP_1 提高到 OP_3,于是,该垄断竞争厂商的实际销售量是 D 需求曲线上的 OQ_5,OQ_5 大于它预期的销售量即 d_1 需求曲线上的 OQ_4。可见,该垄断竞争厂商提价的结果是使自己的实际销售量沿着 D 需求曲线由 A 点运动到 G 点。相应地,d_1 需求曲线也沿着 D 需求曲线从 A 点平移到 G 点,即平移到 d_3 需求曲线的位置。d_3 需求曲线表示当整个产品集团的各厂商都将价格固定在新的价格水平 OP_3 以后,该垄断竞争厂商单独变动价格时在各个价格水平下的预期销售量。所以,关于 D 需求曲线,还可以说,它是表示垄断竞争产品集团内的单个厂商在每一市场价格水平上的实际销售份额。若产品集团内有 n 个垄断竞争厂商,不管全体厂商将市场价格调整到何种水平,D 需求曲线总是表示每个厂商的实际销售份额为市场总销售量的 $1/n$。

从以上分析中,我们得到了 d 需求曲线和 D 需求曲线的一般关系:①当垄断竞争产品集团内的所有厂商都以相同方式改变产品价格时,整个市场价格的变化会使得单个垄断竞争厂商的 d 需求曲线的位置沿着 D 需求曲线上下平移。如果市场价格下跌,则 d 需求曲线沿着 D 需求曲线向下平移;如果市场价格上升,则 d 需求曲线沿着 D 需求曲线向上平移;②由于 d 需求曲线表示单个垄断竞争厂商单独改变价格时所预期的产量,D 需求曲线表示每个垄断竞争厂商在各市场价格水平下实际所面临的市场需求量,所以,d 需求曲线和 D 需求曲线相交意味着垄断竞争市场的供求相等状态;③d 需求曲线的弹性大于 D 需求曲线的弹性,即前者比后者更平坦一些。

2. 垄断竞争厂商的短期均衡

我们以产品集团内的典型厂商或代表性厂商为例来分析垄断竞争条件下的均衡。

在短期内,代表性厂商是在现有的生产规模下通过产量和价格的同时调整,来实现 MR=SMC 的均衡条件。以下分析代表性厂商的短期均衡的形成过程。

如图 9.2 所示,SAC 曲线和 SMC 曲线分别表示代表性厂商的现有生产规模的平均成本曲线和边际成本曲线,MR_1、MR_2 分别是对应于 d_1 曲线、d_2 曲线的边际收益曲线。我们假定代表性厂商最初在 d_1 曲线和 D 曲线相交的 A 点上进行生产,即市场价格为 OP_0,产量为 OQ_0。这一价格和产量与实现最大利润的 MR_1=SMC 的均衡点 E_1 所要求的产量 OQ_1 和价格 OP_1 相差很远。于是,代表性厂商决定生产由 A 点沿着 d_1 需求曲线调整到 B 点,即将价格降低为 OP_1,将产量增加为 OQ_1。

然而,由于产品集团内所有厂商所面对的情况都是相同的,而且,每个厂商都是在假定自己改变价格而其他厂商不会改变价格的条件下采取了相同的行动,即都把价格降为 OP_1,都计划生产 OQ_1 的产量。于是,当整个市场的价格下降为 OP_1 时,每个厂商的产量实际上都是 OQ_2,而不是 OQ_1。相应地,每个厂商的 d_1 需求曲线也都沿着 D 曲线向下平移到了 d_2 的位置。所以,首次降价的结果是使代表性厂商的经营决策由 A 点沿 D 曲线运

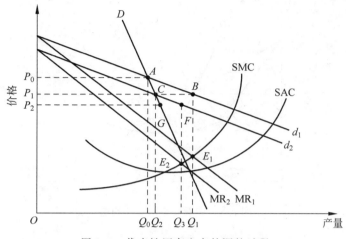

图 9.2 代表性厂商生产的调整过程

动到 C 点。

在 C 点位置上，d_2 曲线与 D 曲线相交，相应的边际收益曲线为 MR_2。不难看出，C 点上的代表性厂商的产品价格 OP_1 和产量 OQ_2 仍然不符合在新的市场价格水平下的 $\mathrm{MR}_2 = \mathrm{SMC}$ 的均衡点 E_2 上的价格 OP_2 和产量 OQ_3 的要求。因此，代表性厂商又会再一次降价。与第一次降价相似，代表性厂商将沿着 D 曲线由 C 点运动到 G 点。相应地，d_2 曲线向下平移，并与 D 曲线相交于 G 点（图中没有画出）。依此类推，代表性厂商为实现 $\mathrm{MR} = \mathrm{SMC}$ 的利润最大化的原则，会继续降低价格，d 曲线会沿着 D 曲线不断向下方平移，并在每一个新的市场价格水平上与 D 曲线相交。上述过程一直要持续到厂商所追求的 $\mathrm{MR} = \mathrm{SMC}$ 的均衡条件实现为止。如图 9.3 所示，代表性厂商连续降价的行为的最终结果，将使得 d 曲线和 D 曲线相交点 H 上的产量和价格，恰好是 $\mathrm{MR} = \mathrm{SMC}$ 时的均衡点 E 所要求的产量 OQ^* 和价格 OP^*。此时，OP^* 和 OQ^* 分别是垄断竞争厂商的短期均衡价格和均衡产量。

当然，和完全竞争与完全垄断一样，在短期均衡状态下，垄断竞争厂商可能获得经济利润，也可能只能获得正常利润，还可能蒙受亏损。但只要均衡价格在平均可变成本曲线之上，该厂商在短期内就会继续生产。图 9.3 说明了代表性厂商获得经济利润的短期均衡，其中经济利润为图中阴影部分的面积。

9.1.3 垄断竞争厂商的长期均衡

在长期内，垄断竞争厂商不仅可以调整生产规模，而且比较容易进入或退出产品集团。这就意味着垄断竞争厂商在长期均衡时只能获得正常利润，不能获得经济利润。

如图 9.4 所示，假设代表性厂商最初在 E_1 点达到短期均衡并获得经济利润。由于存在经济利润，在长期内新厂商将被吸引进入产品集团。随着产品集团内厂商数量的增加，在市场需求规模不变的条件下，每个厂商所面临的市场销售份额就会减少。这就使得代表性厂商的 D 需求曲线（D_1）向左平移，d 需求曲线（d_1）向下方平移。这种 D 曲线和 d 曲线不断向左方或下方平移的过程，一直要持续到不再有新厂商进入为止。也就是说，一直要持续到产品集团内的各厂商的经济利润为 0 为止。最后，当需求曲线 d_1 平移到 d_2、需求曲

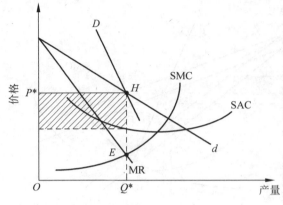

图 9.3　垄断竞争的短期均衡

线 D_1 平移到 D_2 时，厂商便达到了长期均衡，即 E_2 点为长期均衡点，此时 d_2 与长期平均成本曲线 LAC 相切，切点为 E_2 点。

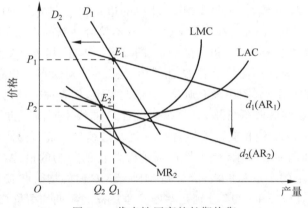

图 9.4　代表性厂商的长期均衡

以上分析了代表性厂商由获得经济利润的短期均衡向长期均衡的调整过程，至于代表性厂商由亏损状态的短期均衡向长期均衡的调整过程，其道理是一样的，只是表现为产品集团内部原有厂商退出该集团的一个相反过程而已。

总之，垄断竞争厂商的长期均衡条件为：

$$MR = LMC；AR = LAC \tag{9.1}$$

9.2　寡头市场的均衡

9.2.1　寡头的特点：相互依存

寡头垄断是既包含垄断因素又包含竞争因素，但更接近于完全垄断的一种市场结构。寡头垄断市场结构的特点是，有少数几个厂商，这些厂商之间存在着高度的相互依存关系。与垄断竞争不同，寡头垄断行业中的厂商数目很少，以致每个厂商制定决策时，都必须考虑到其决策对其竞争对手的影响。由于寡头垄断行业中厂商的数目屈指可数,因此,一家厂商价格或产量的任何变化都将影响其竞争者的销售量和利润。此外,每个厂商都必须认识到,其策略的调整可能还会诱发其竞争对手策略的改变。

正是由于这种相互依存性,任何一个寡头垄断厂商的最佳决策取决于其他寡头垄断厂商的决策。例如,罐装凉茶市场拥有少数几家制造商,各主要制造商在制定其价格和产量决策时,都必须考虑到其他厂商的反应,当王老吉对其产品削价25%时,其就得对其他厂商(如加多宝)可能的反应有所预料。

寡头垄断是一种常见的市场结构。汽车行业就是由为数不多的几个主要制造商组成的,比如,上汽、广汽、长安、吉利、比亚迪等汽车公司。通信行业一直受中国电信和中国移动等公司支配。当然,并非所有的寡头厂商都是大厂商。如果在某一独立的社区内有两家食品杂货店,那么,它们也是寡头厂商,尽管它们很小,但这并未改变其寡头地位。

寡头垄断的成因很多,其中之一是规模经济。在某些行业中,除非某一厂商的产量占市场总产量的比例相当大,否则,无法实现低成本目标,因而厂商数目以少为宜。此外,在促销方面也可能同样存在规模经济效果,从而也可以促使寡头垄断的形成。再者,可能存在着使新厂商难以进入某行业的障碍,这些障碍使原有的寡头垄断能得以维持。最后,减轻竞争压力的欲望可能会使某一行业的厂商数目减少。

9.2.2 寡头市场的均衡——纳什均衡

我们已经讨论了完全竞争、完全垄断和垄断竞争市场结构的均衡价格和产量的决定问题。在寡头垄断条件下,各厂商的均衡价格和均衡产量很难确定。这是因为每个厂商的行为都将取决于其对手的行为(以及对竞争对手行为的预期),而其对手们的行为也部分地取决于该厂商的行为(及其对手对该厂商行为的预期)。为了克服这一难题,经济学家通常假定,在给定其对手们的行为以后,每个厂商都采取它能采取的最好的行为。这就是所谓的**纳什均衡**(Nash Equilibrium)。该均衡以诺贝尔奖得主约翰·F.纳什(John F. Nash)命名,这位精通数学的普林斯顿大学的经济学家对此类分析做出了开拓性贡献。纳什均衡概念在经济学领域获得广泛应用。下一章中将对此论题进行详细阐述。这里,我们着重分析寡头竞争的几种具体形式,包括产量竞争、价格竞争等。

9.3 产量竞争

9.3.1 古诺模型

古诺模型由法国经济学家古诺(Augustin Cournot)于1838年首先提出。古诺模型有如下一些基本假定:第一,假设一个行业只有两个寡头厂商,每个寡头生产同质产品,并追求利润最大化;第二,两个寡头同时做出产量决策,即寡头间进行的是产量竞争而非价格竞争,产品的价格依赖于二者所生产的产品总量;第三,双方无勾结行为;第四,每个生产者都把对方的产出水平视为既定,并依此确定自己的产量;第五,边际成本为常数。

下面说明古诺模型的均衡过程。

先分析寡头厂商1的产量决策。假设厂商1认为厂商2的产量为0,则厂商1的需求曲线就是市场需求曲线。在图9.5中,表示为$D_1(0)$,它表示假定厂商2产量为0时厂商1的需求曲线。图9.5也给出了对应的边际收益曲线$MR_1(0)$。我们已经假定厂商1的边际成本为常数。根据利润最大化的原则,厂商1的利润最大化的产量是$MR_1(0)$和MC_1交点处的50单位。因此,如果厂商2产量为0,则厂商1应该生产50单位。

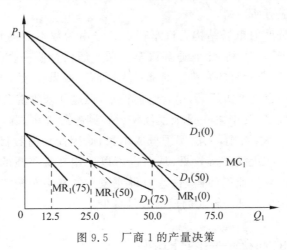

图9.5 厂商1的产量决策

假设厂商1认为厂商2将生产50单位,则厂商1的需求曲线就是市场需求曲线左移50单位,在图9.5中标为$D_1(50)$,而相应的边际收益曲线则标为$MR_1(50)$。厂商1的利润最大化产量现在是$MR_1(50)=MC_1$处的25单位。现在假设厂商1认为厂商2将生产75单位,此时厂商1的需求曲线就是市场需求曲线向左移动75单位,在图9.5中标为$D_1(75)$,而相应的边际收益曲线为$MR_1(75)$。厂商1的利润最大化产量现在是$MR_1(75)=MC_1$处的12.5单位。最后,假设厂商1认为厂商2将生产100单位,则厂商1的需求曲线、边际收益曲线(图中没有画出)将与其边际成本曲线在纵轴上相交,即如果厂商1认为厂商2将生产100单位或者更多,则它什么都不生产。

总之,如果厂商1认为厂商2什么都不会生产,它将生产50单位;如果它认为厂商2生产50单位,它将生产25单位;如果它认为厂商2将生产75单位,它将生产12.5单位;如果它认为厂商2将生产100单位,则它什么都不会生产。由此可以看出,厂商1的利润最大化产量是它认为厂商2将生产的产量的减函数。我们称这个函数为厂商1的**反应曲线**或**反应函数**,并记为$Q_1^*(Q_2)$。厂商1的反应函数表示在厂商1对厂商2产出水平做出各种推测的条件下,厂商1生产的相应的能使其自身利润最大化的产量。图9.6显示了厂商1的反应曲线。

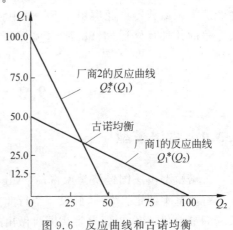

图9.6 反应曲线和古诺均衡

对厂商2也可以进行同样的分析,并得到厂商2的反应函数 $Q_2^*(Q_1)$。厂商2的反应函数表示在厂商2对厂商1产出水平做出各种推测的条件下,厂商2生产的相应的能使其利润最大化的产量。厂商2的反应曲线在图9.6中也得到了反映。两个厂商的反应曲线的交点就是均衡点,称之为古诺均衡。在这一均衡中,各厂商正确假定了其竞争者将生产的产量,并相应地使自己的利润最大化。

古诺均衡是纳什均衡的一个特例,因此,有时也称之为**古诺-纳什均衡**(Cournot-Nash Equilibrium)。在纳什均衡中,各厂商的行为是给定其竞争者行动时它能做的最好的行动,因此,没有哪个厂商会愿意改变其行动。在该古诺均衡中,两个厂商都不会愿意改变其产量水平。

寡头的反应函数及古诺均衡点也可以从寡头需求函数和成本函数导出。以下举例说明。设双寡头面临的市场需求曲线如下:

$$P = 30 - Q$$

其中,Q 是两个厂商的总产量,即 $Q = Q_1 + Q_1$。

再假设两个厂商的边际成本均为0,即:

$$MC_1 = MC_2 = 0$$

厂商1的总收益 R_1 为:

$$\begin{aligned} R_1 &= PQ_1 = (30 - Q)Q_1 \\ &= 30Q_1 - (Q_1 + Q_2)Q_1 \\ &= 30Q_1 - Q_1^2 - Q_2 Q_1 \end{aligned}$$

厂商1的边际收益为:

$$MR_1 = 30 - 2Q_1 - Q_2$$

根据利润最大化的原则,则有:

$$MR_1 = MC_1$$

因此,$30 - 2Q_1 - Q_2 = 0$,得到厂商1的反应函数为:

$$Q_1 = 15 - Q_2/2 \tag{9.2}$$

同样可求得厂商2的反函数为:

$$Q_2 = 15 - Q_2/2 \tag{9.3}$$

求出以上两个反应函数所组成的方程组,得到古诺均衡的产量: $Q_1 = Q_2 = 10$。因而,生产的总产量是 $Q = Q_1 + Q_2 = 20$,所以均衡的市场价格为 $P = 30 - Q = 10$。

9.3.2 斯塔克尔伯格模型

斯塔克尔伯格模型是德国经济学家海因里希·冯·斯塔克尔伯格(Heinrich Von Stackelberg)在20世纪30年代创立的。

在古诺模型中,两个厂商同时做出产量决策,任何一个厂商都没有反应的余地。这对于描述那些实力相当的厂商较为适用。但是不太适用于描述那些经营实力相差悬殊的厂商之间的竞争。实力大的厂商在竞争中具有优势,往往领先做出决定,其他小的厂商随后做出决定。斯塔克尔伯格模型就是描述这种情形。具体地说,斯塔克尔伯格模型用于研究以下情形:假设厂商1(称为领导者)先决定它的产量,然后,厂商2(称为追随者)在看到厂商1的产量以后做出它的产量决策。所以,厂商1在决定自己的产量时,必须考虑厂商2会如何反应。这与古诺模型不同,在古诺模型中,任何一个寡头厂商都没有机会做出反应。仍然使用前面的例子,设两个厂商都有零边际成本,且市场需求曲线为 $P = 30 - (Q_1 + Q_2)$。我们从寡头厂商2开始分析。因为厂商2是在厂商1之后做出自己的产量决策,所以它可以将厂商1的产量看作固定的。因而,厂商2的利润最大化产量由它的古诺反应函数给出,由前述内容可知,厂商2的反应函数为:

$$Q_2 = 15 - Q_1/2$$

在给出厂商2的反应函数以后,我们来分析厂商1的决策。厂商1为使其利润最大化,它将选择使其边际成本等于边际收益的产出水平 Q_1。根据前面的内容,厂商1的收益为:

$$R_1 = PQ_1 = 30Q_1 - Q_1^2 - Q_2Q_1 \qquad (9.4)$$

由于厂商1的收益 R_1 依赖于厂商2的产量 Q_2,所以厂商1必须预测厂商2会生产多少产量。但是,厂商1知道厂商2将根据反应函数式(9.3)选择 Q_2。将式(9.3)代入式(9.4)中的 Q_2,可求得厂商1的收益为:

$$R_1 = 30Q_1 - Q_1^2 - Q_1(15 - Q_1/2) = 15Q_1 - Q_1^2/2$$

所以它的边际收益为:

$$MR_1 = 15 - Q_1 \qquad (9.5)$$

令 $MR_1 = MC_1 = 0$,求得 $Q_1 = 15$。而根据厂商2的反应函数式(9.3),求得 $Q_2 = 7.5$ 单位。厂商1生产厂商2的2倍产量,并且赚2倍的利润。厂商1因首先行动而获得了优势。首先行动者获得优势的结果似乎与人们的直觉相反,因为人们一般认为,首先宣布其产出的厂商在竞争中是不利的。为什么会出现先动优势呢?原因在于,首先行动者造成了一种既定事实,不管其竞争对手如何行动,首先行动者都将生产较大的份额。为了达到利润最大化,竞争对手只有把首先行动者的较大产出视为既定,在此基础上才能决定自己的产出。

图9.7说明了斯塔克尔伯格模型均衡的产量和古诺均衡产量的关系。这里厂商1为先行动者,厂商2为后行动者。

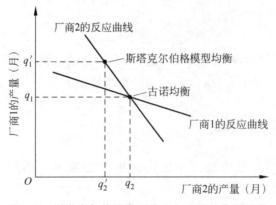

图9.7 斯塔克尔伯格模型均衡与古诺均衡的比较

需要指出的是,并非在任何情况下首先行动者都会取得优势。在寡头厂商进行产量竞争时,首先行动者会取得优势;但在价格竞争的情况下,首先做出决定的寡头厂商不仅不会取得优势,还有可能处于劣势地位。

9.4　价格竞争：伯特兰模型

以上讨论的古诺模型和斯塔克尔伯格模型都是通过定产进行竞争的。可是,在许多寡头行业,厂商之间是通过定价竞争的。例如,对上汽、广汽和长安等企业来说,价格是一个非常关键的竞争变量,各厂商在考虑到其竞争对手的价格之后选择其价格。本节利用纳什均衡的概念研究生产同质产品的寡头厂商的价格竞争。

伯特兰模型是由法国经济学家约瑟夫·伯特兰(Joseph Bertrand)于1883年建立的。和古诺模型一样,伯特兰模型也假定各厂商生产的产品同质。但是,现在它们所选择的是价格而不是产量。以下的分析将说明正是由于竞争变量不同,才会导致结果的不同。

仍然利用上一节中的双寡头模型,市场需求曲线为：

$$P = 30 - (Q_1 + Q_2)$$

但这里假设 $MC_1 = MC_2 = 3$。根据前面部分的知识,很容易算出古诺均衡是 $Q_1 = Q_2 = 9$,市场均衡价格是12元,两个厂商都能得到81元的利润。

现在假设这两个厂商是通过同时选择价格而不是产量相互竞争,那么,均衡价格和利润各是多少呢？由于产品是同质的,消费者将只会从价格最低的厂商那里购买。因此,如果两个厂商定价相同,则消费者对从哪个厂商购买都无所谓,此时我们可以假定两个厂商各占领一半市场。

在这种情况下很容易得出,纳什均衡就是完全竞争的均衡,即两个厂商都使价格等于边际成本,即 $P_1 = P_2 = 3$ 元。此时行业均衡产量为27单位,其中各厂商都生产13.5单位。由于价格等于边际成本,所以两个厂商都是赚到零利润。对于这样一个均衡,没有一个厂商愿意改变其价格。因为如果厂商1把价格提高到边际成本以上,那么,厂商2就会占领整个市场,厂商1没有任何收益；如果厂商1把价格降低至边际成本以下,虽然客观上它能占领整个市场,但它生产的每单位产品都会亏损。因此,厂商1只能把价格定为边际成本。厂商2也是如此。

将选择变量从产量改变为价格,均衡结果也有很大的改变。在古诺模型中,各厂商只生产9单位,所以市场价为12元。在伯特兰模型中,市场价格为边际成本,即3元。

在伯特兰模型中,即使只有两个厂商,在均衡情况下,价格也等于边际成本,厂商利润为0,与完全竞争市场均衡一样。这就是所谓的"**伯特兰悖论**"。解开这个悖论的办法之一是引入产品的差别性。如果不同厂商生产的产品是有差异的,替代弹性就不会是无限的,此时消费者对不同厂商的产品有着不同的偏好,价格不是他们感兴趣的唯一变量。在存在产品差别的情况下,均衡价格不会等于边际成本。

伯特兰模型受到几个方面的批评。第一,当各厂商生产同质产品时,厂商更可能通过定产竞争而不是定价竞争。第二,即使像该模型那样,各厂商是定价且选择了相同的价格竞争,也无法保证它们就能像模型假定的那样平分市场。尽管有这些缺点,伯特兰模型还是有用的,因为它说明了一个寡头垄断的均衡结果与厂商所选择的战略变量有很大的关系。

9.5 空间竞争

第9.4节指出,解决伯特兰悖论的办法之一是引入产品的差别性,而产品差别性的形式多种多样,本节考虑一种特殊的差异,即**空间差异模型**,包括豪特林(Hotelling,1929)空间模型[也称豪特林定位(Location)模型],以及萨洛普(Salop,1979)圆周模型。

9.5.1 豪特林空间模型

在豪特林空间模型中,产品在物质性能上是相同的,但在空间位置上有差异。因为不同位置上的消费者要支付不同的运输成本,他们关心的是价格与运输成本之和,而不单是价格。假定有一个长度为1单位的线性城市,消费者均匀地分布在[0,1]区间里,分布密度为1单位。假定有两家商店分别位于城市的两端,商店1在$x=0$,商店2在$x=1$,出售物质性能相同的产品。每个商店提供单位产品的成本为C,消费者购买商品的旅行成本与距离商店远近成比例,单位距离的成本为t。这样,住在x的消费者如果在商店1采购,则要花费tx的旅行成本;如果在商店2采购,则要花费$t(1-x)$的旅行成本。假定消费者具有单位需求,即或者消费1单位或者消费0单位。消费者从消费中得到的消费者剩余为$\bar{s}$。

我们现在考虑两家商店之间价格竞争的纳什均衡。假设两家商店同时选择自己的销售价格。为了简单起见,我们假设$\bar{s}$相对于购买总成本(价格加旅行费用)而言足够大从而所有消费者都购买1单位的产品。令P_i为商店i的价格,$D_i(P_1,P_2)$为需求函数,$i=1$、2。如果住在x的消费者在两家商店之间是无差异的,那么,所有住在x左边的将在商店1购买,而住在x右边的将都在商店2购买,需求分别为$D_1=x$,$D_2=1-x$。这里x满足:

$$P_1+tx=P_2+t(1-x)$$

解上式可得需求函数分别为:

$$D_1(P_1,P_2)=x=\frac{P_2-P_1+t}{2t}$$

$$D_2(P_1,P_2)=1-x=\frac{P_1-P_2+t}{2t}$$

利润函数分别为:

$$\pi_1(P_1,P_2)=(P_1-C)D_1(P_1,P_2)=\frac{1}{2t}(P_1-C)(P_2-P_1+t)$$

$$\pi_2(P_1,P_2)=(P_2-C)D_2(P_1,P_2)=\frac{1}{2t}(P_2-C)(P_1-P_2+t)$$

商店i选择自己的价格P_i最大化利润π_i,给定P_j,两个一阶条件分别是:

$$\frac{\partial \pi_1}{\partial P_1}=P_2+C+t-2P_1=0$$

$$\frac{\partial \pi_2}{\partial P_2}=P_1+C+t-2P_2=0$$

且满足二阶条件。解上述两个一阶条件,得出最优解为(注意对称性):

$$P_1=P_2=C+t$$

每个厂商的均衡利润为：
$$\pi_1 = \pi_2 = t/2$$

我们将消费者的位置差异解释为产品差别，这个差异进一步可解释为消费者购买产品的旅行成本。旅行成本越高，产品的差异就越大，均衡价格以及均衡利润也就越高。其原因在于，一方面，随着旅行成本的上升，不同商店出售的产品之间的替代性下降，每个商店对附近的消费者的垄断力加强，商店之间的竞争越来越弱，消费者对价格的敏感度下降，从而每个商店的最优价格更接近于垄断价格。另一方面，当旅行成本为0时，不同商店的商品之间具有完全的替代性，没有任何一个商店可以把价格定得高于成本，这就可以得到伯特兰均衡结果。

在以上的分析中，我们假定两家商店分别位于城市的两端。事实上，均衡结果对于商店的位置是很敏感的。考虑另一个极端的情况，假定两家商店位于同一位置 x_0，此时，它们出售的是同质产品，消费者关心的只是价格，那么，伯特兰均衡是唯一的均衡，即：
$$P_1 = P_2 = C, \quad \pi_1 = \pi_2 = 0$$

更一般的，我们可以讨论商店位于任何位置的情况。假定商店1位于 $a \geq 0$，商店2位于 $1-b$（这里 $b \geq 0$）。不失一般性，假定 $1-a-b \geq 0$（即商店1位于商店2的左边），如果旅行成本为二次函数形式，即旅行成本为 td^2，这里 d 是消费者到商店的距离，那么，需求函数分别为：

$$D_1(P_1, P_2) = x = a + \frac{1-a-b}{2} + \frac{P_2 - P_1}{2t(1-a-b)}$$

$$D_2(P_1, P_2) = 1 - x = b + \frac{1-a-b}{2} + \frac{P_1 - P_2}{2t(1-a-b)}$$

需求函数的第一项是商店自己的"地盘"（a 是住在商店1左边的消费者，b 是住在商店2右边的消费者），第二项是位于两家商店之间的消费者中靠近自己的一半，第三项代表需求对价格差异的敏感度。纳什均衡为：

$$P_1(a,b) = c + t(1-a-b)\left(1 + \frac{a-b}{3}\right)$$

$$P_2(a,b) = c + t(1-a-b)\left(1 + \frac{b-a}{3}\right)$$

当 $a = b = 0$ 时，商店1位于0，商店2位于1，我们回到前面讨论的第一种情况，即：
$$P_1(0,1) = P_2(0,1) = c + t$$

当 $a = 1-b$ 时，两家商店位于同一位置，我们走到另一个极端，即：
$$P_1(a, 1-a) = P_2(a, 1-a) = c$$

9.5.2 萨洛普圆周模型

假设消费者以密度为1单位均匀地分布在单位圆周上；厂商也沿着圆周分布，并且所有旅行都沿圆周行进；厂商可以自由进入市场，从而进入市场的厂商的均衡利润为0；消费者要买一个单位的商品，单位距离的运输开支为 t，并且愿意以最小的一般成本来购买；每个厂商只许有一个地址。一个厂商一旦进入，并定位于产品空间的一个点上，其进入固定成本为 f，边际成本为 c（c 小于 $\bar{s}$，$\bar{s}$ 为消费者消费商品的总剩余）。这样，厂商 i 如果进入市场，其利润为 $(P_i - c)D_i - f$（D_i 是其面对的需求）；不进入的话，利润为0。

萨洛普考虑了下述两阶段博弈：第一阶段，潜在的进入者同时选择是否进入。以 n 表示进入的厂商数。这些厂商并不选择它们的地址，而是一个个自动等距离地坐落在圆上（见图9.8）。第二阶段，在地址给定的情况下，各厂商在价格上进行竞争。

假设 n 个厂商进入了市场。由于它们都是对称地定址的，因而寻求一个它们都收取同一价格的均衡是恰当的（见图9.8）。现在，我们只考虑这样一种情况：市场上存在着足够数量的厂商（相对于 f 来说不太高），因而它们的确要相互竞争。实际上，厂商 i 只有两个真正的竞争对手，即两个在其左和右的厂商。假设厂商 i 选择了价格 P_i，如图9.9所示。

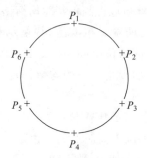
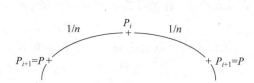

图9.8　萨洛普圆周　　　　图9.9　厂商 i 与其最相邻厂商之间的关系

住在离厂商 i 的距离为 $x \in (0, 1/n)$ 的消费者，在以下条件下：
$$P_i + tx = p + t(1/n - x)$$
对于是从厂商 i 还是从它最邻近的厂商购买商品，是无差异的。这样，厂商 i 面对的需求是：
$$D_i(P_i, P) = 2x = \frac{p + t/n - P_i}{t}$$

因此，厂商 i 选择 P_i 并使其利润最大化，即：
$$\max_{P_i} \left[(P_i - C) \left(\frac{p + t/n - P_i}{t} \right) - f \right]$$

就 P_i 进行微分，然后规定 $P_i = P$，则得到：
$$P = C + \frac{t}{n}$$

这一结果和豪特林空间模型的结果类同。利润边际($P - C$)随 n 的增加而减少。然而，厂商数量是外生的，并由进入厂商的零利润条件决定，即：
$$(P - C)\frac{1}{n} - f = \frac{t}{n^2} - f = 0$$

因此，在允许自由进入的不完全竞争情况下，厂商的数量和市场价格相应地为：
$$n = \sqrt{t/f} \tag{9.6}$$
$$P = C + \sqrt{tf} \tag{9.7}$$

这一模型的重要特点是，厂商的价格在边际成本之上，却仍不能盈利。

从式(9.6)和式(9.7)可以看出，固定成本的增加将导致厂商数量的减少和利润边际($P - C$)的提高；当进入成本和固定生产成本 f 接近于 0 时，进入市场的厂商数量趋向于无限大，价格趋向于边际成本，这样，在进入成本很低的条件下，消费者可以买到很接近于其喜爱的产品,而市场接近于完全竞争。

9.6 卡 特 尔

"卡特尔"一词是法语 Cartel 的音译,原义为协定或同盟。在寡头垄断市场上,少数厂商在产品价格、销售市场等方面达成公开的联合协定,称为卡特尔。卡特尔的目的在于共同瓜分市场,获得垄断利润。国际上有很多卡特尔组织,例如,欧佩克(OPEC)就是产油国的一个卡特尔组织,它在 10 多年间成功地将世界石油价格控制在较高的水平。又如,国际铜出口国理事会(CIPEC,简称西佩克)也是一个国际铜卡特尔组织,但它从未对铜价有过显著的影响。以下说明欧佩克为什么提价成功,而西佩克提价为什么不成功。

图 9.10 说明了欧佩克的定价及产量确定。TD 是对石油的世界总需求曲线,S_C 是竞争性的(非欧佩克)供给曲线。对欧佩克石油的需求 D_{OPEC} 是总需求和竞争供给之差,而 MR_{OPEC} 是相应的边际收益曲线。MC_{OPEC} 是欧佩克的边际成本曲线,欧佩克比非欧佩克生产商的生产成本要低得多。欧佩克根据边际成本与边际收益的原则确定价格和产量,由图 9.10 可以看出,这个价格就是 P^*,产量为 Q_{OPEC}。而非欧佩克接受欧佩克的定价,向市场提供 Q_C 的产量。市场石油产品的总供给量为 $Q_T = Q_C + Q_{OPEC}$。

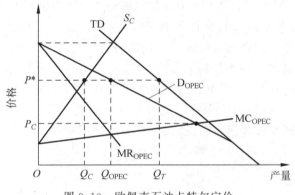

图 9.10 欧佩克石油卡特尔定价

假设石油输出国没有形成卡特尔,而是竞争性地生产。此时价格等于边际成本,可根据欧佩克的需求曲线与其边际成本曲线的交点确定价格和产量,按这一标准确定的竞争性价格为 P_C,P_C 比卡特尔价格 P^* 要低得多。因为总需求和非欧佩克的供给都是缺乏弹性的,故对欧佩克石油的需求也相当缺乏弹性,因而此卡特尔具有相当的垄断势力,它利用这种势力将价格抬到比竞争性价格水平高许多,其成员可分得垄断利润。但是,图 9.10 中的总需求和非欧佩克供给曲线适用于短期或中期分析,在长期中,需求和供给都将会有较大弹性,这就意味着欧佩克的需求曲线也很有弹性。其结果是,在长期中欧佩克无法保持比竞争水平高出这么多的价格。

图 9.11 给出了对西佩克的类似的分析。西佩克由 4 个铜生产国即智利、秘鲁、赞比亚和扎伊尔组成,其产量约占世界铜生产的 1/3。在这些国家,铜的生产成本比在非西佩克国家要低,但除了智利以外,这一差别并不明显。因而在图 9.11 中,西佩克的边际成本曲线画得只比非西佩克国家的供给曲线低一点儿。西佩克的需求曲线 D_{CIPEC} 是总需求 TD 和非

西佩克供给 S_C 之差。西佩克的边际成本和边际收益相交所对应的产量为 Q_{CIPEC},价格为 P^*。竞争性价格 P_C 还是在西佩克的需求曲线与其边际成本曲线的交点得到。注意 P_C 与卡特尔价格 P^* 非常接近。为什么西佩克不能将铜价抬高很多呢?如图9.11所示,这主要因为:第一,对铜的需求比对石油的总需求更有弹性(其他材料,如铝等,可以很容易地代替铜)。第二,竞争性的供给也更有弹性。甚至在短期中,如果价格上升,非西佩克生产商也能很容易扩大供给。因此,西佩克的潜在垄断势力很小。

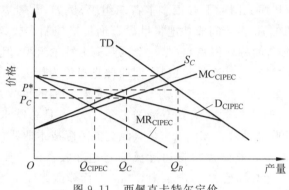

图 9.11　西佩克卡特尔定价

根据以上两例的分析,我们可以看出,卡特尔要成功地提高价格和控制产量需要三个条件。第一,对产品总需求的价格弹性不能很大。第二,该卡特尔必须几乎控制世界的所有供给,否则,非卡特尔生产商的供给就不会是价格弹性很大的。第三,卡特尔组织必须在其成员对价格及产量达成一致的基础上形成,并要求成员共同遵守协定。要做到这一点并不容易,由于卡特尔成员的生产成本、经营目标等是不同的,达成一致的价格和产量是彼此之间讨价还价的结果。同时,由于卡特尔成员都在价格高于其成本的条件下生产,因而只要个别成员秘密削价或增加销量,都可能获得更多的垄断利润。若卡特尔组织不能有效地制裁其成员的"越轨"行为,则整个卡特尔就会瓦解。

9.7　价格领先制

由于形成有效的卡特尔面临不少困难,寡头厂商们会设法暗中勾结。也就是说,它们可能在彼此间实际不达成明确协议的情况下,设法进行沟通。**价格领先制**就是这种暗中勾结的形式之一。所谓价格领先制,是指在一个寡头垄断行业内,由一家厂商确定价格,随后,其他厂商以这个领先的价格为准决定自己的销售价格。在实行价格领先制的场合,如果产品是同质的,且集中在一个地点销售,那么,各厂商的售价大致是一样的;如果产品有差别,价格也必然会有差别,但价格变动方向是一致的:要降,都先后下降;要涨,都先后上涨,其价格差别始终保持着。价格领先制通常分为低成本厂商领先、支配型(占统治地位的)厂商领先和晴雨表型厂商领先等三种形式,下面分别进行介绍。

9.7.1　低成本厂商模型

在这种模型中,领先确定价格的是行业中成本最低的厂商。如图9.12所示,假设某行业由 3 家成本各不相同的厂商组成,它们暗中默认市场由 3 家瓜分,故 $d_1=d_2=d_3$。成本最低的厂商 1 按利润最大化原则将产量确定为 OQ_1,价格为 OP_1。

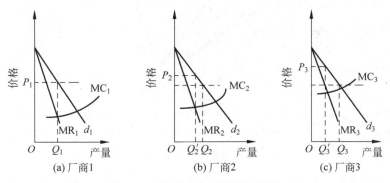

图 9.12　低成本厂商的价格领先

如果厂商 2 和厂商 3 也按利润最大化原则行事,其产量将分别是 OQ_2' 和 OQ_3',其价格分别是 OP_2 和 OP_3。但由于假定产品是同质的,厂商 2 和厂商 3 若把价格分别定为 OP_2 和 OP_3,它们的部分顾客将被吸引到厂商 1 那里。所以,这两家厂商将按照 OP_1 的价格销售各自的产量,分享的市场份额各为 OQ_2 和 OQ_3。这意味着成本高的厂商通过牺牲一部分利润以避免和厂商 1 进行价格竞争,因为一旦发生这种竞争,会使价格降到厂商 2 和厂商 3 的长期平均曲线之下,其利润将全部消失。

9.7.2　支配型厂商模型

这一模型适用于由一个占统治地位的大型厂商和一些小厂商组成的行业。支配型厂商的价格领先是指行业中占统治地位的厂商制定一个使其利润最大化的价格,而让其他小厂商按照这一价格销售它们想销售的任何数量。

支配型厂商的价格领先模型如图 9.13 所示,其中,DD 表示行业需求曲线。既然行业中的其他小厂商都将追随支配型厂商所启动的任何价格变化,那么,它们都成为价格的接受者,正如竞争性厂商那样,它们将把产量调整到价格等于边际成本为止。这样,我们可以推导出这些小厂商合成的供给曲线 S_0,它等于这些单个小厂商位于 AVC 曲线以上的 MC 曲线的水平加总。曲线 S_0 表示小厂商提供的产量总和与支配型厂商所制定的价格之间的关系。在确定支配型厂商将要制定的价格之前,我们还要推导出残留给支配型厂商的需求曲线。残留的需求曲线表示在各种价格下,在扣除了小厂商将生产的产量后,支配型厂商所能生产和销售的数量。例如,假定价格为 10 元时总需求量为 20 000 单位,如果小厂商供给 12 000 单位,那么,由支配型厂商供给的就是剩下的 8 000 单位。

要得到残留的需求曲线,我们必须从每一个价格下的市场需求量减去由小厂商供给的数量。当行业的产品需求曲线为 DD 时,我们可以通过测定 DD 曲线与 S_0 曲线之间的水平距离来推导出残留的或支配型厂商所面临的需求曲线。例如,如果把价格定在 S_0 与 DD 相交时的 OP_1 水平上,小厂商会提供整个市场需求的量,由支配型厂商所供给的产品需求量将为 0。相反,如果价格被定在 OP_2 或 OP_2 以下水平,支配型厂商将供给整个市场,因为没有一个小厂商愿意在 OP_2 或更低的价格下生产任何产量。按照上述方法,我们可以确

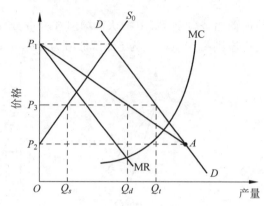

图 9.13 支配型厂商的价格领先

定残留的需求曲线上 P_1A 之间的各个点。由于在 A 点以下，支配型厂商继续供给整个市场，所以，支配型厂商所面对的整个市场需求曲线为 P_1AD。

在知道了支配型厂商所面对的需求曲线以及相应的边际收益曲线 MR 后，我们就可以确定均衡价格以及支配型厂商、小厂商和行业的产量了。根据利润最大化的原则，支配型厂商将生产 MC 曲线与 MR 曲线相交时的产量 OQ_d 并索取 OP_3 的价格。需要注意的是，这里的价格是由残留的需求曲线而不是市场需求曲线参与决定的。把价格定在 OP_3 水平上，这意味着支配型厂商将供给 OQ_d 单位产量，而其他小厂商将供给 OQ_s 单位产量。因为 $OQ_s = Q_dQ_t$，所以，支配型厂商与小厂商的产量之和等于 $OQ_d + Q_dQ_t = OQ_t$，而 OQ_t 也就等于价格为 OP_3 时的总需求量。

9.7.3 晴雨表型厂商模型

在这种模型中，行业内所有厂商都一致响应其中第一家厂商所做出的价格变动。这家厂商不一定是行业内最大、效率最高的厂商，但它能比较准确地预测市场行情，能合理而准确地反映整个行业基本的成本和需求状况的变化，因而被称作晴雨表型厂商。采取晴雨表型价格领先制的公司总是首先对价格进行变动，而这种变动又能为其他厂商全部或部分地接受。该公司的行动就像反映市场行情变化的"晴雨表"那样，当市场萧条时，它就降低价格；当市场需求和成本状况允许时，它又能成功地提高价格。

9.8 承诺行动

承诺行动(Commitment)是博弈的参与人使自己的威胁战略变成可信的威胁战略的行动。下面举例说明承诺行动的意义。

设想有一个垄断厂商已在市场上（称为在位者），另一个厂商想进入市场（称为进入者）。在位者想保持自己的垄断地位，所以就要阻挠进入者进入。在这个博弈中，进入者有两种战略，即进入还是不进入；在位者也有两种战略，即默许还是斗争。这是产业组织经济学中的"市场进入阻挠"。假定进入之前垄断利润为 300 元，进入之后寡头利润和为 100 元（各得 50 元），进入成本为 10 元。各种战略组合下的支付矩阵如图 9.14 所示。

	在位者 默许	在位者 斗争
进入者 进入	40元, 50元	−10元, 0
进入者 不进入	0, 300元	0, 300元

图 9.14　市场进入

如果进入者真的进入，在位者的最优行动显然是默许而不是斗争，因为默许带来 50 元的利润，斗争则使利润化为乌有。所以斗争是一种不可置信的威胁，就是说，如果在位厂商摆出一副"你进入我就斗争"的架势，进入厂商不要被这种威胁吓倒，因为它是不可信的。但是，如果在位厂商通过某种承诺行动使自己的"斗争"威胁变得可信，进入厂商就不敢进入，在位厂商就可以获得 300 元的垄断利润，而不是 50 元的寡头利润。承诺行动可能有多种形式。一种简单的办法是，在位者与某个第三者打赌：如果进入者进入后不斗争，他就付给后者 100 元。这时，"斗争"就变成了一种可信的威胁。因为，如果进入后不"斗争"而是选择"默许"，在位者得到 50 元的寡头利润，去掉 100 元的赌注，净得－50 元；而若选择"斗争"，净得为 0，所以，"斗争"比"默许"好。

复习思考题

计算题

（1）垄断竞争市场中一厂商的长期总成本函数为 $LTC = 0.001q^3 - 0.425q^2 + 85q$，其中 LTC 是长期总成本，用美元表示，$q$ 是月产量。假定不存在进入障碍，产量由该市场的整个产品集团调整。如果产品集团中所有厂商按同样比例调整它们的价格，出售产品的客观需求曲线为：$q = 300 - 2.5p$，其中 q 是厂商月产量，p 是产品单价，

① 计算厂商长期均衡产量和价格；
② 计算厂商自需求曲线（即 d 需求曲线，下同）上长期均衡点的弹性；
③ 若厂商自需求曲线是线性的，导出厂商长期均衡时的自需求曲线。

（2）已知一个垄断性竞争厂商的反需求曲线是 $P = 11\,100 - 30Q$，其总成本函数为 $TC = 400\,000 + 300Q - 30Q^2 + Q^3$，确定该厂商利润最大化的价格和产出。

（3）运用单位成本曲线和单位收益曲线，描述一个可变成本为常数的垄断竞争厂商的利润最大化决策（提示：先确定与生产函数相对应的 ATC 和 MC 的形状，然后求出 MR＝MC 的价格和产出）。

分析题

（1）对比分析垄断竞争市场结构与完全竞争市场结构。
（2）用图形比较说明斯塔克尔伯格模型均衡与古诺模型均衡。

课堂自测

第 10 章

博弈论与决策行为

在第 9 章中,我们看到厂商无论是进行价格决策还是产量决策,都必须考虑竞争对手的反应。这与此前所考察的厂商行为有着明显的不同。在前面的章节中,厂商的决策问题是一个单人决策问题,在决策时只需考虑如何最大化自己的利润,而无须考虑其他厂商对此的反应。当在决策过程中必须考虑其行为对竞争对手的影响以及竞争对手的可能反应时,我们实际上就进入了博弈论分析的领域。

博弈论(Game Theory)是对上述互动情形(Interactive Situation)的研究。在互动情形下,有多个行为主体参与行动,他们的活动共同决定每个参与者所获得的奖励或惩罚。现实生活中,下棋、打扑克等游戏就是典型的互动情形。除此之外,商业、战争和政治活动更是充满了互动性。近年来,博弈论被大量应用于经济问题的研究,使经济学和博弈论本身都得到了丰富和发展。如今,博弈论已成为中、高级微观经济学的重要分支或组成部分,是进行经济分析必备的工具。作为经济学专业本科生教材,本书有必要专辟一章介绍博弈论基础知识,这同时也是对上一章寡头行为分析的继续和深入。

10.1 概　述

10.1.1 博弈论的对象和基本要素

所谓博弈,指的是一种互动决策,即每一个行为主体的利益不仅依赖其自己的决策,而且有赖于别人的决策。博弈论所研究的就是两个及以上行为主体的互动决策及策略均衡。博弈论研究的多人互动决策问题表面上和我们前面研究的消费者效用最大化和厂商利润最大化等单人决策问题似乎区别不大,因为它们看起来都是要解决目标的最大化问题。的确,多人互动决策问题和单人决策问题都是决策问题,在这一点上别无二致。但区别在于,在一个单人决策问题中,我们能够确定什么是最优决策,或者说,什么是最优解,尽管数学计算上有时很复杂。比如,前面所讲的消费者效用最大化问题,在给定价格和收入等约束条件下,我们可以确定唯一的一个最优消费组合,给消费者带来最大的效用。但是在多人互动决策问题中,什么是最优决策是不确定的,因为一般来说,此时没有哪个人可以单独控制最终的结果,任何局中人的决策后果都依赖对方的决策。只有确定博弈的结果,才能确定什么是局中人的最优决策。

构成博弈的基本要素主要包括局中人、报酬、策略以及均衡等。

1. 局中人

博弈中的每个决策者被称为**局中人**（Player，也可称作选手和参与者），它们可能是单个的人，也可能是诸如厂商或政党等组织。根据经济学的理性假定，局中人同样是以利益最大化为目标。

2. 报酬

报酬（Payoff）是指博弈结束时局中人得到的利益。报酬有时以局中人得到的效用来刻画，有时以局中人得到的货币来表示。局中人的利益最大化也就是指报酬最大化。

3. 策略

策略（Strategy，也称作战略）是局中人为实现其目标而采取的一系列行动或行动计划，它规定在何种情况下该采取何种行动（Move）。比如毛泽东游击战的十六字方针是"敌进我退，敌退我追，敌驻我扰，敌疲我打"，就表达了一种策略。

4. 均衡

博弈论的方法特点就在于它通过均衡概念确定了博弈的结果，从而确定了什么是最优决策，同时也给出了如何确定这一最优决策的方法。经济学中，均衡一般是指某种稳定的状态。比如，消费者均衡是指带给消费者效用最大化的商品组合，此时由于消费者已实现了效用最大化，就不会去增加或减少这一商品组合，因此这一商品组合处于一种稳定状态。又如，市场均衡是指同时带给消费者效用最大化和厂商利润最大化的商品数量和价格的组合，以致需求和供给都不再发生变化，从而也是处于一种稳定状态。而博弈论中的均衡是**策略均衡**，它是指由各个局中人所使用的策略构成的策略组合处于一种稳定状态，在这一状态下，各个局中人都没有动机来改变自己所选择的策略。这样，各个局中人的策略都已给定，不再发生变化，博弈的结果必然将确定，从而每一个局中人从中得到的报酬也就确定了，最终每一个局中人的最优决策也就可以确定了。可见，要解一个博弈问题，首先需确定博弈的策略均衡。

但是，人们根据达到稳定状态条件的不同可以提出很多均衡概念。比如，下文将要介绍的非合作博弈中的上策均衡、纳什均衡、子博弈精炼纳什均衡等均衡概念，以及合作博弈中的强均衡、核等概念。这使得对于同一博弈，如果运用不同的均衡概念就会得到不同的解。因此，对于既定的博弈问题运用什么样的均衡概念可以得到更好的解就成了博弈论中一个核心的问题。

实际上，博弈论的发展过程就是不断提出新的均衡概念的过程。这些均衡概念对策略均衡施加越来越严格的要求，也使得博弈的均衡结果更为合理。除了本文将介绍的这些均衡概念外，人们还发展出贝叶斯纳什均衡、序贯均衡等均衡概念。限于篇幅，本书对这些概念将不做介绍，感兴趣的读者可参阅张维迎（1994）、Gibbons（1992）等人的教材。

我们试通过一个儿童经常玩的游戏——剪刀、石头、布——来说明上述要素。我们假定有甲、乙两个儿童在玩这一游戏，这样局中人就是甲和乙。他们俩同时在剪刀、石头、布之间做出选择。这表明双方的策略都只有三个，即剪刀、石头、布。如果一方选择了石头，而对方选择的是布,则选择石头的一方将输给选择布的一方1元钱;如果一方选择的是石头,而另一方选择的也是石头,双方则打成平局。因此,在导致输赢的策略组合下,比如,甲选择石头,乙选择布,即策略组合为(石头、布)时,双方的报酬将是(−1,1);在导致平局的策略组合下,如甲、乙的策略组合为(石头、石头)时,报酬将是(0,0)。这样,我们就可以通过图10.1来表示这一博弈。

在图10.1中,甲、乙表示参与这个博弈的局中人,甲的策略写成一列,乙的策略写成一行。双方选择的策略所构成的全部策略组合就形成了一个3×3表格,即每一个方格表示一个策略组合。在这9个方格里,给出了甲、乙双方在每一个策略组合中所得到的报酬,其中,第一个数字表示甲得到的报酬,第二个数字表示乙得到的报酬。类似图10.1这样的图在博弈论中被称为**报酬矩阵**。

		乙	
	石头	剪刀	布
甲 石头	(0, 0)	(1, −1)	(−1, 1)
甲 剪刀	(−1, 1)	(0, 0)	(1, −1)
甲 布	(1, −1)	(−1, 1)	(0, 0)

图 10.1　剪刀、石头、布的博弈

10.1.2　博弈的分类

经济学家从不同角度对博弈进行了分类。

1. 静态博弈和动态博弈

从局中人是否同时行动的角度,博弈又可以划分为静态博弈和动态博弈。所谓**静态博弈**(Static Game),是指局中人同时选择策略,并且这种选择是一次性的,也就是说,同时做出选择后博弈就结束。比如,喝酒时人们进行的"划拳"游戏就是一种静态博弈。图10.1中所描述的博弈也是一种静态博弈。**动态博弈**(Dynamic Game)是指局中人行动有先后顺序的博弈。比如,下棋游戏中,对弈双方是你走一步,我走一步,序贯行动。又如,在上述剪刀、石头、布博弈中,如果规定双方不是直接同时选择各自的策略,而是先后将各自的策略分别写在一个密封的信封里,交给一个仲裁者来宣布结果。这一博弈就将变成一个典型的双盲情况下的动态博弈。更典型的动态博弈如下述的"进入博弈"。市场中存在一个在位者厂商2(Incumbent Firm)以及一个潜在进入者厂商1(Entrant Firm)。厂商1首先决定是否进入市场,然后厂商2决定是否发动价格战,最后厂商1再次行动,决定是否迎战。日常生活中,动态博弈也比比皆是,比如,购物中的砍价过程就是一个典型的动态博弈。

2. 零和博弈与非零和博弈

还需指出的是,剪刀、石头、布这一博弈是一个**零和博弈**(Zero-sum Game)。所谓零和博弈,是指博弈双方的报酬结果加起来为零。这意味着双方的利益在博弈中是相互冲突的。从报酬结果来看,除了零和博弈外,还有**正和博弈**,即双方的报酬结果加起来为正。这意味着双方的利益冲突不再是那么激烈,有可能出现所谓双赢或共赢的局面。还有一种为**负和博弈**,即参加博弈的局中人得到报的酬加起来之和为负。对于**负和博弈**,如果假定局中人都是理性的,理论上没有人会参与这种博弈,尽管现实中不乏损人不利己的事。

3. 合作博弈与非合作博弈

互动的情况既可以在单个的个体之间开展,如象棋比赛等,也可以在团体之间展开,如昔日的北约和华约的军事竞赛。这样,从参与主体的角度,我们可以把博弈划分为合作博弈和非合作博弈。具体来说,在非合作博弈中,分析的对象是个体参加者,考察的是单个的参与者在具体的博弈规则以及一定的信息条件约束下,面对其他人可能的反应将如何行动。在非合作博弈中,局中人之间通常无法达成有约束力的协议进行合作,以获得合作收益。而在合作博弈分析中,分析的对象经常是一个团体,用博弈论的术语称之为"**联盟**"(Coalition)。该联盟是由参与博弈的若干局中人通过达成有约束力的协议形成的。合作博弈通常并不涉及具体的博弈规则,而集中于不同的人结盟将得到什么。

在博弈论的分析史上,对于合作博弈的分析一度是人们研究的重点。在纳什(Nash,1953)的研究之后,人们认识到非合作博弈分析对于揭示现实中的经济现象有更强大的作用。在众多学者的努力下,非合作博弈分析已经成为博弈论研究的主流。本章将主要介绍非合作博弈分析的基本概念和分析方法。

10.2 博弈的描述

10.2.1 策略式博弈

在非合作博弈分析中,对博弈的描述有两种基本的方法。最初也是较简单的方法是对博弈进行**策略式**(Strategic Form)描述或者**规范式**(Normal Form)描述。用这种方法描述的博弈称之为策略式博弈。一般来说,策略式博弈是通过前述报酬矩阵来刻画博弈的基本要素的,如图10.1所描述的博弈。

显然,用策略式非常容易刻画静态博弈和双盲情况下的动态博弈。因为此时我们非常容易确定博弈各方的策略。那么,能否借助策略式博弈来刻画其他的一些动态博弈,如上述"进入博弈"呢?这里,问题的关键在于,在静态博弈中,由于局中人一次性完成行动,我们可以不考察该计划在各种情况下对行动的规定,只要指出局中人选择什么样的策略就可以了。而对于动态博弈来说,由于各个局中人的行动有先后顺序,这样某局中人的策略就需要规定该局中人在各种情况下的行动。比如,在进入博弈时,厂商1的一个策略要首先规定进不进入,其次还要规定进入后如果对方发动价格战,自己是否迎战。这样厂商1就有如下三个策略:①不进入;②进入,若对方发动价格战,则迎战;③进入,若对方发动价格战,则不迎战。而厂商2的策略将有两个:①给定对方进入,发动价格战;②给定对方进入,不发动价格战。如果我们进一步给出各个策略组合下的报酬,我们就可以用策略式来描述这一进入博弈,如图10.2所示。

从这个例子中可以看出,通过找出局中人在动态博弈中的所有策略,就可以通过策略式博弈

		厂商1	
	策略1	策略2	策略3
厂商2 策略1	(6, 0)	(−1, −2)	(4, 1)
厂商2 策略2	(6, 0)	(3, 3)	(3, 3)

图 10.2 进入博弈的策略式描述

来刻画一个动态博弈。

10.2.2 扩展式博弈

描述博弈的第二种方法是**扩展式**(Extensive Form)。在一个扩展式博弈中,注意力集中在各个局中人的行动顺序以及他们在行动时所掌握的信息上。扩展式博弈一般用一个**博弈树**(Game Tree)来表示。顾名思义,博弈树作为一种树状结构,是由节点(Node)、枝杈(Branch)等构成。在一个博弈树上,我们可以比较完美地体现上述的博弈的几个要素。比如,进入博弈可以用如图10.3所示的博弈树来表示等。

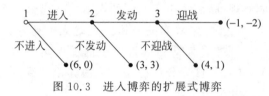

图 10.3 进入博弈的扩展式博弈

通常,我们用一个没有填充黑色的圆圈表示博弈的开始,因此,该节点被称为初始结。初始结上边所标的数字"1"说明厂商1首先行动。由初始结出发形成的两个枝杈,表示厂商1有两个行动可供选择,枝杈的标签表明可供选择行动的名称。如果一个节点后面没有枝杈,表明博弈进行到这一节点将会结束,因此,我们把这类节点称为终点结。终点结后面括号中的数字表示此时双方得到的报酬。在图10.3中,共有4个节点为终点结。

由初始结1出发,经过"进入"枝杈到达节点2,表示当轮到厂商2行动时,它将知道厂商1选择了"进入"这一行动。因此,博弈树不仅刻画了局中人行动的先后顺序,还刻画了局中人在行动时所掌握的信息。

这样,扩展式博弈不仅包括局中人的行动,还包括每个局中人所了解的信息结构。一般而言,我们假设每个局中人都具有**完全信息**(Complete Information):每个人都知道其他人是谁,都知道其他人的可能行动,都知道所有局中人的报酬情况。也就是说,每个局中人都知道博弈树的完整结构,并且知道其他人也了解这些信息。

在一些博弈中,局中人并不总是确切地知道该自己行动时博弈进行到博弈树中的什么位置。当其他局中人的行动不是清晰可见时就会产生这种不确定性。比如,我们前面描述的通过写字条进行的剪刀、石头、布博弈就是这种情形。在这种情况下,局中人不清楚博弈进行到了具体哪个节点,而只知道博弈有可能进行到了博弈树上的一些节点,如图10.4所示。

在图10.4中,由于乙对甲选择了什么行动不确知,这样,对于乙来说,经由"剪刀(s)"、"石头(r)"、"布(p)"3个枝杈到达的节点是无法区分的。也就是说,此时乙无法确知自己在这3个节点中的哪一个节点上,只是知道博弈进行到这3个节点上。我们用虚线将这3个节点连接起来,表示它们属于同一个集合。由于该集合刻画了局中人所掌握的信息的多寡,所以称之为**信息集**(Information Set)。显然,信息集中的节点越多,意味着局中人越不能确定博弈进行到哪一个节点上,说明局中人的信息越少。

如果像图10.3所示,一个信息集中只有一个节点,这说明该局中人知道另一局中人在这之前的确切选择,这时我们称局中人在该节点有**完美信息**(Perfect Information)。为简化

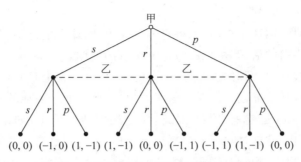

图 10.4 剪刀、石头、布博弈的扩展式描述

起见,就不用虚线把单个结圈起来。需要注意的是,同一个信息集中,局中人可能采取的行动在每个节点处必须相同。否则,节点就可以被分辨,从而不能满足局中人无法分辨信息集的每一个节点这一要求。

一个重要的问题是,较为适合描述动态博弈的扩展式博弈能否描述静态博弈呢?答案是肯定的。这是因为,首先,任何静态博弈总可以看成一个双盲情况下的动态博弈;其次,通过信息集,我们可以在博弈树上将这种双盲情况表示出来。实际上,通过图 10.4 我们已经表明,借助信息集的概念,可以用博弈树来刻画一些静态博弈。

10.3 上策均衡和纳什均衡

从这一节开始,我们来探讨如何通过一些均衡概念来求解一些非合作博弈问题。

10.3.1 上策和上策均衡

1. 定义

所谓**上策**(Dominant Strategy),是指无论对方选择什么策略,都能使自己的报酬大于其他选择的策略。如果某个局中人的某一策略为上策,那么他的其他策略相对而言就都是**下策**(Dominated Strategy)。完全由上策构成的策略组合就是**上策均衡**(Dominant Strategy Equilibrium)。我们下面通过博弈论中的经典例子——囚徒困境(The Prisoner's Dilemma)来说明上策均衡。

2. 囚徒困境

囚徒困境描述的是这样一种情况:两个人因涉嫌犯罪而被捕,但警察没有足够的证据指控他们确实犯了罪,除非他们两个人中至少有一个坦白交代。他们被隔离审查并被告知:如果两个人都不坦白,因证据不足,每人都将坐 1 个月的牢;如果两个人都坦白,每人都将坐 6 个月的牢;如果只有一个人坦白,那么坦白者将立即释放,不坦白者将坐 9 个月的牢。图 10.5 列出了这个博弈的报酬矩阵。这里我们用坐牢

		囚徒2	
		不坦白	坦白
囚徒1	不坦白	(−1, −1)	(−9, 0)
	坦白	(0, −9)	(−6, −6)

图 10.5 囚徒博弈

时间的长短表示局中人的报酬。

在这个博弈中,对于囚徒1来说,如果对方选择坦白,那么他也将坦白,两个人都坐6个月牢(因为如果他不坦白的话,等待他的将是9个月的刑期);如果对方选择不坦白,他也会坦白,这样他会立即被释放,而对方将坐9个月的牢。因此,无论对方是否坦白,他都会选择坦白。对于囚徒2来说,情况也是一样。这里,"坦白"就是两个囚徒的上策。

由于理性的局中人不会选择下策,因此,在上述囚徒困境中,如果两个囚徒都是理性的,他们都将选择坦白。这样,博弈的结果将是(坦白,坦白),这是一个上策均衡。

在囚徒博弈中,(坦白,坦白)这一策略组合构成一个上策均衡。但是这一均衡给双方带来的报酬低于策略组合(不坦白,不坦白)带来的报酬。这一结果被称为是囚徒困境。囚徒困境带给我们的启发是,个人的理性选择有时不一定是集体的理性选择。换言之,个人的理性有时将导致集体的无理性。现实生活中有很多囚徒困境的例子,如国家间的军备竞赛、厂商间的价格战、公共物品的搭便车问题等。

3. 剔除下策

通过上面的例子我们可以看到,在一个博弈中,理性的局中人总会选择上策而不选择下策,这启发我们通过剔除下策找到上策均衡来求博弈的解。下面我们就来看看具体的求解过程。在图10.6所示的博弈中,局中人1有两个策略:{上,下},局中人2有三个策略:{左,中,右}。

对于局中人1来说不存在上策:如果对方选择"左"或"中",则他选择"上"比"下"好(因为选择"上"得到1,而选择"下"得到0);如果对方选择"右",则他选择"下"比"上"好。对于局中人2来说,也不存在一个严格的"上策",但我们发现"中"与"右"相比是一个"上策":无论对方选择什么,选"中"得到的报酬总大于选"右"。因此,如果局中人2是理性的,他不会选"右"。这样,如果局中人1知道局中人2是理性的,他就会把"右"从局中人2的策略空间中排除出去。也就是说,如果局中人1知道局中人2是理性的,他就会把上述博弈简化为图10.7中的博弈。

	局中人2		
	左	中	右
局中人1 上	(1, 0)	(1, 2)	(0, 1)
局中人1 下	(0, 3)	(0, 1)	(2, 0)

图10.6 通过上策均衡寻找博弈的解

	局中人2	
	左	中
局中人1 上	(1, 0)	(1, 2)
局中人1 下	(0, 3)	(0, 1)

图10.7 剔除下策(1)

我们可以看到,现在"上"成了局中人1的上策,因此,如果局中人1是理性的(并且他知道局中人2是理性的,因此原来的博弈可以简化为图10.7中的形式),他不会选择"下"。这样,如果局中人2知道局中人1是理性的,并且局中人2知道局中人1知道局中人2是理性的(因此局中人2知道博弈将简化为图10.7的形式),那么局中人2就可以把"下"从局中人1的策略空间中剔除出去,从而使博弈简化为如图10.8所示的形式。在图10.8中,"左"成为局中人2的下策,这样,博弈的最终结果就是(上,中),这个结果是通过逐步剔除下策得到的。

上述重复剔除下策的求解过程有两个特征。

首先,剔除过程的每一步都要求局中人相互知道对方是理性的。如果想把这一方法应用于有任意多个步骤的重复剔除过程,我们必须假定局中人的理性化是**共同知识**(Common Knowledge)。也就是说,不但要假定所有局中人都是理性的,而且需要假定所有局中人都知道所有局中人都是理性的,并且所有局中人都知道所有局中人都知道所有局中人都是理性的,如此等等。因此,这种求解过程依赖于共同知识假设。

其次,重复剔除下策过程有时难以给出一个明确的博弈结果。我们来看图 10.9 的例子。

图 10.8 剔除下策(2)　　　　图 10.9 无法剔除下策

在图 10.9 中所示的博弈中,给定局中人 1 选择 T,局中人 2 将选择 L;给定局中人 2 选择 L,局中人 1 将选择 M;而给定局中人 1 选择 M,局中人 2 又将选择 C;给定局中人 2 选择 C,局中人 1 又将选择 T,反复下去,可见两个局中人都没有上策。没有任何一个策略相对于其他策略是下策,从而可以被剔除出去。因此,采用上述概念和方法无法看出博弈会产生什么结果。因此,我们需要引入应用范围更广、预测能力更强的概念来定义解。

10.3.2 纳什均衡

1. 定义

一个可以满足上述要求的解的概念是**纳什均衡**(Nash Equilibrium)。所谓纳什均衡,是指这样一组策略组合:第一,在该策略组合中,每个局中人的策略都是给定其他局中人策略的情况下的最佳反应,有一个局中人的策略发生变化,原来的策略组合就不再是纳什均衡;第二,该策略具有**自我实施**(Self-Enforcing)的功能:在纳什均衡下,没有一个局中人可以通过单方面改变自己的策略而提高自己的报酬。也就是说,没有人愿意偏离均衡。这一解的概念是由美国数学家约翰·纳什提出的,故称为纳什均衡。

2. 纳什均衡的确定

在一个博弈中,寻找纳什均衡的最简单的办法是检查一下每个可能的策略组合是否符合纳什均衡定义中的条件。在一个两人博弈中,可以针对每个局中人及其策略,找出对方对该策略的最佳反应。比如,对于图 10.9 中所描述的博弈,我们可以在每个局中人针对对

	局中人2		
局中人1	L	C	R
T	(0, 4)	(4, 0)	(5, 3)
M	(4, 0)	(0, 4)	(5, 3)
B	(3, 5)	(3, 5)	(6, 6)

图 10.10 纳什均衡的确定

方策略所做出的最佳反应所对应的报酬下画上一条横线。例如，如果局中人 2 选择 L，局中人 1 将选择 M，因为 4 大于 3 和 0，因此，我们在 (M, L) 组合所对应的报酬组合 (4, 0) 中的 4 下面画一条横线，如图 10.10 所示。

如果某个策略组合所对应的报酬组合中的两个数字都画了横线，那么这个策略组合就满足纳什均衡的条件：每个局中人的策略都是针对对方策略的最佳反应。因此，(B, R) 是该博弈中唯一一对满足纳什均衡条件的策略组合。读者可以按相同的办法，证明囚徒困境中的（坦白，坦白）和图 10.6 中博弈的（上，中）也满足纳什均衡的条件。这些策略组合是这些博弈中的唯一纳什均衡。

3. 纳什均衡与上策均衡的关系

下面我们来看看纳什均衡和通过重复剔除下策得到的上策均衡之间的关系。我们注意到囚徒困境和图 10.6 中博弈的纳什均衡策略（坦白，坦白）与（上，中）都是在重复剔除下策过程中产生的唯一策略组合。这个结果可以归纳为：如果重复剔除下策过程中只剩下一个策略组合，那么这个策略组合既是该博弈的上策均衡，也是该博弈唯一的纳什均衡。但是，重复剔除下策过程中保留下来的策略组合不一定都是纳什均衡。回想一下图 10.9 中的博弈，(B, R) 是唯一的纳什均衡，但是重复剔除下策过程中保留下来的策略组合不止 (B, R) 一个，实际上每个策略组合都有可能发生。反过来，如果一个策略组合是一个纳什均衡，那么它会在重复剔除下策过程中保留下来。由此可见，纳什均衡是一个比重复剔除下策得到的上策均衡更强的解的概念。

4. 纳什均衡的存在性

前面我们看到很多博弈不一定存在上策均衡，那么我们自然就要问，是否每个博弈都能找到纳什均衡呢？下面我们就来讨论纳什均衡的存在性。纳什（1950）曾证明，对于任何有限博弈（指局中人和策略集都有限的博弈）来说，至少存在一个纳什均衡（这个均衡可能是混合策略均衡）。关于纳什均衡存在性的定理称为纳什定理，由于涉及比较复杂的数学证明，这里我们只给出定理的内容，证明从略。

5. 纳什定理

纳什定理是指如果一个博弈的局中人是有限的，并且每一个局中人只有有限个策略，那么该博弈至少存在一个纳什均衡。

纳什定理只给出了纳什均衡的存在性，没有说明其是否唯一。实际上，通过下面这个经典的例子，我们将发现一个博弈可能存在多个纳什均衡。这个被称为"性别战"的博弈说的是这样一件事：一对情侣对如何度周末有不同的想法：女方想看电影，而男方想看球赛。两人都希望和对方一起度过这个夜晚而不愿分头行动。因此，女方希望男方和自己一起看电影，而男方希望女方和自己一起看球赛。双方的报酬矩阵如图 10.11 所示。我们发现，

(电影,电影)和(球赛,球赛)都符合纳什均衡的条件,这样,这个博弈就有两个纳什均衡。可见,纳什均衡可能并不唯一。

		男	
		电影	球赛
女	电影	(2,1)	(0,0)
	球赛	(0,0)	(1,2)

图 10.11 性别战

10.3.3 纳什均衡的应用

早在 1838 年,经济学家古诺就在一个双头垄断模型的背景下提出了类似纳什均衡的概念。古诺的研究不仅是博弈论的经典之作,更是奠定了产业组织理论的基石。这里我们给大家介绍古诺模型的简单形式,从中可以加深对纳什均衡概念的理解并会计算该模型的纳什均衡解。

假定市场上存在生产同质产品的两个厂商——厂商 1 和厂商 2,市场的需求曲线为 $P(Q)=a-Q$,Q 表示市场的总产量,因此 $Q=q_1+q_2$。假定厂商 $i(i=1,2)$ 的生产成本为 $C_i(q_i)=cq_i$,其中,c 是一个小于 a 的常数。这一假设表明厂商没有固定成本,并且边际成本为常数。双方通过选择产量来进行竞争,并假定双方同时行动。

我们可以把上述产量竞争转换成一个策略式博弈。前面提到,策略式博弈有三个要素,即局中人、策略和报酬。在这个产量竞争中,局中人就是厂商 1 和厂商 2。它们可以选择的策略就是生产多少产量。在博弈结束时得到的报酬就是产量竞争下得到的利润。厂商 i 的利润取决于两个厂商的产量选择,即:

$$\pi_i(q_i,q_j)=q_i[P(q_i+q_j)-c]=q_i[a-(q_i+q_j)-c] \tag{10.1}$$

根据纳什均衡的定义,厂商 i 要在给定厂商 j 的最优产量选择下,选择使自己利润最大的产量。假定厂商 j 最优的产量选择为 q_j^*,则厂商 i 的问题就是下述最大化问题,即:

$$\max_{q_i}\pi_i(q_i,q_j^*)=\max_{q_i}q_i[a-(q_i+q_j^*)-c] \tag{10.2}$$

根据最大化问题的一阶条件,可以得到:

$$q_i=\frac{1}{2}(a-q_j^*-c) \tag{10.3}$$

由 $i=1,j=2$;$i=2,j=1$ 可以得到下面两个等式:

$$q_1^*=\frac{1}{2}(a-q_2^*-c) \tag{10.4}$$

$$q_2^*=\frac{1}{2}(a-q_1^*-c) \tag{10.5}$$

由此,可以得到纳什均衡为:

$$q_1^*=q_2^*=\frac{a-c}{3} \tag{10.6}$$

读者可以将这一结果和第 9 章中的有关内容相比较,不难发现,在博弈论的框架内,讨论厂商间的互动竞争更加简洁明了。

当我们应用纳什均衡的概念来解决现实问题时,需要注意的一点是,如何将现实问题转换成一个博弈,并运用恰当的博弈均衡概念来得到问题的解。

10.4 子博弈与子博弈精炼纳什均衡

在上一部分中,我们注意到一些博弈存在多个纳什均衡。这意味着当我们运用纳什均衡的概念来求解一个博弈问题时,会出现多个解。这显然与人们期望得到确定的结果的想法相违背。不仅如此,有时纳什均衡所产生的解还让人感到有不合理之处。如在进入博弈中,根据图 10.2 进入博弈的策略式描述,我们可以得到该博弈的两个纳什均衡,即厂商 2 的策略 1 对厂商 1 的策略 3,厂商 2 的策略 2 对厂商 1 的策略 2。第一个纳什均衡是说,如果厂商 1 选择进入并且进入后选择不迎战,那么厂商 2 的最佳策略就是发动价格战;给定厂商 2 选择发动价格战,厂商 1 的最佳选择将是首先进入然后不应战。第二个纳什均衡则是给定厂商 1 选择进入并且进入后迎战,厂商 2 将选择不发动价格战,而给定厂商 2 不选择价格战,厂商 1 的最佳选择是首先进入,然后迎战。

人们有理由对第二个纳什均衡所预测的结果——厂商 1 进入而厂商 2 不发动价格战——感到怀疑。因为这个均衡似乎表明厂商 2 对厂商 1 将迎战的威胁信以为真。但这个威胁是不可置信的,因为一旦厂商 2 选择价格战后,厂商 1 的最优选择将是不迎战。如果我们假设局中人都是理性的话,对于这一不可置信的威胁,厂商 2 将不会相信,厂商 1 也将意识到厂商 2 不会相信,从而将不会出现这一均衡结果。但现在当我们采用纳什均衡这一解的概念时,出现了这一结果,说明纳什均衡作为一个解的概念还必须得到进一步的精炼。

本节将介绍第一个精炼的纳什均衡的解的概念——**子博弈精炼纳什均衡**(Subgame Perfect Nash Equilibrium)。为此,我们首先介绍**子博弈**(Subgame)的概念。

10.4.1 子博弈

我们运用扩展式博弈来定义子博弈。具体来说,一个扩展式博弈的子博弈是原博弈的一部分,它开始于原博弈的某个决策结(该决策结是一个单点信息集),包括该决策结后的所有决策结和终点结并保持原博弈信息集的完整性。对于这一定义,我们可用图 10.12 和图 10.13 来说明。

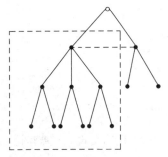
图 10.12 非子博弈情形(1)

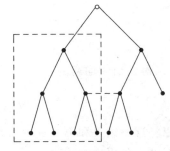
图 10.13 非子博弈情形(2)

这两幅图刻画了不构成子博弈的两种常见情形。图 10.12 方框中的博弈没有构成子博弈的原因,是该方框中的博弈未起始于单点信息集。而图 10.13 则表明子博弈不应该分割原来博弈的信息集。这两种情况的出现都使方框中的博弈不再是原来博弈中的一部分,更称不上是原博弈的子博弈了。

实际上,我们可以把子博弈看成原博弈的一个阶段,该阶段开始于子博弈的初始节点。当然,如果一个博弈是由一连串的简单博弈构成,就可以很容易地确定该博弈的子博弈。

10.4.2 子博弈精炼纳什均衡

有了对子博弈的认识,我们可以来定义子博弈精炼纳什均衡。具体来说,如果构成该纳什均衡的策略组合在每一个子博弈上面所形成的新策略组合都构成了该子博弈的一个纳什均衡,一个纳什均衡就可以形成子博弈精炼纳什均衡。

回到我们前面所提到的进入博弈。如前所述,策略组合(策略一,策略 3)和(策略二,策略 2)构成两个纳什均衡。现在,我们来考察这两个纳什均衡是否都构成了子博弈精炼纳什均衡。

为方便起见,我们将进入博弈的扩展式博弈复制如下(见图 10.14):

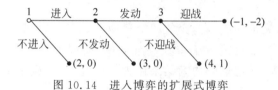

图 10.14　进入博弈的扩展式博弈

我们可以得到该博弈如下的两个博弈(见图 10.15):

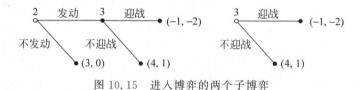

图 10.15　进入博弈的两个子博弈

首先考察纳什均衡(策略一,策略 3)。该策略组合在第一个子博弈上所形成的新策略组合是(发动,不迎战),显然,该策略组合是第一个子博弈的纳什均衡。该策略组合在第二个子博弈上所形成的策略组合(此时只有厂商 1 在行动,故只有一个局中人的策略)是不迎战,显然也是纳什均衡。所以,纳什均衡(策略一,策略 3)构成了子博弈精炼纳什均衡。

再看第二个纳什均衡(策略二,策略 2)。该策略组合在第一个子博弈上面所形成的新策略组合是(不发动,迎战)。给定厂商 1 迎战,厂商 2 的最佳选择是不发动;而给定厂商 2 选择不发动,博弈结束,厂商 1 选择任何策略都可看成最佳反应,所以,(不发动,迎战)在第一个子博弈上面构成纳什均衡。

在第二个子博弈上,该策略组合所形成的新策略组合是(迎战),这显然不是厂商 1 的最佳反应,所以不构成纳什均衡。这样,由于纳什均衡(策略二,策略 2)在第二个子博弈上面没有诱至该子博弈的纳什均衡而不能称为子博弈精炼纳什均衡。由此,我们通过子博弈精炼纳什均衡就剔除了一些不合理的纳什均衡。这样,如果我们用子博弈精炼纳什均衡来求解的话,就只会得到唯一的解,即厂商 1 进入,厂商 2 发动价格战,厂商 1 不迎战,两个厂商分别得到 1 和 4 的报酬。

通过这个例子，可以看到子博弈精炼纳什均衡可以剔除一些不合理的纳什均衡，使均衡结果更为合理。但问题是，如何找到一个博弈的子博弈精炼纳什均衡呢？

上述确定进入博弈的子博弈精炼纳什均衡的过程可以一般化，即首先确定一个博弈的纳什均衡，然后检验该纳什均衡在各个子博弈上面能否诱至纳什均衡，通过这一检验，我们就说该纳什均衡是一个子博弈精炼纳什均衡；否则，就不是。但这一方法无疑是繁琐的，因为我们首先要确定一个博弈的纳什均衡，这意味着如果一个博弈是扩展式的，还需要把它转换成策略式的，有时会比较麻烦；确定纳什均衡后，如果均衡是多个，还需要对博弈均衡结果一一进行检验，这一过程在有多个子博弈的情况下也将是非常繁琐的。因此，我们希望能有一个较为简洁的方法来确定子博弈纳什均衡。

对于完美信息的动态博弈，我们可以用**逆向归纳**（Backwards Induction）的方法比较简便地确定子博弈纳什均衡。简单地说，所谓逆向归纳，就是指首先在最接近终点结的子博弈上面确定一个纳什均衡，然后把这一纳什均衡带来的结果作为新的终点结，继续寻找最接近这一终点结的子博弈纳什均衡，反复下去，直到原博弈的终点结。下面我们仍以进入博弈来说明这一方法。

考察图 10.15 中所展示的进入博弈的两个子博弈。显然，位置靠下的子博弈是最接近终点结的一个子博弈。由于这是一个单人决策问题，所以很容易确定纳什均衡就是"不迎战"。给定这一均衡结果，并把这一均衡结果作为新的终点结，则最靠近这一新终点结的子博弈如图 10.16(a)所示。

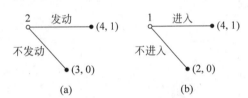

图 10.16　逆向归纳求解：步骤 1

显然，这一子博弈也是一个单人决策问题。此时纳什均衡很容易确定，只要比较一下厂商 2 在两种行动中得到的报酬就可以确定"发动"为纳什均衡。

进一步地说，给定这一均衡结果作为新的终点结，问题就成为图 10.16(b)中所展示的厂商 1 的单人决策问题，显然，厂商 1 将选择进入。这样，经过逆向归纳得到的均衡结果将是厂商 1 选择进入，厂商 2 选择发动，然后厂商 1 将选择不迎战。这与我们前面得到的子博弈精炼纳什均衡的结果一样，但过程十分简单。

由此可见，逆向归纳确实是寻找子博弈精炼纳什均衡十分简洁的方法。仔细观察后不难发现，这一方法必须假设局中人都是理性的为共同知识。也就是说，每一个局中人都知道所有局中人是理性的，并且每一个局中人也知道每一个局中人都知道所有局中人都是理性的，以及每一个局中人知道每一个局中人也知道每一个局中人都知道所有局中人都是理性的……如此下去，直到无穷。就像前面提到的剔除严格下策一样，逆向归纳方法对局中人为理性是共同知识这种要求是一种非常高的要求，这在一定程度上限制了它的运用。因为，我们有时为了更接近现实，可以假设一个局中人是理性的，而另一个局中人是非理性的为共同知识，这时就无法运用逆向归纳来求解。当然，经济学分析的基础是假定人是理性的，所以，逆向归纳方法的这一缺点并无大碍。

10.4.3　子博弈精炼纳什均衡的应用

现在，我们来讨论子博弈精炼纳什均衡在经济分析中的应用。回顾一下第 9 章中提到的斯塔克尔伯格模型(Stackelberg Model)。在这个模型中,有两个厂商即厂商1和厂商2进行产量竞争。与古诺模型不同的是,这两个厂商的行动是一先一后的。假定厂商1首先行动,它先选择生产多少产量,即确定 q_1;厂商2观察到厂商1选择的产量 q_1 后,确定自己的产量 q_2。与古诺模型相同的是,我们仍假定市场需求为 $P(Q)=a-Q, Q=q_1+q_2$,两个厂商的成本仍满足固定成本为0,边际成本 $c_1=c_2=c$,c 为一个大于0的常数。这样,厂商 i 的利润函数为:

$$\pi_i(q_i,q_j)=q_i[P(Q)-c] \tag{10.7}$$

为了确定这个博弈的精炼纳什均衡,我们运用逆向归纳法来求解。根据逆向归纳的思想,需要首先确定后行动的厂商2的最优选择,然后给定这一最优选择,再确定厂商1的最优选择。

厂商2的最大化问题是:

$$\max_{q_2}\pi_2(q_1,q_2)=\max_{q_2}q_2[a-q_1-q_2-c] \tag{10.8}$$

由一阶条件,可以得到:

$$q_2=\frac{a-q_1-c}{2} \tag{10.9}$$

这一等式在前面的古诺模型中也曾出现过。不过,在古诺模型中,这一方程表示厂商2在厂商1可能选择的产量条件下,自己对产量的选择;而在这里,这一方程表示在厂商2观察厂商1实际的产量选择后,自己将如何选择产量。

对于厂商1来说,它预计到厂商2在观察到自己的产量选择后将依据上面这个方程确定其产量,那么,它在进行产量选择时就应该考虑到这一点,所以它的利润最大化问题是:

$$\max_{q_1}\pi_1[q_1,q_2(q_1)]=\max_{q_1}q_1[a-q_1-q_2(q_1)-c]=\max_{q_1}q_1\frac{a-q_1-c}{2} \tag{10.10}$$

由一阶条件,可以得到:

$$q_1^*=\frac{a-c}{2} \quad 和 \quad q_2^*=\frac{a-c}{4} \tag{10.11}$$

这就是斯塔克尔伯格模型的子博弈精炼纳什均衡。

需要指出的是,运用子博弈精炼纳什均衡来解决现实问题时,弄清楚博弈中行动的先后顺序以及据此推得变量间相互决定关系至关重要。

复习思考题

计算题

(1) 喝酒的过程中,人们经常玩"虫、鸡、杠子、老虎"的游戏以助兴。这个游戏的规则是,双方同时说出上面四种物品中的一个,如果是虫对鸡,鸡对老虎,老虎对杠子,杠子对虫,则是一负一胜,负者罚酒一杯。假定罚一杯酒所带来的效用为 -1,每一个局中人的支付以罚酒的效用来衡量;

① 一个局中人的策略都有哪些?
② 写出这个博弈的支付矩阵。
③ 试着找出纯策略的纳什均衡。
④ 写出这个博弈的扩展形式。

(2) 考虑下图所示的扩展式博弈：
① 找出每一个局中人的策略。
② 找出每一个局中人的信息集。
③ 写出该博弈的策略形式。

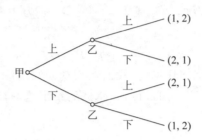

(3) 设厂商 1 和厂商 2 的市场需求函数分别为 $q_1=1-2p_1+p_2, q_2=1-2p_2+p_1$，成本分别为 $c_1=\frac{1}{3}, c_2=\frac{1}{6}$。若两个厂商都是垄断厂商，计算他们的垄断利润。假定两个厂商进行伯特兰价格竞争，计算均衡利润。

分析题

(1) 什么是纳什均衡？它和上策均衡以及子博弈精炼纳什均衡之间的关系是什么？

(2) 在博弈论中，优超战略均衡(Dominant Strategy Equilibrium)总是纳什均衡(Nash Equilibrium)吗？纳什均衡一定是优超战略均衡吗？（注：本题为北京大学中国经济研究中心 1996 年硕士生入学试题，题中的优超战略均衡在本书中成为上策均衡。）

课堂自测

第 11 章

不完全竞争的要素价格和使用量

在第 6 章中,我们已经分析了完全竞争条件下的要素价格和使用量。在本章,我们将分析不完全竞争条件下的要素价格和使用量,其中 6.1 节分析了不完全竞争的产品市场和完全竞争的要素市场,6.2 节分析了买方垄断的要素市场,6.3 节分析了双边垄断的要素市场。

11.1 产品市场的卖方垄断与完全竞争的要素市场

产品市场不完全竞争包括完全垄断、寡头垄断和垄断竞争。为了使分析简化,本章所考察的不完全竞争的产品市场只限于完全垄断,即产品市场的卖方垄断。

11.1.1 利润最大化的要素使用原则

假定厂商只使用一种可变生产要素——劳动,劳动市场是完全竞争的。这意味着工资率既定时,对单个厂商的劳动供给具有完全的弹性,但厂商在产品市场的卖方垄断,会使其产品的需求曲线成为一条向右下方倾斜的曲线,其产品边际收益曲线在任何产量水平上都会小于其价格或平均收益,如图 11.1 所示。

在这种情况下,由于产品的边际收益不再等于产品的价格,个别厂商对劳动的需求曲线也就不再是劳动的边际产品价值 VMP_L 曲线,而是劳动的边际产品收益 RMP_L 曲线。所谓劳动的边际产品收益,就是劳动边际产品与产品边际收益的乘积,用公式表示就是:

$$\text{RMP}_L = \text{MP}_L \times \text{MR}_P \quad (11.1)$$

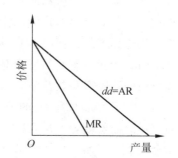

图 11.1 卖方垄断厂商的产品需求曲线

劳动的边际产品价值是劳动的边际产品乘以产品的价格,即 $\text{VMP}_L = \text{MP}_L \times P$。劳动的边际产品收益 RMP_L 则是劳动的边际产品乘以增加 1 单位产品的销售所带来的边际收益 MR_P。由于在产品市场上厂商处于卖方垄断地位,因此其产品边际收益 MR_P 小于其产品平均收益 AR_P。由于产品平均收益总是等于产品价格($\text{AR}_P = P_P$),$\text{MR}_P < \text{AR}_P$ 也就意味着 $\text{MR}_P < P_P$,所以,RMP_L 在所有产量水平上都小于 VMP_L,如图 11.2 所示。

由于假定劳动市场是完全竞争的,因此,对单个厂商来说,劳动供给具有完全的弹性。

如图 11.3 所示,在劳动价格为 P_L^0 时,劳动的供给曲线表现为一条平行于横轴的直线 S_L。厂商在 e 点达到均衡,即雇用 L_1 数量的劳动可以使其利润达到最大。

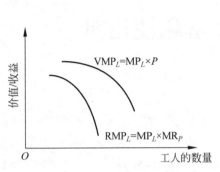

图 11.2 卖方垄断厂商对劳动的需求曲线

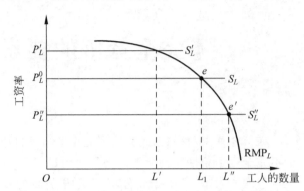

图 11.3 产品卖方垄断与完全竞争要素市场的均衡

在 e 点,劳动的边际产品收益等于劳动的价格,即:

$$\text{RMP}_L = P_L^0 \tag{11.2}$$

公式(11.2)表示,在要素市场为完全竞争的条件下,厂商增加 1 单位劳动投入,就增加支付一份工资即劳动的价格 P_L,因此劳动的边际成本就等于 P_L。厂商要达到利润最大化,就必须使投入 1 单位劳动所增加的总收益即劳动的边际产品收益 RMP_L 等于该单位劳动的价格 P_L,这就是这种市场结构条件下的利润最大化的要素使用原则。

11.1.2 卖方垄断对劳动的剥削

由以上分析可知,在产品市场处于卖方垄断时,垄断厂商对劳动的需求曲线是由边际产品收益 RMP_L 决定的。由于边际产品收益小于边际产品价值($\text{RMP}_L < \text{VMP}_L$),这就意味着垄断厂商支付的劳动成本比完全竞争条件下所支付的要小。这一情况被琼·罗宾孙(Joan Robinson)称为"卖方垄断的剥削"。罗宾孙认为,只要厂商对所用生产要素的支付价格少于其边际产品价值(VMP_L),这就意味着对生产要素所有者的剥削。图 11.4 说明了在产品市场处于卖方垄断的厂商对劳动剥削的情况。厂商在其产品市场处于卖方垄断时,它将按劳动的边际产品收益曲线 RMP_L 来支付劳动报酬。当单个厂商所面对的劳动供给曲线为 aa' 时,厂商将雇用 l_2 的劳动,并按劳动供求曲线的交点 b 支付 Oa 数量的工资,而劳动的边际产品价值为 $l_2 b'$,其差额 bb' 就是厂商剥削劳动者的部分。这里罗宾孙所谓的剥削完全是由于产品市场的卖方垄断引起的。如果产品市场和劳动市场都处于完全竞争状态,厂商对劳动的需求曲线将是劳动的边际产品价值曲线(VMP_L)。这时,均衡点为 a',劳动的投入量会确定在 l_1 的水平上,劳动者会得到与其边际产品价值相等的工资,剥削也就不会存在了。整个劳动市场的剥削情况如图 11.5 所示,OC 为按劳动边际产品价值(VMP_L)应支付的工资,OA 为按劳动边际产品收益(RMP_L)实际支付的工资。

在罗宾孙看来,只要存在垄断,相对不具备垄断地位的要素所有者就只能获得低于其边际产品价值的收入。这时,不管他是劳动者还是资本所有者,都会处于被剥削的地位。垄断的资本所有者可以剥削工人,但组成垄断工会的工人也可以剥削资本所有者。剥削与占有什么无关,只与是否垄断了什么有关。这就是罗宾孙的剥削理论。

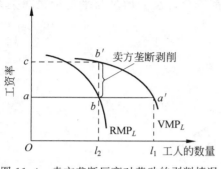

图 11.4　卖方垄断厂商对劳动的剥削情况

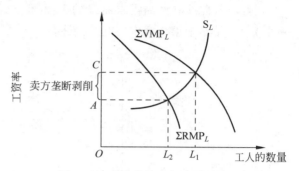

图 11.5　整个劳动市场的剥削情况

11.2　买方垄断的要素市场

这里的买方垄断是指厂商在其产品市场处于卖方垄断,在要素市场上又处于买方垄断,而产品的买者和要素的供给者却处于完全竞争条件下的情况。要素市场之所以出现买方垄断,或者是由于在一个特定区域只有一家厂商购买生产要素,或者由于某个厂商所需要的生产要素并非为其他厂商所需要。

11.2.1　买方垄断的要素成本曲线

要素成本曲线主要包括要素平均成本(AC_F)曲线和要素边际成本(MC_F)曲线。要素平均成本 AC_F(Average Cost of Factor)是厂商为使用每一单位生产要素平均支付的成本,即生产要素的价格。所以,要素平均成本曲线也就是厂商所面对的要素供给曲线,它表示要素所有者在不同的要素价格下愿意提供(出售)的要素数量,同时也表示厂商在不同价格下能够雇用(购买)的要素数量。要素边际成本 MC_F 如第 6 章中所述,是指由于增加 1 单位某种要素使用而引起的总成本的增加。[①]

要素平均成本曲线与要素边际成本曲线之间的关系类似于平均成本曲线与边际成本曲线之间的关系(见本书第 4 章中的有关论述)。当一个厂商在完全竞争市场上购买一种要素时,它所面对的要素供给曲线是水平的,也就是说,它可以按照不变的要素价格购买任何数量的要素。所以,它的要素边际成本曲线与平均支出曲线是相同的。但是,当一个厂商在要素市场上是唯一的买主时,它所面对的要素供给曲线是向右上方倾斜的,表明随着该厂商对该要素购买量的增加,它必须支付的要素价格会越来越高。这样,如图 11.6 所示,该厂商的要素边际成本曲线就会位于要素平均成本曲线之上,因为当垄断厂商每增加 1 单位要素的使用,它就必须以新的更高的价格购买所有的(包括增购前的)要素,由此所导致的总成本的增加即 MC_F 会高于 AC_F。图 11.6 所显示的要素供给曲线与边际要素成本曲线

---

① 注意,有的教科书使用边际要素成本(Marginal Factor Cost,MFC)或边际支出(Marginal Expenditure,ME),表示与 MC_F 相同的概念。

之间的关系和产品需求曲线（即平均收益曲线）与边际收益曲线之间的关系正好相反。其中,边际收益曲线在产品需求曲线的下面,但二者都符合总量的增量与平均量之间关系的数学定理(见本书第 4 章中的有关论述)。

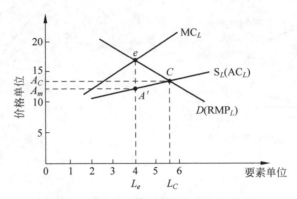

图 11.6　买方垄断条件下要素使用量及价格

11.2.2　要素市场买方垄断的均衡要素使用量和价格

假设买方垄断厂商只使用一种可变要素——劳动。为了实现利润最大化,它应当购买或使用多少劳动量呢?

本书第 6 章中曾论述了要素使用的利润最大化原则,它的一般形式是 $MR_F = MC_F$(见第 6.1 节)。在完全竞争的条件下,它具体化为 $VMP_F = P_F$。在产品市场为完全垄断而要素市场为完全竞争的条件下,它具体化为 $RMP_F = P_F$。

当产品市场和要素市场都是不完全竞争时,利润最大化的要素使用原则为：

$$RMP_F = MC_F \tag{11.3}$$

具体到上述劳动市场,当买方垄断厂商所雇用的劳动的边际成本等于劳动的边际产品收益,即 $RMP_L = MC_L$ 时,厂商买方垄断厂商对劳动要素的购买量便处于均衡状态。在图 11.6 中,使买方垄断厂商利润最大化的劳动使用量由劳动的边际成本(MC_L)曲线与劳动的边际产品收益(RMP_L)曲线的交点 e 决定,买方垄断厂商将雇用 L_e 数量的劳动,支付 OA_m 的工资率,即劳动要素的价格为 OA_m。买方垄断厂商支付给工人的工资 OA_m,低于在完全竞争的劳动市场上支付给工人的工资 OA_C。买方垄断厂商雇用的劳动 L_e 少于完全竞争劳动市场上所被雇用的劳动 L_c。在 e 点左边,增加 1 单位劳动带来的 RMP_L 大于该单位劳动的边际要素成本 $MC_L(RMP_L > MC_L)$,厂商增雇劳动会增加利润。在 e 点右边,增加 1 单位劳动带来的 RMP_L 小于该单位劳动的 $MC_L(RMP_L < MC_L)$,这会减少利润,从而促使厂商减少劳动投入。只有在 e 点,厂商的劳动投入量才达到均衡。

以上所分析的是买方垄断者只使用一种可变要素的均衡,下面分析买方垄断厂商使用多种可变要素时的均衡。

假设有 $x, y, \cdots, z$ 等多种可变要素,对于其中每一种要素来说,只要从增加的该要素的使用中得到的增加的收益至少相当于由该要素的增量所增加的成本,买方垄断者增加其使用量就是有利可图的。因此,只要某种要素的 RMP_F 大于该要素的 MC_F,垄断厂商就会增加其使用量,直到其 RMP_F 等于其 MC_F 为止。

既然要素的边际产品收益 RMP 等于其边际产品乘以产品边际收益(即 $\mathrm{MP} \times \mathrm{MR}_P$),那么,垄断厂商在使用多种可变要素时,其均衡使用量的条件可用下列公式来表示:

$$\mathrm{MP}_X \times \mathrm{MR}_P = \mathrm{MC}_X \tag{11.4a}$$

$$\mathrm{MP}_Y \times \mathrm{MR}_P = \mathrm{MC}_Y \tag{11.4b}$$

$$\vdots$$

$$\mathrm{MP}_Z \times \mathrm{MR}_P = \mathrm{MC}_Z \tag{11.4c}$$

这里的 $\mathrm{MC}_X, \mathrm{MC}_Y, \cdots, \mathrm{MC}_Z$ 分别为要素 $x, y, \cdots, z$ 的边际要素成本。

将上述公式写成下列形式:

$$\mathrm{MP}_X / \mathrm{MC}_X = 1/\mathrm{MR}_P$$

$$\mathrm{MP}_Y / \mathrm{MC}_Y = 1/\mathrm{MR}_P$$

$$\vdots$$

$$\mathrm{MP}_Z / \mathrm{MC}_Z = 1/\mathrm{MR}_P$$

所以,买方垄断厂商的利润最大化的要素使用原则可以表述为:

$$\mathrm{MP}_X / \mathrm{MC}_X = \mathrm{MP}_Y / \mathrm{MC}_Y = \cdots = \mathrm{MP}_Z / \mathrm{MC}_Z \tag{11.5}$$

显然,如果要素市场是完全竞争的,公式(11.5)与完全竞争条件下成本最小化的条件即公式 $\mathrm{MP}_X \div P_X = \mathrm{MP}_Y \div P_Y = \cdots = \mathrm{MP}_Z \div P_Z$ 是完全相同的,因为按照假定,完全竞争要素市场条件下的要素价格即要素平均成本 AC_F 等于要素边际成本 MC_F。

由于 $\mathrm{MR}_F = \mathrm{MP}_F \times P_P \left(1 - \dfrac{1}{E_P}\right)$①,$\mathrm{MC}_F = P_F \left(1 + \dfrac{1}{E_S}\right)$②,所以,公式(11.3)可以写成下列形式:

$$\mathrm{MP}_F \times P_P \left(1 - \dfrac{1}{E_P}\right) = P_F \left(1 + \dfrac{1}{E_S}\right) \quad (0 < E_P < 1; \ 0 < E_S < 1) \tag{11.6}$$

实际上,公式(11.6)是利润最大化的要素使用原则的一般形式的展开式,如果 $E_P = \infty$,$E_S = \infty$,该式则转换为 $\mathrm{VMP}_F = P_F$[公式(6.8)],这就是前述完全竞争条件下利润最大化的要素使用原则;如果 $0 < E_P < 1, E_S = \infty$,该式则还原为 $\mathrm{RMP}_L = P_L$[公式(11.2)],这就是前述完全垄断的产品市场和完全竞争的要素市场条件下利润最大化的要素使用原则。③

11.2.3 买方垄断对劳动的剥削

当厂商在要素市场处于买方垄断时,它所支付的要素价格不仅小于要素边际产值,而且小于其边际产品收益,这就造成了买方垄断者对劳动的剥削。

垄断者的剥削分成两类,一类是由产品市场上的卖方垄断所造成的对劳动的剥削,另

---

① 关于产品边际收益与产品需求之间的关系,即 $\mathrm{MR}_P = P_P \left(1 - \dfrac{1}{E_P}\right)$ 的推导,参见第 8 章附录。

② 关于要素边际成本与要素供给之间的关系,即 $\mathrm{MC}_F = P_F \left(1 + \dfrac{1}{E_S}\right)$ 的推导,参见本章附录。

③ 根据 E_P 和 E_S 的不同假定,公式(11.6)可以转换成在产品市场和要素市场其他组合条件下的利润最大化的要素使用原则。

一类是要素市场上买方垄断对劳动的剥削。如图 11.7 所示,在两个市场都处于完全竞争时,其均衡点为 A 点。在完全竞争时,要素的边际产值曲线 VMP_L 为厂商对要素的需求曲线,厂商按劳动的边际产值支付工资 W_C。当厂商在产品市场为卖方垄断者时,其对要素的需求曲线为边际产品收益曲线(RMP_L 曲线),这时要素的供给曲线 S_L 对个别厂商是一条水平线,因此,劳动的边际成本曲线 MC_L 与 S_L 重合。根据要素边际成本等于要素边际收益的原则,均衡点为 B 点,工资率 W_m 恰好等于劳动投入的边际产品收益 RMP_L,这时会产生 $W_C - W_m$ 数量的卖方垄断剥削。当厂商在要素市场上也处于买方垄断地位时,劳动的供给曲线不再是水平线,而是向右上方倾斜的,同时劳动的边际成本曲线高于劳动的供给曲线 S_L。根据要素边际成本等于要素边际收益的原则,均衡点为 e 点,因此,厂商支付的要素价格会进一步降低到劳动的边际产品收益 RMP_L 以下,即根据 W_S 来支付要素的价格,买方垄断的剥削为 $W_m - W_S$。图 11.7 说明:①在完全竞争市场上,要素的价格等于其边际产值(VMP_F);②在产品市场为完全垄断、要素市场为完全竞争时,要素的价格等于其边际产品收益(RMP_L),它小于 VMP_L;③如果厂商在产品市场和要素市场都处于垄断地位,要素的价格就会进一步小于该要素的边际产品收益 RMP_L。

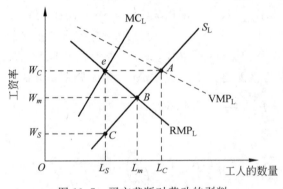

图 11.7 买方垄断对劳动的剥削

11.3 双边垄断的要素市场

在第 8.4.4 小节中,我们分析了产品市场的双边垄断,这一节将进一步分析要素市场的双边垄断,即要素市场上只有一个买者和一个卖者。

11.3.1 工会对劳动供给的垄断

我们首先假定厂商在要素市场上是完全竞争者,而劳动者通过工会组织在一起,成为要素市场上的单一卖方垄断者。下面分析工会怎样对工资率进行垄断。

如图 11.8 所示,D_L 为没有买方垄断的市场上的劳动需求曲线,它是各厂商的边际产品收益曲线加总而成的,这些厂商通过竞争购买劳动。劳动供给曲线 S_L 描述了如果工会没有施加垄断力量,工会成员怎样供给劳动。此时,劳动市场是完全竞争的,L^* 的工人将在 W^* 的工资率下被雇用。

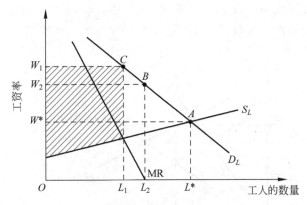

图 11.8 工会对劳动供给的单边垄断

然而，由于工会在劳动市场上居垄断卖方地位，所以工会能够选择任何工资率以及相应的劳动供给量（就如产品市场上的垄断卖方能够选择任何价格和相应的产量一样。参见第 8.2 节）。如果工会是为了使被雇用的工人数量最大化，那么，它将确定工资率为 W^*，被雇用的工人数为 L^*，这也就是劳动市场为完全竞争条件下被雇用的工人数量和相应的工资率，即图 11.8 中 S_L 和 D_L 的交点 A。

如果工会是为了使工人得到的经济租金（参见第 6.3.1 小节的有关论述）最大化，工会选择的工资率和被雇用的工人数量就必须能够使工会的边际收益（得到的额外工资）等于吸引工人工作的额外成本。工会的经济租金是其成员得到的工资减去劳动的机会成本。因为劳动的机会成本是由劳动的供给曲线 S_L 所代表的，所以，工会的边际收益曲线 MR 与供给曲线 S_L 相交处确定的劳动数量 L_1 和工资率 W_1，就是使工人的经济租金最大化的劳动供给量和工资率。劳动需求曲线以下、劳动供给曲线以上和 L_1 左边的阴影区域，代表工人得到的经济租金。

如果工会是为了使所有工人得到的工资总额最大化，那么，工会就会把工资率确定在使工会的边际收益等于 0 的水平上。工会在 B 点使工资总额最大，此时，工资率为 W_2，雇用的工人数为 L_2。

11.3.2 双边垄断的均衡

假定所有的厂商都被合并为一个厂商，所有的劳动者都被组织在一个工会中。这样，在劳动市场上，就存在两个垄断者，一个是厂商，它垄断着劳动市场的需求方面；另一个是工会，它垄断着劳动市场的供给方面。

图 11.9 说明了这种双边垄断的双边讨价还价模型。S_L 曲线为工人的供给曲线，D_L 为厂商对劳动的需求曲线，也是厂商的边际产品收益曲线。如果工会没有垄断势力，厂商处于买方垄断的地位，它将根据劳动的边际产品收益等于劳动的边际成本的原则，决定雇用工人的数量为 20 人，支付每个工人的工资 10 元。

劳动的供给曲线 S_L 表示为了诱使工人提供一定量劳动必须支付给工人的最低工资。如果工会想使其成员的经济租金最大化，那么，工会根据边际收益（工资的边际增加）与边际成本（雇佣劳动所需要的最低工资的增加）相等的原则确定工人的工资。劳动的供给曲

线 S_L 也是劳动的边际成本曲线 MC_S。在图 11.9 中，S_L 曲线与 MR_S 曲线相交确定的工资为 19 元，厂商将雇用的工人数量为 25 人，这样的工资水平和雇用工人数量就能使工会成员的经济租金最大化。

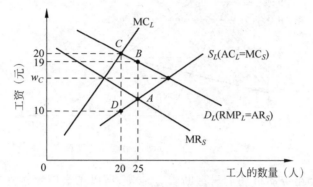

图 11.9　工会对劳动供给的双边垄断

总之，厂商愿意支付 10 元的工资雇用 20 个工人，而工会要求 19 元，并要厂商雇用 25 个工人。最后确定的工资率由工会和厂商双方的讨价还价来决定，是介于 19 元（由 MR_S 与 MC_S 的交点 A 决定）和 10 元（由 RMP_L 和 MC_L 的交点 C 决定）之间的一个数，其确定值依赖于双方讨价还价的策略。如果工会能够做出可信的罢工威胁，它可能确保工资接近 19 元。如果厂商能够做出可信的威胁，要雇用非工会化劳动者，它可能确保工资接近 10 元。如果双方都能做出可信的威胁，最后工资率可能接近完全竞争条件下的工资率 w_C。

11.4　工会的目标

工会的目标通常有三个：①保持其会员全面就业；②使会员的收入最大化；③在其会员的某一最少的就业数量的条件下使工资率最大化。

假设工会面对的劳动需求曲线如图 11.10 所示。如果工会的目标为①，即保持其会员全面就业，并且有 OM_1 数量的会员，那么，它就得接受 OP_1 的工资，因为这是可以使它的会员都得到工作的最高工资。

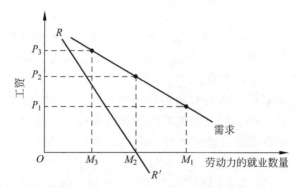

图 11.10　工会的三种目标及行为

如果工会的目标为②，也就是使工会成员的总收入最大化，那么，工会就选择工资 OP_2。因为工资 OP_2 对应的边际收益曲线 RR' 与横轴相交于 M_2 点，即 OP_2 对应的边际收益为 0，从而使总收益最大。也就是当工会成员就业量为 OM_2 时，工会的总工资额最大。这时，有 M_2M_1 的工人找不到工作。

如果工会的目标为③，具体说，如果工会目标是在保证 OM_3 数量会员就业的条件下使工资率最大化，那么，它就会选择 OP_3 的工资率，因为这一工资水平保证了其会员就业量至少达到 OM_3 时所能得到的最高工资。

从以上分析可以看出，工会追求的目标不同，其行为也就不同。另外，以上三种目标只是工会追求的常见目标，工会追求的目标远不止这三个，例如，工会领导人有一个明显的目标就是维护自己在工会中的领导地位。

下面，以图 11.11 为例说明工会的经济影响。

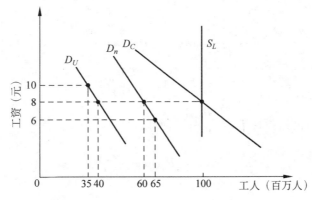

图 11.11 整个经济中的劳动供给曲线

如图 11.11 所示，假设经济可以分为一个工会部门和一个非工会部门。在工会部门中的劳动需求曲线是 D_U，在非工会部门中的劳动需求曲线是 D_n，且两个部门加总以后的劳动需求曲线为 D_C。S_L 为劳动供给曲线。

① 在工会进入之前，工资率为多少？

② 如果把工会部门的工资提高到 10 元，工会部门要临时解雇多少工人？

③ 如果这些工人全都在非工会部门找到了工作，这会对非工会部门的工资率造成什么影响？

④ 工会有时也争取额外的雇工，它要求厂商雇用多于它们想要的工人。例如，铁路就常常被要求在每列火车上雇用多于它们认为必需的（或合算的）操作工。在短期中，这样的行为常常提高了工会会员的就业率。这种影响在长期也能够存在吗？

解答：

① 8 元，因为复合需求曲线与供给曲线在此处相交。

② 就业将从 4 000 万人下降到 3 500 万人，所以会有 500 万人被临时解雇。

③ 如果新增的 500 万工人要在非工会部门就业，它的工资率就得下降到 6 元。

④ 在长期，这种影响是无法预测的，因为劳动成本的增加会加速各种替代，而工会无法阻止这种替代。例如，需要更少的或者其他类型劳动的新技术很快会发展起来，或者（由于

雇用多余的工人而导致价格昂贵)产品在与竞争产品或进口商品竞争时会失去一部分市场。

本章附录：要素边际成本与要素供给之间的关系

让我们考察要素的边际成本与要素供给之间的关系。我们知道，要素的总成本 TC_F 等于要素使用量 F 乘以要素价格 P_F，即：

$$\text{TC}_F = P_F \times F$$

既然我们考察的是要素的供给曲线，那么，要素价格就是要素供给量的反函数，即 $P_F = f(F)$，而 $\dfrac{\mathrm{d}P_F}{\mathrm{d}F} > 0$，要素的边际成本可以看作要素的总成本对 F 的导数。根据乘积的求导法则，则有：

$$\frac{\mathrm{d}\text{TC}_F}{\mathrm{d}F} = \text{MC}_F = P_F + F\frac{\mathrm{d}P_F}{\mathrm{d}F}$$

$$= PF\left(1 + \frac{F\mathrm{d}P_F}{P_F\mathrm{d}F}\right) \tag{A11.1}$$

因为要素供给的价格弹性 $E_S = \dfrac{P_F \mathrm{d}F}{F\mathrm{d}P_F}$，所以：

$$\text{MC}_F = P_F\left(1 + \frac{1}{E_S}\right) \tag{A11.2}$$

复习思考题

计算题

(1) 假定厂商使用要素 A，其边际销售收入产品的方程式是 $RMP_A = 1\,200 + 25A - 3A^2$，要素 A 的供给价格为 145 元，请问要用多少单位 A 才能实现最大利润？

(2) 大明公司生产 Y 只使用一种要素 F，根据历史资料分析，产品 Y 的销售收入与要素 F 使用量的关系为 $\text{TR}_Y = 210 + 54F - F^2$，要素 C 的供给价格是供给数量的函数，为 $P_C = 15 + 2F$。求利润最大化的要素 F 的使用数量。

(3) 假定某地区的劳动需求由 $L_D = 500 - 50w$ 表示，劳动供给由 $L_S = 200w$ 表示，L 表示劳动力人数，w 表示劳动的小时工资率。

① 求该劳动市场的均衡劳动量和工资率。

② 如果政府要求厂商对就业人员实行补贴(比如物价补贴)，要求每小时补贴为 0.1 元，对劳动市场的影响如何？

③ 假定政府宣布最低工资每小时为 2.5 元，对劳动市场的影响如何，会不会造成失业？

分析题

(1) 为什么当厂商在产品市场具有垄断势力时，它对劳动的需求曲线比厂商是竞争性生产时弹性小？

(2) 比较垄断性雇主和竞争性雇主对工人的雇用选择。哪个会雇用较多的工人？哪个会支付较高的工资？请解释。

课堂自测

第 V 篇

不完全信息与市场失灵

第 12 章　作为组织的企业及其治理
第 13 章　市场失灵与政府的作用
第 14 章　公共选择

　　前两篇对微观经济行为主体的分析是以完全信息假定为前提的。本篇将放弃这一假定,进一步分析不完全信息条件下的企业行为、市场失灵以及政府的作用,并对公共选择理论做简要介绍。

　　第 12 章分析了信息不完全条件下作为微观经济组织的企业,也是资源配置的一种手段。和市场不同的是,它依靠命令和权威来配置资源。本章指出,由信息的不完全所带来的交易成本决定了在一些条件下通过企业这种依靠命令的组织来配置资源将比市场有效。另外,同样是因为信息的不完全,也使得企业的治理结构成为一个重要的问题。本章将借助交易费用理论和委托-代理理论对上述问题进行分析。

　　第 13 章分析了由于信息不完全所导致的市场失灵以及政府的作用。

　　第 14 章分析了政府是如何进行公共选择的,以及选择的经济后果如何。本章指出,市场结果不仅可能是缺乏效率的,也可能是不公的,这意味着其他经济制度中最重要的是政府,可以改善市场结果。但政府介入经济未必一定能够弥补市场缺陷,达到人们所期望的结果,因为公共政策并不是由天使制定的,而是通过极不完善的政治程序制定的。

第 12 章

作为组织的企业及其治理

在前述各章中,我们介绍了厂商追求利润最大化的行为。厂商被看成一个经济行为主体,我们分析它追求利润最大化的行为及其与市场价格之间的相互影响,至于厂商的内部组织结构会对其行为产生什么影响都没有考虑。因为前面的分析并不是为了解释和预言现实中的厂商行为本身,而是旨在解释和预言价格的变化,厂商只是作为一种分析工具,帮助人们认识价格变化的前因后果。

但是,厂商作为一个复杂的组织,其产生、发展和衰落本身已成为现实生活中最引人注目的经济问题。因此,在过去的几十年里,**厂商理论**(Firm Theory)成为主流经济学中最为活跃的研究领域之一,研究成果层出不穷。当前,有关厂商理论的研究无论是深度还是广度都已远远超过价格理论中的有关论述。

到目前为止,我们所考察的资源配置主要是通过市场机制进行的。在市场机制的运行中,厂商仅仅作为一个根据价格信号做出决策的行为主体。实际上,厂商作为一个具有复杂内部结构的组织,不仅是市场机制配置资源得以实现的一个要素,其本身也是资源配置的一种形式。在这一章中,我们将从组织的角度把厂商当作资源配置的独立的行为主体加以考察。为了体现本章与前述各章考察角度的不同,我们把价格理论中的"厂商"在这里称为"企业"。[①]

对于市场是如何通过价格机制来配置资源的,前面各章已经做了比较详尽的论述。那么,企业作为一个依靠命令运行的组织又是如何配置资源呢?在企业内部,一些行为主体是如何控制和支配另外一些行为主体呢?

本章通过引入不完全信息来回答上述两大问题。在第12.1节,我们指出企业作为一个科层组织,可以起到配置资源的作用主要是因为不完全信息所带来的交易成本。第12.2节简单介绍了企业的几种组织形式。第12.3节介绍了不完全信息所带来的委托-代理问题及其解决这一问题的基本原则。最后一节即第12.4节则介绍了公司这一企业的组织形式如何通过治理结构来解决委托-代理问题。

12.1 企业与资源配置

12.1.1 作为组织的企业

从资源配置的技术性质看,企业的产生和发展可以从规模经济和范围经济的角度加以

---

① 在英文文献中,一般只有"firm"一词,国内学者现在似乎已经约定俗成地在该词出现在价格理论中时译为"厂商",而在研究组织内部问题时,译为"企业"。

解释。规模经济是指生产数量越多,平均成本越低的情形。这种情形在大工业生产中随处可见。比如,轿车的生产在年产量达到 30 万辆时成本就会显著下降。即使在非工业生产中,我们也可以发现规模经济的作用,比如,学校(在某种意义上,也可看成企业)对教育服务的提供相对于家庭教师对教育服务的提供就具有显著的规模经济。范围经济是指生产多种商品比生产单一种类商品的平均成本要低的情形。这一点,在石化行业体现得最为清楚。几乎任何一个石化公司都生产柴油、汽油、石蜡、沥青等产品。原因是,这些产品都是从同一原料——石油中提炼出来的。我们知道,对石油进行提炼时,会按质量的轻重同时得到 4 种物质,最轻的是汽油,其次是柴油,然后是石蜡和沥青。如果一个公司只生产汽油,那么它提炼的其他物质只能成为废弃物了,成本显然很高。另外,我们经常发现一些服装公司不仅生产成人装,而且生产童装,道理也是一样。

要利用生产活动的这些特性,就需要将人员组织起来,进行专业化的分工,协调生产过程,购买和租用土地、厂房、原料等。因为我们不能指望人们会自发地组织起来,互相协调,所以必须有企业家。作为一个企业家,他应该首先认识到某种生产活动的规模经济或范围经济足够大,足以抵消组织一个企业所付出的全部成本。换句话说,他应该具备盈利的洞察力。在认识到这种潜在的盈利机会后,由他来募集资金、招聘工人、建造厂房、购买原料为开工生产做准备;开工生产后,他必须组织、协调、管理工人的生产,开拓销售渠道,取得销售收入和利润。同时,作为企业的决策人,他还必须对企业的失败负责。

这里涉及科层结构。所谓**科层结构**,是指组织中不同的权威层次,这些权威对下一级可以发号施令,但必须接受上一级的指挥和命令。具有科层结构的组织被称为科层组织。而企业正是这样一种科层组织:处于这种结构中间的科层的权威显然来自上一级的授权,而最高层权威,也就是企业家的权威,则来自其所具备的盈利知识,因为拥有盈利知识才可以指挥别人如何去做。

因此可以说,企业作为一种组织,它是具有盈利知识的人为实现生产的规模经济或范围经济所带来的利润,而组建并依靠命令来对资源进行配置的科层结构。

12.1.2 交易成本与企业

如果市场能够完美地运行,为什么还需要企业这种依靠命令来配置资源的科层组织呢?是什么决定了一些交易通过市场来进行而另一些交易却发生在企业内部呢?

这些非常基本的问题是由诺贝尔经济学奖得主罗纳德·科斯首先提出的。他的回答是,进行交易是有成本的,这些交易成本因为交易的性质和组织方式的不同而不同,而人们显然会采用能够节约交易成本的组织形式。因此,当交易依托市场来进行会更节约交易成本的时候,人们选择市场进行交易,而当一些交易在企业中进行会节约交易成本的时候,人们又会建立企业来进行交易。

这是一个简单而深刻的思想。但是,科斯并没有明确阐释交易成本的来源和性质。如果这些不搞清楚的话,将很难构成一个严密的理论。因此,后来许多研究组织的文献致力于发展和丰富科斯的这一思想,力图给出交易成本确切的含义。

实际上,交易成本就是运行一个系统的全部成本,主要包括协调成本和激励成本。在一个市场系统中,协调问题主要出现在价格的确定以及其他交易细节的敲定方面,其次是使潜在交易双方获知对方的存在并进行交易等方面。为解决这些问题而产生的费用,被称为市场的协调成本。具体而言,发生在供给方的协调成本主要有谈判、演示、广告、营销等方面的费用,需求方的协调成本则主要是有关的搜寻费用。

在一个企业中,与协调问题相关的交易成本主要发生在收集与传递供决策使用的信息,以及实施决策而需要的交流、反馈信息的成本等方面。它不仅包括相关的直接费用,还包括为此间接耗费的资源和精力。

与激励问题相关的交易成本主要有两类。第一类激励成本主要与交易中信息的不完全和不对称有关。当交易双方没有全部掌握签订和执行交易合同所需的对方信息时,就会发生这类成本。比如,一台电脑的购买者可能无法确定销售者对该产品的配置、质量、售后服务的种种宣称是否真实;一个公司的销售主管对于在外工作的销售人员是否努力尽职也无法确定。在这种情况下,由于一方或双方担心上当受骗,就会花费成本采取一些必要的防护措施。比如,销售者为消除消费者的担心,就会花费金钱寻求独立的第三方进行认证,或者花巨额资金建立自己的声誉等。在激励成本过高时,一些原本互惠互利的交易就可能不会发生。

第二类激励成本与不完全承诺有关。所谓不完全承诺,是指做出承诺的一方除非自己愿意履行承诺,否则对方就没法得到履行的承诺。也就是说,另一方没有能力对做出承诺的一方进行有效的约束。比如,一个彩电制造商希望作为其上游企业的某彩管制造商为其生产一种专门的彩管,但该彩管制造商为此需要投资兴建一条专门的生产线,我们称这类投资为专用性投资。此时,彩管制造商一定会担心一旦生产线建造完毕,对方以取消订货威胁来压低订货价格。因为此时彩管商没有能力让彩电商履行承诺。当人们预见到承诺的不完全性时,他们将花费资源,采取额外的措施以保证承诺得到履行。这些措施包括征信[①]、押金、雇用律师、第三方支付[②]等。为此发生的相关费用就属于第二类激励成本。

市场和企业都会遇到交易的协调和激励问题,但这些问题在市场和企业中的影响是不同的。这意味着对于一项特定交易来说,采用市场方式和企业方式所产生的交易成本大小是不同的。因此,针对不同的交易,市场和企业都有着各自的优势。一般来说,具有以下特点的交易利用企业进行比较好:

(1) 涉及专用性投资的交易。这是因为专用性投资将带来不完全承诺,通过将需要进行专用性投资的上游供货商和需要产品的下游制造商合并成一个企业,将消除不完全承诺,因此,采用企业来进行将会降低交易成本。

(2) 频繁性交易。在双方经常交易的情况下,人们可能利用比较标准的契约来详细地规定双方的权利和责任,一旦有纠纷,也可对簿公堂。但这种做法无疑会产生诉讼费用。如果只有当事人知道其中的是非曲直,而第三方难以断定,则诉讼也无济于事。此时,人们可能会借助其他的方式来解决。比如,在工厂中,监工和工人之间的纠纷就很少借助法院来解决。相反,工厂中一般都建立专门机构以解决这类问题。显然,这样做将会降低由此带来的相关费用。实际上,当双方的交易在很长的一段时间内频繁发生时,他们将发现引入企业的方式进行交易将会显著降低交易成本。

---

① 即调查与收集交易对象的信用。
② 在交易双方都不信任对方时,经常要找一个独立的第三方来进行款项的结算。

(3) 复杂性交易。在日常生活中，一些交易非常简单，而另一些交易则非常复杂。对于简单的交易，人们一手交钱，一手交货，有时甚至不用契约来规范。而对于复杂性交易，人们需要订立详细烦琐的契约，规定各种情况下出现问题的解决办法。即使这样，这些契约也不一定会起到作用。显然，通过市场进行复杂性交易将带来较高的协调成本和激励成本。但如果一些复杂性交易通过命令就可以得到很好的协调的话，引入企业形式无疑会降低交易成本。比如，多数企业有自己的研发部门，但为什么这些企业不采用市场的形式，将自己的研发交给独立的研究部门来进行呢？其原因就在于大多数开发新产品的交易是一个复杂性交易，很难通过合同详细规定双方的责权利。

从以上分析中我们看到，市场和企业是资源配置的两种可相互替代的手段。区别在于，市场是通过价格来配置资源，而企业则是通过权威命令来配置资源。选择何种方式配置资源取决在具体的交易时何种方式的交易成本最小。

12.2 企业的组织形式

在现实经济生活中，企业的组织形式主要有三种：①**业主制**（Proprietorship 或 Single Proprietorship）；②**合伙制**（Partnership）；③**公司制**（Corporation）。

一般来说，业主制企业和合伙制企业规模都比较小。规模较大的企业往往采取公司制形式。虽然小企业在数量上占有优势，但是，从销售额、资产、政治和经济力量、工资数额和职工人数来看，大公司则占有支配性的地位。

12.2.1 业主制企业

业主制企业是最简单的企业组织形式。这种俗称"夫妻店"的典型小企业只有一个产权所有者，它是业主的个人财产，由业主直接经营。业主享有该企业的全部经营所得，同时对它的债务负有完全责任。如果经营失败，出现资不抵债的情况，业主要用自己的家财来抵偿。

业主制企业一般规模很小，结构简单，几乎没有任何内部管理机构。这些小企业可能每天做几百元或几千元的生意，仅仅为小企业主的努力提供最低的工资。这些企业在数量上很多，但总销售额很小。对于大多数小企业来说，需要个人付出巨大的努力。

小企业的平均寿命通常只有一年，这是因为小企业存在着如下先天不足：①本身财力有限，而且由于受到偿债能力的限制，取得贷款的能力也比较差，因而难以从事需要大量投资的大规模工商业活动；②如果企业主无意经营或者死亡，该企业的业务就会中断。因此，这种类型的企业通常出现在零售商业、个体农业等领域。

然而，小企业也有许多长处，如建立和歇业的程序十分简单易行；产权能够较为自由地转让；经营灵活、决策迅速；经营者与产权关系紧密、直接，因而普遍具有精打细算、勤俭持家的优点。

12.2.2 合伙制企业

合伙制企业是在两个或两个以上业主的个人财产的基础上经营的。合伙人分享企业所得,共同对企业债务承担责任。合伙制企业往往需要综合不同人的才智,譬如说,不同专业的律师或医生等。

合伙制的优点是:①由于可以由众多的合伙人共筹资金,因而资本规模较业主制企业大,也由于合伙人共负偿债责任,减少了其贷款者的风险,它的筹资能力较单个业主制企业大大提高;②合伙人共同对企业盈亏负有完全责任,意味着他们以自己的全部财产来为企业担保,因而有助于增强经营者的责任心,提高企业的信誉。

合伙制有两个主要缺点:第一,合伙制企业是依据合伙人之间的协议建立的,每当一位原有的合伙人退出或死亡,一位新的合伙人被接纳,都必须重新谈判建立一个全新的合伙关系。这样,建立合伙制企业和接纳新的合伙者的谈判程序和法律程序都很复杂。同时,集资者限于少数合伙人,也限制了筹集资金的能力。而且,由于所有的合伙人都有权代表企业从事经济活动,重大决策都需要得到所有合伙人的同意,因而很容易造成决策上的延误和差错。在规模较大时,由于很难监督其他合伙人的行为,就容易产生机会主义行为。第二,所有合伙人对合伙制企业的债务负有无限责任,而不以他投入的那部分资本为限。当企业经营失败时,如果其他合伙人无力赔偿其应当承担的那一部分亏损,合伙人还负有连带责任,有义务用自己的财产予以补足,直到清偿全部欠款为止。例如,某合伙人对整个合伙的份额为1%,如果企业失败了,那么,其应该赔偿1%的亏损,而其他合伙人应赔偿99%。但是,如果其他的合伙人无力偿还,这个人可能被要求赔偿所有的债务,这会使其倾家荡产。因此,不能对企业的经营活动单独行使完全控制权的合伙人会面临相当大的风险。

由于合伙制企业有以上的特点,它们一般规模较小。只有那些业主的个人信誉和个人责任至关重要的企业,如律师事务所和会计师事务所等,当发展到几十个、几百个合伙人以后还会仍然采取这样的组织形式。目前,我国创业投资企业多采用合伙制企业形式,例如,宁波灵均投资管理合伙企业、上海高毅资产管理合伙企业、宁波幻方量化投资管理合伙企业、苏州工业园区元禾辰坤股权投资基金管理中心等均为私募基金领域比较知名的有限合伙制企业。

12.2.3 公司制企业

公司制企业是一个法人组织,它以法人的名义行使民事权利,承担民事责任,有权举债、签订合同,能在法院起诉和应诉。公司的产权分属于股东,股东有权分享公司的盈利。与合伙企业不同,公司入股人(股东)并不对企业债务负无限责任,而只在他投入的股本的范围内对债务负责。同时,公司股东不能退股,只能转让他们的股权。因此,公司脱离了它们的所有者而具有独立的生命。

几个世纪以前,公司执照是君主或立法机关根据特别法令颁发的。19世纪,铁路公司往往不得不花费一大笔钱从立法机关取得公司执照,其数额和奠定路基的钱差不多。但从20世纪以来,各国通过了一系列的法律,几乎给了任何人以任何目的组建公司的权利。现在,在发达的市场经济中,大多数经济活动都发生在公司里。

与合伙制企业相比较,公司最突出的优点是,股东们只对企业债务负有限责任,即只在他们缴纳的股金范围内对企业的债务负责,一旦公司由于资不抵债而破产,债权人只能对公司的资产提出要求,而无权要求股东用股金以外的财产来抵偿公司债务。这样,公司股东的风险要比合伙人小得多。这就使股份公司成为筹集大量资本的良好企业组织形式。公司的另一项优点是具有独立生命,除非由于破产歇业,它的生命是"永远延续"的。公司一旦建立,其业务不会因为股东死亡或股权转手而终止。而且在业务决策上,只需多数同意而不需要一致通过。与此同时,公司股东不能像合伙企业的合伙人那样,直接做出经营决策和代表其他股东与别的公司签约,而是由股东大会按一股一票的原则投票选聘董事组成董事会托管公司法人财产,董事会则聘任总经理和其他高级经理人员进行日常经营活动。公司经理人员在作为股东的代理人行使职权和承担财务责任时受到有关法律的严格限制。这样就保证了公司决策的连续性和及时性,减少了差错。

公司这种组织形式的缺点是:①公司的设立程序复杂,不像个体业主制企业那样,随时可以建立和歇业,也不像合伙制企业那样,仅仅由合伙者的协议决定。公司法人地位的确定需要政府的认可,歇业也要通过一定的法定程序。因而公司的组建不像其他两种企业形式那样方便灵活。②股东购买股票,只为取得股利和从股票升值中获利,对公司缺乏个体业主制企业和合伙制下那种所有者同企业之间血肉相连的关系。同时,由于经营者往往不是拥有股权的股东,他们同企业的利益关系,也不像个体业主制及合伙制那样紧密,由此便产生了委托人(出资者)和代理人(经理人员)之间复杂的授权与控制的关系。

随着现代工商业的发展,公司规模扩大,股东增多,业务日益复杂化,大股东亲自担任高层经理人员经营企业的做法越来越不能适应新的形势,于是越来越多的大公司将经营工作委托给支薪的高层和中层经理人员承担。这些中高层经理人员往往不是企业的股东,只是由于自己的经营管理能力而被代表所有者的董事会所雇用。美国法学家伯利(A. Berle)和米恩斯(G. Means)最先深入地考察了这种现象。1933年,他们在《现代公司与私有财产》一书中公布了对200家美国大公司进行的实证研究结果。他们认为,由于股份分散化,不占有50%以上的股份的股东,甚至完全不占股份的经理人员也可能控制公司。在他们所调查的200家大公司中,绝大部分不是由股东控制的,其中占公司数量44%、占公司财产58%的公司是由并未握有公司股权的经理人员控制的。由此他们得出结论:现代公司的发展,已经使它们受"经营者控制"或实现了"所有与控制的分离"(the separation between ownership and control)。① 也有作者把这种情况称为"所有与经营的分离"(the separation of management and ownership),在我国通常称这种现象为"所有权与经营权的分离"。

在1959年出版的《没有财产的权力》一书中,伯利把他的论断推到了极端。他认为,当被称为公司的法律实体作为财产所有者出现时,股东已没有任何权利同那些形成公司资产的东西发生实际关系。② 许多经济学家认为他的这一结论失之偏颇。例如,日本经济学家奥村宏就以日本的实际情况为例,驳斥了经营者控制论。1983年,在美国斯坦福大学胡佛研究所为纪念《现代公司与私有财产》一书出版50周年而组织的讨论会中,多数学者也表达了和上述观点相同的看法,认为公司所有者仍然对公司的法人财产保持最终控制。至于所有者如何控制,我们将在本章下一节中进行探讨。

---

① Berle, A. A & Means, G. C., 1933, *The Modern Corporation and Private Property*, NEW YORK: Macmillan.
② 见《没有财产的权利》,中文版,63~66页,北京:商务印书馆,1982年版。

12.3 公司中的激励与控制

上一节中提到，现代公司的典型特征是"所有权与控制权"的分离，即股东是所有者，但决策权掌握在专职管理者手中。而且经常有人争论，管理者享有一定程度的相机决策权力（尤其在股权高度分散时更是如此），因而企业的行为不仅反映了所有者的目标，也反映了管理者的目标。大约在30年前，这些现象引发了许多企业的管理者理论，最著名的是鲍莫尔（Baumol）、马利斯（Marris）和威廉姆森（Williamson）等人的研究成果[①]。他们基于组织理论的研究成果，发现管理者们不仅从工资中获得满足，还尽力追求诸如权力、声望、安全和业绩等方面的成就。

例如，鲍莫尔认为，应把管理者追求效用函数最大化转变成追求销售额最大化，并用在最小利润水平的约束下追求收入最大化取代利润最大化假定。在威廉姆森的模型中，企业的目标是效用函数最大化，这种效用函数包括员工的数量、管理者津贴（如费用支出和办公室装修等），以及管理者可以自行决策的投资水平等因素。在马利斯的模型中，企业目标则是增长最大化。但这些模型的潜在不足是，没有明确地考察所有者和管理者之间的关系。显然，所有者通过适当的合同可以对管理者实施某种程度的约束，这就是委托-代理理论研究的成果。

12.3.1 委托-代理理论简介

在现实生活中，由于某些行为主体不掌握与所要处理事务有关的知识、技能和信息，经常需要委托他人代自己处理相关的事务。这时将产生委托-代理关系。我们把委托其他人代为处理有关事务的一方称为**委托人**（Principal），接受委托的一方称为**代理人**（Agent）。比如，打官司中，我们经常委托律师来代理自己的相关事务。显然，在委托代理关系中存在着**不对称信息**（Asymmetric Information）。一般而言，代理人掌握处理相关事务的知识或技能，而委托人对此却是懵懂不知。正是根据委托-代理关系的这一特征，委托-代理理论把任何涉及信息不对称的交易都看成一种委托-代理关系，并根据是否具有私人信息将交易双方划分为委托人和代理人——在交易中没有私人信息的一方被称为委托人，而具有私人信息的一方则被称为代理人。

在一个组织中，信息不对称通常会导致道德风险。比如，推销员是否在外边尽力推销产品，推销员自己知道，但公司的销售主管不一定知道。经理人员是否兢兢业业、尽职尽责，经理自己心里清楚，但公司的股东不知道。大股东主持的关联交易是否肥了自己坑了小股东，大股东肯定明了，而小股东则被蒙在鼓里。这些发生在企业中信息不对称问题的特点是信息不对称一般是在交易发生之后，并且主要是行动难以监测所致。这类问题我们称为**道德风险**（Moral Hazard）：因代理人的行动难以监测，委托人面临对方耍滑偷懒等道

[①] Marris, R., 1963, "A model of the Managerial Enterprise", Quarterly Journal of Economics, 77, May, pp. 185-209.
Williamson, O. E., 1971, "Managerial Discretion, Organization Form, and the Multi-Division Hypothesis", London: Macmillan, pp. 343-386.

德败坏的风险。可见，在一种委托-代理关系中，首要问题就是通过什么样的措施可以让代理人为委托人办事尽职尽责。这一问题可以简单地归结为"如何让人不说谎，如何让人不偷懒"。

由于道德风险是由行动过程难以监测所致，人们可能想到用行动的结果来监测。但是，由于存在不确定性，运用结果进行监测也会遇到问题。比如，推销员出去推销雨伞，若碰到晴空万里，不管其多么努力，恐怕很难销出几把伞，若恰好碰上下雨，则销量可能非常可观。如果全凭结果来定奖惩，这意味着代理人将承担全部风险。这种方式的激励效果最为明显。但是如果不具备承担风险的能力或不喜欢承担风险（这是现实生活的常态），他将会辞职不干了。如果走向另一个极端，奖惩完全和结果无关，即给当事人一份固定工资，这时当事人的风险全无，或者说是他得到了完全保险(Fully Insured)，这时，他固然愿意参与进来做事，但由于此时干多干少都一样，他显然愿意选择"少干"。这样，由于不确定性因素的存在和人们回避风险的倾向，使得人们在解决这样一个激励问题的同时还需要考虑"保险"问题。也就是说，在代理人无法或不能承担风险的情况下，如果为达到最强的激励效果，让代理人承担全部风险，代理人就可能不愿接受委托去做事；但如果让代理人一点风险也不承担，就会达不到任何激励的效果。这表明，"激励"（让他不偷懒）和"保险"（让他不承担风险）之间存在着冲突。而委托-代理理论就是要研究通过何种契约的安排可以解决这一冲突。

需要说明的是，市场中也会存在信息不对称以及相应的逆向选择和道德风险问题，这将在下一章进行分析。本章主要研究作为组织的企业中所存在的信息不对称问题，而本节主要关心企业中的道德风险问题，这是因为企业包括多层委托-代理关系，并且在每一层的代理关系中都容易出现道德风险。比如，在公司制企业中，很多中小股东并不知道公司应当如何发展以及如何管理公司的运营等问题，所以他们必须委托董事会来替他们对公司进行运作。这里，中小股东就是委托人，而董事会就是代理人。董事会可能无法具体管理企业，故他们需雇用经理人员来对公司的日常事务进行管理，这样，在董事会和经理人员之间又形成了一层委托-代理关系。此时，董事会变成了委托人，而经理人员则成了代理人。经理人员又需要雇用员工进行生产和销售等活动，因此，在经理和员工之间也存在委托-代理关系。只不过经理此时是委托人，员工是代理人。

12.3.2 道德风险的内部控制

前面我们提到，要使激励有效，必须权衡"激励"和"保险"的关系。由此出发，我们得到的第一个原则就是，为控制道德风险，必须让代理人承担部分风险。这是因为如果让代理人不承担任何风险，就意味着代理人得到的报酬和实际的结果没有关系，这显然将导致代理人偷懒。现实生活中，销售人员的销售报酬往往采用"提成"方式，就是这一原则的体现。

另外一个原则是不让代理人承担过多其自身难以控制的风险。这是因为人们往往都有回避风险的倾向，承担过多自身难以控制的风险将导致代理人退出委托-代理关系。例如，在一个企业中，企业经理追求利润最大化，但这需要工人们努力工作。如果经理根据公司利润高低发放工资，这将使工人的收入不仅取决于自己的努力，而且依赖于影响利润的其他因素，如原材料价格的波动、市场需求的波动、广告策略是否奏效等，而这些因素是他们所不能控制的。显然,根据产量水平、次品比例等因素发放工资,会更受工人的欢迎,尽管产量水平和次品比例也不是完全由他们来控制的。

还有一个比较基本的激励原则就是尽量使委托人和代理人的目标相一致。也就是说,应该使代理人的自利行为同时也是委托人希望代理人采取的行为。因此,这一原则又被称为**激励相容原则**(Incentive Compatibility)。一般而言,通过对交易契约做出安排,消除委托人和代理人之间的利益冲突,就可以做到这一点。

就企业而言,管理者(代理人)与所有者(委托人)之间的冲突主要发生在产量水平的确定、各种支出名目以及管理者的努力程度等方面。尽管在每种情况下都存在许多复杂因素和不确定性,从而不可能制定出严密限定管理者行为的合同,但如果能使管理者同时扮演所有者角色的话,实现委托人和代理人利益目标相一致,则任何冲突在原则上都是可以避免的。例如,管理者可以向所有者支付固定的金额,然后管理者变成剩余索取者,并由其自己来承担一切行为后果。

下面我们以所有者和管理者这一委托-代理关系为背景,用一个数字的例子说明如何通过契约安排来消除二者之间的矛盾冲突,实践激励相容原则。

假定管理者 M 厌恶风险,所有者 A 虽然不在乎风险但缺乏管理能力,他们想实现两权分离,但面临的问题是管理者的努力程度无法适当写入合同。这样 A 就面临这样一种选择:是同时兼任剩余索取者和管理者,还是把管理角色委托给专职管理者 M。假设在前一种情况下,生产者剩余可以是 5 单位或 20 单位,并且二者出现的概率相同,而因兼任管理的成本为 1 单位。由此可知,预期利润将是 11.5 单位。现在 A 了解到,有一个专职管理者 M,如果他努力工作,可以把获得净收益 20 单位(支付管理者报酬前的剩余)的概率提高到 0.9 单位,然而如果他偷懒,则其概率仍为 0.5。M 是厌恶风险的,其效用函数为 $U=u(s-d)$,其中,s 代表工资;d 代表努力的负效用(以货币形式表示)。同时假定,如果他偷懒,则 $d=1$;如果他努力,则 $d=2$。显然,如果 M 被任命后努力工作而不偷懒,这时预期净收益将提高 6 单位(从 12.5 单位提高到 18.5 单位),效用成本仍为 1 单位。那么,他能达到这个目标吗?

如果 A 提供固定工资,那么 M 会选择偷懒,因为这样对于他来说,努力的负效用很低,而收入不受影响。但是工资是不能与努力联系在一起的,因为按照假设努力程度是无法观测的。所幸的是,还存在另一种选择,即用合同把工资和净收益联系起来。既然努力工作可增加获得更高净收益的概率,一个净收益高、工资也更多的合同会诱使 M 付出更多的努力。具体来说,这一差额要足够大,以满足下面的激励相容约束(Incentive Compatibility Constraint):

$$0.1 \times u(s_L-2) + 0.9 \times u(s_H-2) \geqslant 0.5 u(s_L-1) + 0.5 u(s_H-1) \quad (12.1)$$

其中,s_L 代表净收益为 5 单位时的工资;s_H 代表净收益为 20 单位时的工资。也就是说,如果 M 努力工作而不偷懒,那么他的预期效用一定会更高些。

假如效用函数具体为:

$$U=11(s-d)-(s-d)^2 \quad (12.2)$$

由于管理者面临的工资合同规定,如果净收益为 5 单位,则付给他的工资为 3 单位;如果净收益为 20 单位,则付给他的工资为 6 单位。因此,如果这位管理者努力工作,他就能产生 26.2 单位的预期效用;如果他偷懒,则只能产生 24 单位的预期效用。这样,激励相容约束就得到了满足。

在涉及这类合同时,有另外两个约束必须也得到满足。第一,合同对 A 来说必须是有利可图的。在没有这个合同时,我们看到的预期利润是 11.5 单位。有了这个合同后,利润是(5-3)单位的概率为 0.1,(20-6)单位的概率为 0.9,从而预期利润为 12.8 单位。因此,对于 A 来说,把管理者角色委托给别人是最优的。第二,管理者得到的效用 26.2 单位至少必须等于在别处获得的效用水平。如果这一点得到满足,那合同就是可行的。

这个例子表明,首先,即使由于管理者的一些行为无法观测,从而存在管理者偷懒的可能性,让不同的人分别担任剩余索取者和管理者的角色也可以是最优的;其次,即便管理者的行为无法观测,也可以设计出一种合同,它能诱使管理者为剩余索取者的利益而行事。当然,不可观测性会增加诱使管理者更大程度努力所必需的额外费用,即较高的预期工资。

12.3.3　接管对道德风险的抑制

与股东签订合同并不是对管理者的道德风险的唯一约束。另一个一直受到重视的约束方式是**接管**(Takeover)。其基本原理是,管理者如果不能实现利润最大化就会使股票价格下跌,这就给外部"**公司猎户**"(Corporate Raider)提供了机会,他们通过买进足以控股企业的股份取得控制权,取代现任的管理层,恢复到利润最大化状态,然后以股价上升的形式实现利润。这种威胁足以使担心被解雇的管理者把所有者的利益放在首位,不然的话,他首先可能会失业,或者至少在履历表上加上不光彩的一页。管理者必须清楚,如果不把所有者利益放在首位,那么管理者的地位将是暂时的,只能持续到被其他公司接管。

当然,现实中有许多因素会限制以接管作为惩罚手段的有效性。首先,接管过程中涉及各种成本。这些成本包括广告费用、法律咨询和经纪人费用、接管出价的贴水(出价高于现行股价之差)等。其次,现任的管理者们会采用各种手段阻止"公司猎户"的收购。比如,常用的"**毒丸**"(Poison Pill)策略。其方法是,给予自己公司现有股东一定**股权**(Stock Rights),这些股权除非被谋求控制权的接管者出价所激活,否则是不起作用的。例如,在面临接管时,这些股东有权以极优惠的价格购买更多的股票,或者以极有利的价格卖给接管后的公司。这两种情况下的目的都是减少自己公司对"公司猎户"的价值。其他的策略还有:①发动对"公司猎户"的诉讼,比如,控告其违背了反垄断法或兼并出价的有关规定,这种手段至少可以延缓接管的进行;②"**绿色邮件**"(Greenmail),即以抬高的价格回购"公司猎户"的股份;③"**金色降落伞**"(Golden Parachutes),即给予现任管理者在接管发生之后被解雇时享受大额赔偿金的权利。另外,搭便车动机的存在也使兼并变得困难。即在有人出价购买公司股票时,目标公司的单个股东一般不愿出售股票,他们预期股票随着接管能更值钱。

由于接管过程中有这么多的不完善性,人们自然会提出这样的问题:为什么必须借助企业外部的力量?现有的股东不是有能力和动力撤掉不能为他们谋利益的管理者吗?这样做的困难在于很难观测管理者是否有滥用权力的行为。市场中有一批专门从事这种行为调查的专家。当然,他们自身必须有处理管理者滥用权力行为的特长,否则,如果新任管理者与原管理者相差无几,就没有必要更换原管理者了。

最后,"公司猎户"也许会身兼管理者和所有者二职于一身,现存的管理不善问题和新产品或新市场都可以为企业家提供大显身手的机会。

12.4 公司的法人地位和公司治理结构

如上所述,公司制有两项最基本的特征:①公司在法律上具有独立的法人地位,这种法人地位的产权基础是其所拥有的法人财产;②公司不是由出资人个人,而是由一个**公司治理结构**(Corporate Governance Institute)来经营和管理的。所谓的公司治理结构,是由所有者、董事会和高级经理人员三者形成的一种组织结构。在这一结构中,上述三者之间形成一定的制衡(Check and Balance)关系。现在我们就主要以公司制的成熟形态——股份有限公司为背景,分别对这两个特征进行更深入的考察。

12.4.1 公司的法人地位

公司的法人财产,由股东所投入的股本形成。它一旦形成,便具有了独立的生命。公司的盈亏,表现为法人财产的盈缩。法人财产虽然归根到底仍是股东的财产,但是法人(公司)财产和股东财产又有如下的区别:①公司的法人财产和股东的除股金以外的财产之间有明确的界限;②公司以其法人财产承担民事责任,如果公司破产,就与股东的其他个人财产无关;③股东不能以个人身份直接支配其已经投入公司的资本,而只有作为法人组织的一分子,通过一定组织程序,才能参与公司财产的最终控制。

对于法人财产制度,需要澄清一些误解。

最经常发生的误解是把法人看成自然人。例如,我们经常听到这样的说法:某人是某公司的"法人"。其实,法学或经济学上所说的"法人"并不是一个"人"(自然人),而是一个具有和自然人相同的民事能力的组织团体。在上述误解的基础上产生了第二种误解,就是把"法人财产"看成企业(即以企业领导人员为代表的职工集体)的财产。例如,有些人认为,公司的盈利交了国家的,还了银行的,付了股东的,都是"企业"自己的。因此,为了避免产生误解,最好不要笼统地使用"企业拥有法人财产"这一类说法;如果要用,也需对其中的"企业"一词加以明确的界定,说明只有企业法人才拥有法人产权。这是因为,法人财产属于法人,法人是由股东合伙组成的团体,这些本来都是清楚的,而企业则往往是一个混沌的概念,主要是指经理人员和全体职工而不包括所有者,不加限定地说企业拥有法人财产,无异于说公司财产属于股东、经理人员和全体职工共有。

12.4.2 公司的治理结构

前面已经指出,在公司制度创立初期,许多公司的业主都是一身两任的——既是大股东又是高层经理人员,在一些家族公司中更是如此。随着公司制度的发展,所有权与控制权进一步分离,就更加需要完善公司治理结构,既保证作为经营专家的高层经理人员放手经营,又不致失去出资者(股东)对经理人的最终控制。

一般而言,公司治理结构由股东大会、董事会和由高层经理人员组成的执行机构三个部分组成。

1. 股东大会

股东是指持有公司股权的投资者。股东有在册和非在册之分。所谓在册股东,是指在公司股东名册上登记其姓名、地址和其他简况的股东。所谓非在册股东,是指没有在公司股东名册上登记其姓名、地址和其他简况的股东。享有在平时获得定息的优先权和清盘时获得补偿的优先权的优先股持有人通常不算在册股东。普通股持有人依法过户后就成为在册股东。

股东可以是自然人,也可以是法人。

普通股持有人依法凭借所持股票行使其权利,享受法定的经济利益。股东的权利包括:①对剩余收入的索取权,即确定分红的权利;②在审议董事会关于修改公司章程、出卖部分或全部财产的建议和财务报告时的投票权;③对董事的选举权和在董事玩忽职守、未能尽到受托责任时的起诉权;④对公司经营活动的知情权和监察权。与此同时,股东也要承担缴足股金的责任。

股东是公司的所有者,他们通过股东大会行使自己的审议权和投票权,维护自己的法定权益。

股东大会分为例行年会和特别会议两种。股东大会例行年会是指公司一年一次必须召开的股东大会。它一般由董事会组织召开。普通年会的主要内容是:①讨论和批准公司年度报告、资产负债表、损益表和其他会计报表;②修改公司章程;③决定公司的合并或解散;④讨论和通过董事会关于增减公司资本的建议;⑤选举公司董事;⑥讨论和批准董事会提出的分红方案。股东大会特别会议是指在两次会议之间不定期召开的股东会议。它一般用于讨论决定公司的重大决策问题。根据各国公司法和传统做法,股东特别会议可以由董事会召开,或者由持有一定数量股权的股东提议召开,或者由法院发布命令召开,法院发布命令既可以根据自己的动议,也可以根据任何一个董事或有表决权的股东的申请。股东特别会议的内容,各国在法律上往往予以明确规定。

召开股东大会的通知必须采用书面形式,并在开会前送到每个在册的有表决权的股东手里。参加股东大会的股东必须达到法定人数才能视为合法,通过的决议才能有效。

2. 董事会

对于拥有众多股东的公司来说,不可能靠所有的股东经常集会来执掌所有权,他们需要物色少量能够代表自己利益的、有能力的、值得信赖的人员,组成一个小型的机构,将公司的法人财产交给他们托管,这个机构就是董事会(The Board of Directors)。董事会由董事组成。有些国家的公司法规定,法人也可以担任公司董事,但必须指定一名有行为能力的自然人作为代表人执行作为董事的职能。

董事会是公司最高决策和领导机构,是公司的法定代表。董事会由股东大会选出,代表全体股东的利益,负责制定或审定公司的战略性决策并检查其执行情况。董事会的主要职责是:①制定公司的经营目标、重大方针和管理原则;②挑选、委托和监督经理人员,并掌握经理人员的报酬与奖惩;③协调公司与股东、管理部门与股东之间的关系;④提出盈利分配方案供股东大会审议。

董事会的权限受到三个方面的限制：①董事会作为公司的法定代表,不得从事与公司业务无关的活动;②董事会不得超出股东大会授予的权限范围;③如果董事会的决议同股东大会的决议发生冲突,应以股东大会的决议为准。股东大会有权否决董事会决议以至改选董事会。

对于董事会下面是否需要设立执行委员会或其他专门委员会,各国公司法没有硬性规定,由各公司根据需要在公司章程或内部细则中加以规定。一般而言,在大公司的董事会下设有执行委员会和其他专门委员会,包括财务、高级执行官提名和薪酬、情报法律等委员会。这些委员会是董事会的辅助机构,它们的主要任务是给董事会提供各种业务资料和咨询意见。

3. 执行机构

公司执行机构由高层执行官(Executive Officers,包括总经理、副总经理等)组成。这些高层执行官即高层经理人员受聘于董事会,在董事会授权范围内拥有对公司事务的管理权和代理权,负责处理公司的日常经营事务。执行机构的负责人称为首席执行官即CEO,通常由总经理担任,有时也由董事长担任。一般而言,首席执行官的主要职责是：①执行董事会的决议;②主持公司的日常业务活动;③经董事会授权,对外签订合同或处理业务;④任免经理人员;⑤定期向董事会报告业务情况,并提交年度报告。

首席执行官领导下的执行班子包括总经理、副总经理、各部门经理、总会计师、总工程师等。

上面只是对股东、董事会、高层经理人员在公司治理结构中职能的一般规定的介绍。由于具体情况不同,在各个公司中有关三者职权划分的规定是不尽相同的。例如,股东大会对董事会的授权范围不同：有些公司的股东大会授权董事会决定公司的收购与兼并事宜,有些则由股东大会直接决定上述事宜;多数公司的股东大会授权董事会任命总经理,但也有公司由股东大会自己掌握最终批准权;等等。董事会与总经理的关系也具有灵活性：有些公司的董事会只任命总经理,再由总经理任命副总经理,而另一些公司的董事会不仅任命总经理,还负责任命副总经理;有些公司的董事会设置参与日常经营管理的常务董事,有些公司则不设这一职位;有些公司是由董事会较多地负责战略性决策并较频繁地召开董事会,有些公司董事会则把较多的决策权交由总经理负责;等等。

在我国,根据《中华人民共和国公司法》的规定,股东大会由全体股东(或股东代表)所组成,对公司的经营管理和股东利益等重大问题做出决策,董事会是股东大会闭会期间行使职权的机构,是公司常设的权力机构和经营管理决策机构,是公司对外进行业务活动的全权代表。经理层是公司章程规定范围内的业务执行机关,负责企业的日常管理工作。监事会是在股东会上依据公司章程履行职责、维护公司利益的监督机构。

具体来看,根据《中华人民共和国公司法》第四章第二节的相关规定,股东大会是股份公司的最高权力机关,它由全体股东组成,对公司重大事项进行决策,有权选任和解除董事,并对公司的经营管理有广泛的决定权。企业一切重大的人事任免和重大的经营决策一般都得股东大会认可和批准方才有效。

董事会是公司的经营决策机构。根据《中华人民共和国公司法》第四章第三节的相关规定,董事会是由董事组成的,对内掌管公司事务、对外代表公司的经营决策和业务执行机构；公司设董事会，由股东（大）会选举。董事会设董事长一人，副董事长若干，董事长、副董事长的产生办法由公司章程规定，一般由董事会选举产生。董事任期由章程规定，最长3年，任期届满可连选连任，董事在任期届满前，股东会不得无故解除其职务。股份有限公司设经理，由董事会决定聘任或者解聘。

根据《中华人民共和国公司法》第四章第四节的规定，监事会是由股东（大）会选举的监事以及由公司职工民主选举的监事组成的，对公司的业务活动进行监督和检查的法定必设和常设机构。监事会作为股份公司的内部监督机构，其主要职权是，监督检查公司的财务会计活动；监督检查公司董事会和经理等管理人员执行职务时是否存在违反法律、法规或者公司章程的行为；要求公司董事和经理纠正其损害公司利益的行为；提议召开临时股东大会；执行公司章程授予的其他职权。我国《公司法》规定，监事的积极和消极任职资格与董事相同，但是董事、高级管理人员不得兼任监事。

12.4.3 公司治理结构中的矛盾与委托-代理关系

在公司治理结构中，股东及股东大会与董事会之间、董事会与高层执行官之间存在着性质不同的关系，要完善公司治理结构，就要明确划分股东、董事会、经理人员各自的权力、责任和利益，从而形成三者之间的制衡关系。

从法律原则上说，《公司法》明确区分了股东大会与董事会之间的信任托管关系（Fiduciary Relationship）和董事会与高层经理人员之间的**委托-代理关系**（Principal-Agent Relationship）。

1. 股东大会和董事会之间的信任托管关系

在公司治理结构中，董事是股东的**受托人**（Trustees），承担**受托责任**（Fiduciary Duties）。这种关系是一种信任托管关系。其特点在于：①一旦董事会受托来经营公司，就成为公司的法定代表。股东既然将公司交由董事会托管，就不再去干预公司管理事务，也不能因商业经营原因，如非故意的经营失误解聘董事，但可以以玩忽职守、未尽到受托责任而起诉董事，或者不再选举他们连任。不过选举不能由单个股东决定，而要取决于股东大会投票的结果。个别股东如对受托经营者的治理绩效不满意，还可以"用脚投票"，即转让股权而离去。②受托经营的董事不同于受雇经理人员，不兼任高层经理人员的董事一般不领取报酬，只领取一定的津贴或车马费，表明不是雇佣关系，而是信任托管关系。在有限责任公司的情况下，由于股东的人数较少，董事会的成员多半具有股东身份，这意味着大股东直接控制公司。在股份有限公司的情况下，董事会主要由经营专家以及社会人士组成。③在法人股东占主导地位的情况下，大法人股东的代表往往派出自己的代表充当被持股公司的董事。这时，公司特别是所谓的"关联公司"的高层经理人员，由于懂得经营和财务、关注自身的可靠性价值，往往成为被持股公司董事的合适人选。

2. 董事会与公司经理人员之间的委托-代理关系

董事会以经营管理知识、经验和创利能力为标准，挑选和任命适合于本公司的经理人员。经理人员作为董事会的代理人，拥有管理权和代理权。前者是指经理人员对公司内部事务的管理权,后者是指经理人员在诉讼方面及诉讼之外的商业代理权。这种委托-代理关系的特点在于:①经理人员作为代理人,其权力受到董事会委托范围的限制,包括法定限制和意志限制,如经营方向的限制,处置公司财产的限制等。超越权限的决策和被公司章程定义为重大战略的决策,要报董事会来决定。②公司对经理人员是一种有偿委任的雇用,经理人员有义务和责任依法经营好公司事务,董事会有权对经理人员的经营绩效进行监督,并据此对经理人员做出(或约定)奖励或激励的决定,并可以随时解聘。

这里应当指出的是,在现代实际经济生活中,董事会的主要职能已经从管理转变为战略决策和监督,而作为董事会意定代理人的高层经理人员的权力要比法律规定的更大。因此,如何加强对他们的监督和激励就成为完善现代公司治理结构的一项重要课题。

应该看到,委托人和代理人各自追求的目标是不同的。作为委托人的董事会要求经理人员尽职尽责,执行好经营管理的职能,以便为公司取得更多的"剩余收入"利润;而作为代理人的高层经理人员所追求的,则是他们的人力资本(知识、才能、社会地位)的增值和收入最大化。因此就需要建立一套有效的激励机制,根据经理人员的工作绩效(包括公司的盈利状况、市场占有率、在社会公益方面的表现等)对他们实行激励。高层经理人员的报酬大体采取以下几种形式,即薪金、奖金、在职消费、股票或**股票期权**(Options)。

此外,高层经理人员还受到三重市场竞争机制的约束:①产品市场竞争的约束;②资本市场对企业评价(特别是股价)的约束;③经理市场的约束。在这三重市场竞争的激励和鞭策下,高层经理人员必须兢兢业业地工作。董事会则要运用若干监督和评审手段,包括指定外部机构对公司进行审计和任命直接对董事会负责的财务经理等,尽可能准确地评价经理人员的代理绩效。需要指出的是,在这三种约束中,商品市场的约束是基础。因为一个企业经营的好坏,归根到底要由它在市场竞争中的表现来衡量。经理市场的竞争约束具有关键的意义,它给经理人员以晋升的可能和被取代的压力,因而被看作控制"道德风险"的主要手段。资本市场竞争约束,例如,证券市场股价的涨落,在其大体能够反映出企业经营状况的条件下,能够对经理人员的行为起很大的激励作用。例如,人们过去往往认为,为了防止本公司股价下降和被恶意收购,经理人员会不遗余力地改善经营管理。但是,现代经济学的研究告诉我们,股价变化除了受企业盈利状况影响,还受其他因素的影响。在股价扭曲和发生不正常波动的情况下,资本市场就很难充当控制代理风险的主要手段。

3. 股东、董事会和经理人员之间的相互制衡

公司治理结构的要旨在于明确划分股东、董事会和经理人员各自的权力、责任和利益,形成三者之间的制衡关系,最终保证公司制度的有效运行。

首先,股东作为所有者掌握着最终的控制权,他们可以决定董事会人选,并有推选或不推选甚至起诉某位董事的权力。但是,一旦授权董事会负责公司后,股东就不能随意干预董事会的决策了。

其次,董事会作为公司的法人代表全权负责公司经营,拥有支配公司法人财产的权力并有任命和指挥经理人员的全权;但是,董事会必须对股东负责。正是由于需要建立股东与董事会之间的制约与平衡关系,现代经济学的研究得出结论,股权的过度分散化,股东失去对董事会的控制,对公司的有效运营是十分不利的。

最后,经理人员受聘于董事会,作为公司的意定代理人统管企业日常事务,在董事会授权范围之内,经理人员有权决策,其他人不能随意干涉。但是,经理人员的管理权限和代理权限不能超过董事会的授权范围,经理人员经营绩效的优劣也要受到董事会的监督和评判。

复习思考题

分析题

(1) 在一个企业中,信息不完全产生的主要问题是什么?

(2) 为什么公司制是大企业主要的组织形式?

(3) 什么是道德风险问题? 市场中存在道德风险问题吗?

(4) 哪些外部机制可以解决企业中的道德风险问题? 它们是如何起作用的?

(5) 公司治理结构主要是由哪些部分构成的? 相互之间都存在哪些制衡作用?

课堂自测

第 13 章

市场失灵与政府的作用

在第Ⅲ篇中,我们假定市场是完全竞争的,且市场结果只涉及参加交易的双方。在这样的假定下,我们得出了市场有效的结论。但是,当这样的假定并不成立时,就会出现**市场失灵**(Market Failure)。在第 11 章中,我们已经探讨了垄断势力导致的市场失灵;在第 12 章中,我们分析了由于信息不对称所导致的企业委托-代理问题。本章将进一步探讨不对称信息、外部性等因素所导致的市场失灵。本章的研究进一步说明,市场可以做好许多事情,但并不能做好每一件事情。这反过来意味着政府在有些情形下可以改善市场结果。本章也将研究政府政策是如何改善市场结果的,以及哪一种政策可以更好地发挥作用。

13.1 非对称信息与市场失灵

13.1.1 信息不完全与信息不对称

在本书的多数章节中,我们都假定经济活动的参与者对于影响其选择的信息有完全的了解,即具有完全信息。例如,消费者知道产品的质量、价格,知道哪里的产品便宜;生产者知道自己的生产成本,市场的需求,竞争对手的情况,等等。这样,经济主体面临的不确定性所导致的风险就被抽象掉了,他们总是能够得到一个最优解。

但是,现实常常并非如此。信息是一种有价值的资源,其分布通常是分散的,获得信息也往往需要付出一定的成本,有时甚至根本不可能获取某信息,或者说,获取该信息的成本无穷大。因此,理性的信息消费者通常总是按照边际原则来搜寻信息。这就意味着人们在许多情况下并不具备完全信息。例如,我们对于陌生人甚至长期共事的同事的特征并不完全了解;消费者常常弄不清哪里的商品最便宜,有时对所购商品的质量也不是很清楚;厂商往往并不完全了解竞争对手的情况等。

不同的交易参与者,获取信息的成本是不同的。例如,一个经过训练的汽车修理工比一位经济学教授更容易知道一辆二手车的质量;一个企业的经理几乎无须花费任何成本就知道自己的努力水平,而企业所有者即使花费巨大成本也难知其详。因此,个人拥有的信息水平是有差异的,也就是说,你所知道的我不知道,或者相反,我所知道的你不知道,这就是所谓的**信息不对称**(Asymmetric Information)。在信息不对称的场合,至少有一个当事人的信息是不完全的。但是信息不完全并不是信息不对称的充分条件,也就是说,所有的当事人尽管拥有的信息都不完全,但拥有的信息水平可能相同。

信息会影响人们的预期,进而影响他们的选择。在信息不完全或信息不对称的情况下,市场体系就不会有效率地运作,由此产生一种与信息相关的市场失灵。例如,保险供货商缺乏关于人们的风险信息时,保险的供应就会低于最优水平,有的人可能就会买不到保险。

13.1.2 非对称信息与市场失灵

假如你最近刚刚购买了一辆新能源汽车,但因一个偶然事件急需用钱,于是你决定出售它以解燃眉之急。结果你会发现,尽管它仅仅行驶 200 千米,但你不得不以大大低于其实际价值的价格出售它。你或许对这一交易很不满意,心存疑虑。这究竟是怎么回事呢?这是因为对于车的质量,在买主与你之间存在着信息不对称。也就是说,尽管你的车的质量毫无问题,你也很清楚这一点,但买主不具有这一信息,他怀疑你的车质量可能有问题。引用诺贝尔经济学奖得主乔治·阿克劳夫的话说,买主可能怀疑你的车是一个"柠檬"①。

假定有两种旧轿车——高质量车和低质量车,如果买方和卖方都清楚车的质量,就会形成高质量车和低质量车两个市场[如图 13.1(a)和图 13.1(b)所示]。

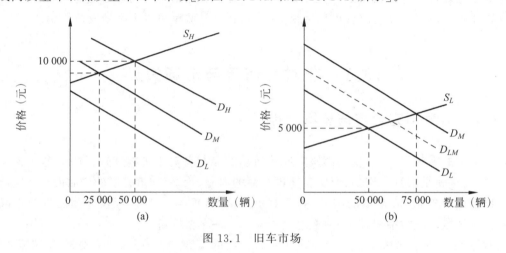

图 13.1 旧车市场

在图 13.1(a)中,S_H、D_H 分别是高质量车的供给曲线和需求曲线,均衡价格为 10 000元,均衡交易量为 50 000 辆。在图 13.1(b)中,S_L、D_L 分别是低质量车的供给曲线和需求曲线,均衡价格为 5 000 元,均衡交易量为 50 000 辆。

但在实际生活中,旧车卖主对车的质量往往要比买主知道得多。假设买主是风险中性者,一开始他们预期旧车高质量的可能性是 50%,那么,在购买时,他们会把车都看作"中等"质量的。在图 13.1 中,D_M 代表对"中等"质量的车的需求,它低于 D_H 但高于 D_L,市场交易结果如图 13.1(a)所示,与消费者的初始预期相比,将有较少的高质量车和较多的低质量车成交。当消费者发现这一情况时,他们将会改变预期,需求曲线随着预期的改变而向下方移动。如图 13.1(b)所示,新的需求曲线为 D_{LM},均衡交易量随之下降,实际成交的高质量车所占比重更少。这一过程会持续下去,直到低质量的车全部卖完。与不存在信息

---

① "柠檬"的英文是 lemon,在美国俚语中也称作次品。乔治·阿克劳夫在一篇题为《次品市场》(Lemons' Market)的著名文献中,对旧车市场进行了经典分析。当然,他的分析的适用性远远超过了旧车市场。

不对称相比，最终市场上的情况是高质量的车要少得多。可能出现的一个极端情况是，市场上完全没有高质量车。这种低质量产品将高质量产品驱逐出市场的现象，经济学中称之为**逆向选择**（Adverse Selection）。

本案例虚构了一个消费者不断根据市场交易结果改变预期，进而引起需求曲线向下方移动，交易不断调整并最终达到市场均衡的过程。实际上，如果消费者足够聪明，都能够预期到这样一个市场调整过程，那么，市场有可能直接达到逆向选择均衡。

信息不完全或信息不对称可以解释许多经济现象和经济制度安排。如保险市场。在旧车市场案例中，卖方拥有更多的信息。与之不同的是，在保险市场中，买方拥有更多的信息。我们知道，年龄超过某一临界水平的人，通常难以买到医疗保险。这是由于他们患疾病尤其是严重疾病的可能性太高吗？不是，因为这一问题可以通过保险价格的上升来解决。其原因在于信息不对称。尽管保险公司可以坚持通过医疗检查来了解保险购买人的健康状况，但保险购买人对自己的健康状况仍然比保险公司知道的多。那些比较健康的人，由于知道自己的风险低，通常会做出不购买保险的选择，而那些不健康的人，则更有可能选择购买保险，这就迫使保险公司提高保险价格，价格的提高会进一步将那些比较健康的人驱逐出市场，结果保险公司不得不继续提价。由此又产生了我们在旧车市场看到的逆向选择问题，可能出现的一个极端情况是，所有想购买保险的人都是不健康的人，这时对于保险公司而言，出售保险已无利可图，这样的保险市场也就不会产生了。这类市场失灵为政府在保险市场发挥作用提供了依据。如在有的国家，政府通过为所有65岁以上的老年人提供保险，消除了逆向选择问题。

政府介入并不是消除逆向选择的唯一途径，反过来，逆向选择问题也并不都适合于由政府来解决，声誉、标准化、市场信号等机制都有助于解决这类问题。在零售商店、饭店等服务性企业中，针对产品质量，销售者比购买者知道的多，除非销售方能够向购买方提供有关产品的信息，否则将会发生低质量产品驱逐高质量产品的现象。因此，高质量产品的销售者有激励让购买者相信他们的产品是高质量的。他们往往通过在销售过程中建立**声誉**（Reputation）来向购买者传达有关其产品的信息。我们在日常生活中常常根据企业的声誉来做出决策。例如，你常到一家商店买东西，是因为它具有货真价实的声誉。

有时一项生意很难建立其声誉。例如，公路旁的餐馆、小旅店等，它们的顾客往往是那些消费一次或几次的过客，它们根本就没有机会做出声誉来。对于这种情形，声誉无助于解决信息不对称带来的逆向选择问题。一种可行的办法是**标准化**（Standardization）。即生产一种标准化的产品，以连锁经营或其他方式提供给客户。例如，海底捞、西贝莜面村等。不管在什么地方，它提供的产品都是一样的，当外出旅行在路边遇到这样一家餐馆时，你只管放心进去，无须为它的质量和价格担忧。

市场信号（Market Signals）是能够缓解逆向选择问题的另一个机制。这一概念是由麦克尔·斯宾赛（Michael Spence）最先提出的，是指产品卖方通过信号向买方传达有关产品质量的信息。劳动市场信号是为许多教科书引用的一个例子。假设一家厂商（买方）正在考虑雇用新的工人，待雇工人（卖方）按能力分为两组，一组能力高，另一组能力低。待雇工人对自己的能力很清楚，但厂商不知道。当然，厂商可以先雇用一段时间，通过观察来确定工人的能力，然后把能力低的工人解雇掉，但这样会给企业带来很大损失。如果工人候选人能够通过一个信号向厂商传达关于自己能力的真实信息，不仅可以为厂商节约大量成本,也有利于获得与自己能力相匹配的工资。那么,什么东西可以作为一个具有这样功能的信号呢?体面的穿着行吗?不行。因为穿着体面是一个弱信号,它无法把高能力的人与低能力的人区别开来。一个信号要强烈,并能够把二者区分开来,必须使能力高者发出这一信号的成本较低,并且发出这一信号的净收益大于0,能力低者发出这一信号的成本较高,以至于发出这一信号是不合算的。斯宾塞认为,教育就是这样一个信号。高能力者接受教育的成本较低,他们更有激励和可能获得较高的学位,以向厂商传递高能力信号,并由此获得高工资。低能力者通过获得学位发出这样的信号是不合算的,因此,他们通常接受较低的教育水平,并获得较低的工资。由此,教育水平作为一个信号,把具有不同能力的劳动者区分开来。这个劳动力市场信号模型中,假定教育水平仅具有信号作用,但实际上,教育具有很大的提高劳动能力的作用,这进一步强化了其信号功能。

信号不仅在劳动市场上具有作用,在许多其他信息不对称的市场上也具有重要作用。如电视机、音响、照相机等耐用品市场。许多厂商都生产这些东西,但谁的质量更好消费者没有把握。那些想卖出较高价格的生产高质量产品的厂商,可以通过签订内容广泛的保证书来向消费者传递质量信号。因为签订这样的保证书给高质量厂商带来的成本很低,用它来向消费者传递质量信号是合算的,而对于低质量厂商来说,签订这样的合同成本很高、不合算,所以它们不愿意签订这样的合同。因此,保证书就成为一个显示质量的信号。

至此,我们研究的都是在交易合同签订之前,由于信息不对称导致的劣质商品驱逐优质商品问题,即逆向选择。在人类的经济活动中,还存在另一类信息不对称,即在交易合同签订之后,交易的一方具有另一方难以监督的行为或难以获得的信息,即私人行为或私人信息。在这种情况下,具有私人行为或私人信息的一方,在合同签订之后,有可能采取有悖于合同规定的行为,以最大化自己的利益,与此同时,损害另一交易方的利益,这就是上一章中已经论及的道德风险。道德风险发生的一个典型领域是保险市场。当一方充分购买了保险后,信息有限的保险公司却无法准确监督其行为,其行为在购买保险之后就可能改变。让我们来考察一家价值10万元的仓库所有者和保险公司所面临的决策。假定火灾发生的概率为1%,如果仓库所有者实施一项成本为50元的防火方案,火灾发生的概率降低为0.5%。如果是否采取防火措施属于私人信息,保险公司无法检查仓库是否实施了该方案,那么,在签订保险契约前后,仓库所有者的行为会完全不同。如果没有签订保险契约,采取防火措施的成本是50元,收益为$500[100\ 000\times(0.01-0.005)]$元,净收益为$450(500-50)$元(收益的计算隐含着风险中性假定,如果仓库所有者是风险厌恶者,收益将会更大)。仓库所有者将采用防火措施。如果签订了完全保险契约,防火措施的成本负担者与收益获得者发生了分离,仓库所有者将没有激励采取防火措施,尽管采取这一措施的收益远远大于成本。我们假定无论是什么情形,仓库所有者总是与保险公司签订保险契约,并且保险公司的利润水平为0。如果不存在信息不对称,仓库所有者采取防火措施,花费50元防火成本,保险公司收取保费500元。如果存在信息不对称,仓库所有者不采取防火措施,并需要支付1 000元保费。我们从中可以看到,信息不对称改变了资源配置结果,并使仓库所有者的保险成本上升了450元。解决这类信息不对称所导致的道德风险问题,促使资源配置结果向帕累托最优靠近的一种可能方法是,保险公司推出一种风险分担的保险。就本案例而言,如果仓库所有者分担火灾损失的10%以上,他就具有足够的激励采取防火措施。保险公司可以基于这样的判断而降低保费。

13.2 外部性和产权配置

13.2.1 外部性的定义

渔民靠每天在河中打鱼为生,当上游的一家造纸厂向河中排放废水时,河中的鱼就会减少,渔民的收入随之降低;化工厂附近的居民的健康,因毒气的影响而恶化;机场附近的居民饱受飞机噪音的骚扰。生活中不乏诸如此类的例子,其共同特征是,一方当事人的活动降低了另一方的福利水平,但他并不因此而向另一方提供足以弥补其损失的补偿。生活中还存在另一类现象。因为蜜蜂在果树上采蜜,果农种植量的扩大导致蜂农收益增加;一家房主在自家花园里种植许多美丽的花,愉悦了邻居和往来行人的心情。这类现象的共同特征是,一方当事人的活动提高了另一方当事人的福利水平,但另一方并没有因此而向他支付相应的费用。通常,我们把这种并不直接反映在市场中的生产和消费的效应,称为**外部性**(Externality)。市场交易中的买方与卖方并不关注他们行为的外部效应,所以存在外部性时,市场均衡并不是有效率的。在这种情形下,从社会的角度关注市场结果必然要超出交易双方的福利之外。

13.2.2 外部性的正负效应

1. 负的外部性与非效率

正如刚才所列举的渔民与造纸厂的例子,一方的行为使另一方付出了代价,人们通常把这种外部性称为**负的外部性**(Negative Externality)。现在我们来看看这种效应对资源配置结果的影响。假定随着造纸厂产量的增加,所造成的边际外部损失成比例增加。图 13.2(a)表示整个市场的供求状况,D 表示市场需求曲线,$S = MC_1$ 表示市场供给曲线,由不考虑外部性时厂商的边际生产成本曲线,即厂商的私人边际成本曲线水平加总而来。D 与 MC_1 的交点是市场均衡点,对应的市场均衡产量为 Q_1,市场均衡价格为 P_1。图 13.2(b)用来表示单个厂商在竞争性市场上的生产决策。MC 表示某单个厂商的边际成本曲线,即它的供给曲线。假定市场上所有的厂商都具有相似的外部性,MEC_1 为所有造纸厂对整个社会造成的边际外部成本曲线,社会成本等于生产成本与外部成本之和,因此,造纸的社会边际成本(MSC_1)曲线由行业边际生产成本曲线与行业的边际外部成本曲线纵向加总而来($MSC_1 = MEC_1 + MC_1$),有效的产量为 Q_2,对应价格为 P_2。如果不采取消除外部性的措施,整个社会的市场均衡产量 Q_1 将高于有效产量 Q_2,市场均衡价格低于有效价格。由此带来的社会福利损失可由图 13.2(a)中曲线 MSC_1、Q_1、D 之间的阴影来度量。

2. 正的外部性和非效率

一方的行为增进了另一方的福利,这种外部性即**正的外部性**(Positive Externality)。如刚才介绍的果农与蜂农的例子,房主与行人的例子。下面我们来看一下存在这种正的外部性时,市场配置资源的结果。

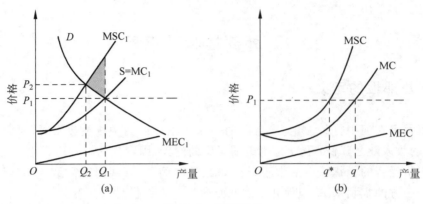

图 13.2 外部成本

在图 13.3 中，横轴代表房主对花园的美化水平，MC 曲线是美化花园的边际成本曲线，边际成本不受美化水平的影响，它是水平的。需求曲线 D 用来衡量美化投资对房主的边际私人收益。市场均衡美化水平，即最大化房主效用水平的美化水平是 q_1。但是美化花园并不仅仅给房主带来收益，也给其邻居和往来行人带来效用，假设设边际正外部效应曲线为 MEB，该曲线向右下方倾斜，表示边际外部效应递减。那么美化花园的边际社会效益曲线为 MSB，该曲线由房主对美化水平的需求曲线 D 和边际外部正效应曲线 MEB 纵向加总而来，即 MSB=D+MEB，有效产出 q^* 由 MSB 曲线与 MC 曲线的交点决定，这时增加美化投资的边际社会收益等于美化的边际成本。但是在市场条件下，房主不可能得到投资的全部收益，对于房主而言，投资水平超过 q_1 就不划算了。因此，市场均衡产量低于最优产量。要鼓励达到有效率的投资水平，就需要较低的边际投资成本（或者说美化价格 P^*），这是市场所力不能及的。

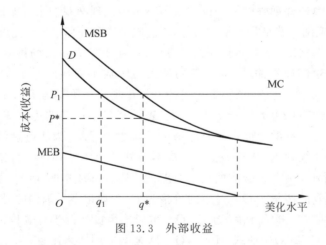

图 13.3 外部收益

13.2.3 校正外部性的方法

外部性有多种多样，解决外部性的方法也多种多样。例如，汽车废气有负的外部性，政府可通过规定汽车尾气排放标准来缓解这一问题，还可以通过汽油税来减少开车次数及里程,进而降低污染;新技术研究提供了正的外部性,但由于发明人不能全部占有其发明的收益,抑制了人们对发明的投入,政府可以通过专利制度来缓和这一问题。以上每种情况都是由政府介入市场,保护当事人的利益,促进资源的优化配置。

1. 排放标准

现在让我们以竞争性市场中的一家厂商为例,来探讨外部性的解决途径。假设该厂商既生产产品在市场上出售,又向大气中排放废气,污染邻近地区的空气。该厂商可以减少废气排放量,但需要花费一定的成本。图 13.4 中的横轴代表废气排放水平,MSC 曲线代表废气带来的边际社会成本,这一曲线向右上方倾斜,表示随着污染水平的提高,外部性带来的边际社会成本也提高(对水和空气污染损害的研究显示,低水平的污染没有多少损害,但随着污染水平的提高,损害急剧增加)。MCA 曲线代表减少废气排放的边际成本,该曲线向左上方倾斜,是因为随着废气排放水平的逐步降低,减少排放的成本越来越高。使厂商利润最大化的排放水平是 26 单位,考虑到外部性,有效的排放水平为 12 单位,这是排放废气的边际社会成本等于减少排放的边际成本,增加或减少排放都会降低社会福利水平。有许多方法可以促使排放水平达到有效水平,通过政府制定排污标准,实行达标排放是其中的方法之一。在本案例中,政府可以规定排放标准为 12 单位,如果超过这一标准,将处以重罚甚至刑事惩罚。就本案例而言,只要对超标的每一单位废气处以 3 元以上的罚款,就可以实现有效排放。实施排放标准的优势在于,它能够使排污水平很确定,但排污成本很不确定,那些减污边际成本较高的厂商,也不得不忍受较高的成本以达到排放标准,因此,排放标准有可能导致排污成本很高。

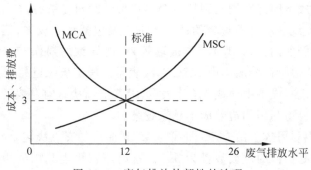

图 13.4 废气排放外部性的治理

2. 排污费

排污费即对厂商排放的每单位污染物收费。以图 13.4 为例,对单位污染物征收 3 元的排污费,将会达到有效排放水平。收费制度实施之后,厂商将会把废气排放水平从 26 单位降低到 12 单位,因为在所有高于 12 单位的排放水平下,减污的边际成本低于收费标准,减污对于厂商而言是划算的,他会继续降低污染水平。对于任何低于 12 单位的污染水平,减污的边际成本高于收费标准,他会提高污染水平。只有 12 单位的污染水平才是最大化厂商利润的最佳水平。排污费制度的好处在于,每一家排放污染物的厂商都选择减污的边际成本等于单位污染费用这一点对应的排污水平,作为最佳排污水平,在该均衡点,每一家厂商的减污边际成本都相等,这意味着整个行业的减污成本最低。其缺陷是,该制度下的污染水平不确定,有可能高于或低于有效污染水平。

3. 可交易排污许可证

在该制度下,只有拥有许可证才可排放。每张许可证都规定了许可排放的数量,超过规定数量将会被处以巨额罚款。许可证的数量事先确定,以使排放总量达到有效水平。许可证在厂商之间分配,并且允许买卖。如果有足够多的厂商和许可证,就可以形成一个竞争性的许可证市场,那些减污成本较高的厂商会从减污成本较低的厂商那里购买许可证,在均衡水平下,所有厂商的边际减污成本都相等,都等于许可证的价格,这意味着整个行业把污染降至规定的理想数量时成本最低。这样,可交易的排污许可证制度,既吸收了排放标准制度能够有效控制排放水平的优点,又吸收了排污收费制度减污成本低的优点,是一种具有很大吸引力的制度。

4. 再生利用

废物再生利用不足是外部性导致市场失灵的另一个例证。2022年1月17日,国家发改委等部门发布了关于加快废旧物资循环利用体系建设的指导意见,即建立健全废旧物资循环利用体系,对提高资源循环利用水平、提升资源安全保障能力、促进绿色低碳循环发展、助力实现碳达峰和碳中和具有重要意义[①]。下面我们来分析一下废旧物资的外部性以及怎样鼓励废物再生利用。

这里以一个典型的家庭为例。垃圾给这个家庭带来的私人成本与社会成本不同。对于私人而言,垃圾的成本即把它们扔到垃圾箱而花费的时间与精力,在图13.5中,垃圾的边际私人成本由MC曲线表示。而垃圾的社会成本不仅包括私人成本,还包括它们带来的外部成本,即装运和倾倒费用,尖锐垃圾(如玻璃等)可能导致的损伤,对环境造成的损害等。在图13.5中,垃圾的边际社会成本由MSC曲线表示。假定该家庭每天产生的垃圾量为12磅,废物再生利用的边际成本由曲线MCR表示,沿着横轴从右向左表示该家庭废物再生利用的垃圾越来越多,再生利用的边际成本越来越高。

有效的废物再生利用数量由MSC曲线与MCR曲线的交点决定,为$(12-m^*)$单位(如图13.5所示),该家庭扔掉的垃圾数量为m^*。这时废物再生利用的边际成本等于垃圾的边际社会成本。如果没有政府干预,完全由私人市场来解决垃圾处理问题,家庭将会按照垃圾的边际私人成本等于边际再生利用成本的最大化原则来做出选择,扔掉的垃圾数量为m_1,再生利用的数量为$(12-m_1)$单位。由图13.5可以看出,这一再生利用的数量小于有效数量。如何解决这一问题呢?一种曾经被成功利用的办法是押金制度。在该制度下,当玻璃容器被购买时,就向店主支付押金,当容器退回到商店或再生中心时,押金退回。这样押金就给家庭带来了扔掉垃圾的额外成本,进而鼓励家庭将玻璃用品再生利用。为了鼓励垃圾的再生利用,中国的一些城市也采取了其他政策,如强制性分类,即要求家庭将所产生的垃圾按照不同类别分开,以利于将其中的玻璃、塑料等再生利用。

[①] 具体内容可见 https://www.ndrc.gov.cn/xwdt/tzgg/202201/t20220121_1312657.html?code=&state=123。

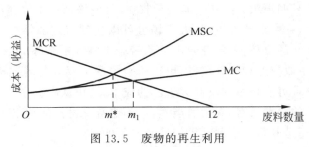

图 13.5　废物的再生利用

5. 外部性的内部化——合并

假设有甲、乙两个厂商,甲的生产活动影响了乙的产出水平,也就是说,甲的活动带来了负的外部性;反之,对于甲而言,乙的活动也可能存在负的外部性。如何解决这样一种相互之间的外部性呢?一种在一定条件下可行的办法是甲、乙两个厂商合并,这样就实现了外部性的内部化,即原来两个厂商各自独立时产生的外部成本与外部收益,现在变成了内部成本和内部收益,进而进入了合并后的厂商的成本-收益函数,外部性随之消失。因此,厂商的最优决策即最有效的决策。

13.2.4　产权与科斯定理

1. 产权的定义

前面的分析表明,可以通过形式不同的政府管制来缓和外部性带来的无效率。但是政府管制并不是唯一对付外部性的方法,更不是在任何情况下都可行甚至最佳的方法。在某些情况下,由外部性所涉及的各方通过私下讨价还价,或通过法律诉讼来消除外部性带来的无效率,成本可能更低,效果可能更好。私人的经济行为通常以产权为基础,因此有必要从产权开始我们的讨论。

产权是一种界定财产的所有者,以及他们可以如何利用这些财产的法律规则。例如,当一个人拥有某片土地时,他可以将它用于种植或开发房地产,其他人不得干涉。清晰的产权是私人讨价还价的前提。当外部性涉及的相关者较少,并且产权界定成本较低时,可以在没有政府干预的情况下实现资源的有效配置。科斯定理说明的就是这一点。

2. 科斯定理

罗纳德·科斯(Ronald Coase)很早就注意到私人市场解决外部性是否有效的问题。根据他的研究,如果私人可以无成本地就资源配置进行协商,那么,私人市场就能够解决外部性问题,实现资源的有效配置。为了更好地理解这一点,我们来看看下面的例子。

甲养了一条狗,狗的狂叫声干扰了邻居乙的休息。甲从养狗中得到了收益,但给乙带来负的外部性。怎样解决这一外部性问题呢?是强迫甲放弃养狗,还是让乙不得不忍受狗的狂叫声而夜不能寐?

假定政府介入这一外部性事件。首先,它要确定什么结果是有效的,当然这要比较甲从养狗中得到的收益与乙承受狗狂叫声的成本。如果收益大于成本,有效的办法就是让甲养狗而乙生活在狗的狂叫声中;如果成本大于收益,就应该强迫甲放弃养狗。

根据科斯的研究,在一定条件下,私人市场也可以达到有效的结果。假设甲有权养狗,他从养狗中得到 500 元的收益,狗的狂叫声给乙带来 800 元的成本,在这种情况下,乙愿意付给甲 600 元,作为甲放弃养狗的补偿,甲也很乐意接受。双方的境况都比以前更好,达到了有效的结果。另一种可能是甲的收益大于乙的成本,如甲从养狗中得到 1 000 元收益,而乙承受的狗的狂叫声的成本只有 800 元,当然,乙不愿意支付任何超出 1 000 元的货币以使甲放弃养狗,最终甲还是养狗。这种结果依然是有效的。

至此,我们一直假定甲有权养狗,并反过来假定乙有权享有安静的环境,在第一种情形下,甲不得不放弃养狗,不过这时他不能从乙那里得到任何补偿。在第二种情形下,甲可以高于 800 元但低于 1 000 元的价格(如 900 元等),从乙那里购得养狗权,继续养下去。结果与上面一样,都是有效的,所不同的只是经济福利的分配。

该案例说明了一个道理:如果当事各方能够无成本地讨价还价,无论最初的产权如何界定,他们都能够最终达成协议,实现资源的帕累托最优配置。这一结论通常被称为科斯定理,以纪念他最先提出这一结论。

3. 议价成本和策略行为

尽管科斯定理的逻辑无懈可击,但私人市场常常不能解决外部性问题。这是因为达成和实施协议往往会发生很大成本,以至于通过私人交易解决外部性对于当事人而言可能是不划算的。例如,在上例中,乙可能说粤语而甲说普通话,这时他们为了讨价还价不得不请一个翻译,或许这还不够,为了保证协议符合法律并能够有效执行,他们还得请一个律师,当然,他们还需要花费一些时间,并冒着达不成协议的风险。这些费用有可能使他们放弃通过协议解决外部性的打算。

交易中的策略性行为也是私人交易无法达成的一个原因。如果信息不充分,谈判的双方都相信可以从交易中得到更多的利益,他们就可能会提出让另一方难以接受的要求,这种策略性行为会导致非合作,也就是无效率的结果。产权不清晰、涉及的当事人多也往往增加交易的成本,阻碍交易的达成。罢工与战争的经常出现就是交易难以达成的例证。

4. 法律解决——对损害的诉讼

在许多情形下,外部性事件中受损害的一方有权起诉对方,要求赔偿全部损失的权利。这种潜在的法律诉讼可以导致有效率的结果。为了更好地理解这一点,让我们回到渔民与造纸厂的例子。假设对造纸厂排放的污水有两种处理办法,一种是在工厂安装一个过滤设备,另一种是渔民自行建立一个污水处理厂。这样,共有四种方案可供选择:一是既不建处理厂,也不安装过滤设备;二是安装过滤设备,不建处理厂;三是不安装过滤设备,建处理厂;四是既安装过滤设备,又建处理厂。在这四种选择下,双方的支付矩阵如表 13.1 所示。

表 13.1 不同选择下的利润   (单位:元)

类别	工厂利润	渔民利润	总利润	类别	工厂利润	渔民利润	总利润
无过滤,无处理厂	500	100	600	无过滤,有处理厂	500	200	700
有过滤,无处理厂	300	500	800	有过滤,有处理厂	300	300	600

根据支付矩阵,我们可以推断:假定渔民有要求河水清洁的权利,那么,他们会要求造纸厂安装过滤设备,自己不建污水处理厂;假定造纸厂有排放污水的权利,根据相关法律的规定,渔民有权要求造纸厂安装过滤设备,但他们必须支付由此而给造纸厂带来的损失。经过简单比较,就会发现这一结果对于渔民而言是最佳选择。因此,无论渔民是否有享用清洁河水的权利,资源配置结果是一样的,所不同的只是福利的分配结构发生了变化。这里我们又一次看到,无论产权如何界定,最终的选择都是有效的。没有出现损害-补偿这一结局,而是没有损害,也没有补偿。

这一案例显示,对外部性带来的损害的诉讼消除了讨价还价的必要,因为它明确了选择后各方必须承担的后果。给予受害方权利,使他们能够从伤害制造方得到补偿,可以确保最终选择的有效性。

13.3 公共物品和公共资源

13.3.1 公共物品的特性和分类

1. 公共物品的特性

前面我们所讨论的市场交易中的商品通常都是私人物品,由市场来配置私人物品的生产与消费,一般是有效的。现在我们来研究不具有私人物品某些性质的物品——公共物品。公共物品的特性决定了其不可能由私人来有效地提供。

对于私人物品,一般而言,如果没有付费,它就会很容易地被排除在消费范围之外。然而,公共物品的一个特性是,这种排他性是不可能的,或者排他的成本过于昂贵,以至于排他是不划算的,经济学中把物品的这种性质称为**非排他性**(Nonexclusivity),具有这种性质的商品称为非排他性商品。国防就是一个典型例子,一旦建立起国防体系,所有国民都会从中受益,不管他们是否付费。蚊虫控制计划和疾病预防接种计划也是一样,在这些情形下,一旦计划得以实施,社区内没人会被排除在受益范围之外。

公共物品的第二个特征是**非竞争性**(Nonrivalness)。非竞争性商品即在不需要增加该商品的提供成本的条件下,可以增加对它的消费。非竞争性意味着在给定生产水平下,增加一个或多个消费者,并不影响他人从消费该商品中得到的福利。例如,灯塔一旦建造起来并投入运营,额外船只对它的使用并不增加任何运作成本;公路在不拥挤的情况下,增加行驶车辆并不增加成本;广播、电视信号也是一样,增加对它的消费并不增加成本。类似的例子还可以举出很多。

物品的特性总是以某种方式联系在一起。排他性与非排他性、竞争性与非竞争性具有四种可能的组合,由此形成四类商品。既有排他性又有竞争性的物品通常称之为**私人物品**(Private Goods)。例如,一个月饼,首先它具有排他性,因为很容易阻止他人消费它——只要你不把它送人就行了;同时,它也具有竞争性,因为如果一个人吃了,另一人就不能吃同一个月饼。在前四篇的市场分析中,我们隐含地假定物品都既具有排他性,又具有竞争性。既无排他性又无竞争性的产品通常称之为**公共物品**(Public Goods)。它的特征是,一个人享用并不影响另一个人从享用它中所得到的效用,并且不能排除他人享用它。例如,我们刚才提到的国防,一旦保卫国家免受外敌入侵,你就不能排除人们享有国防的好处,同时,增加一个人享用并不影响其他人的享用。一种物品有竞争性但无排他性,通常我们称之为**共有资源**(Common Resource)。例如,海洋中的鱼是一种竞争性物品,一个人从海洋中捕到的鱼多了,留给其他人捕的鱼就少了。但这些鱼并不具有排他性,因为不可能对任何从海洋中捕到的鱼都收费。还有一种物品,有排他性但无竞争性,我们通常说这种物品存在自然垄断。例如,一个小镇的消防,要排除对消防的享用很容易:消防人员只需袖手旁观,让房子烧下去就行了。但消防服务并不具有竞争性。只要设立了消防部门,因为消防人员大部分时间都在等待火灾发生,多保护一所房子,并不会减少其他人得到的保护。图 13.6 更详细地列举了上述不同类别的物品。

	竞争性 是	竞争性 否
排他性 是	私人物品 冰激凌蛋卷 衣服 住房 拥挤的收费道路	自然垄断物品 消防 有线电视 不拥挤的收费道路 没有坐满的剧院
排他性 否	共有资源 海洋里的鱼 环境 拥挤的不收费道路 拥挤的集体草场	公共物品 国防 知识 不拥挤的不收费道路 消除贫穷计划

图 13.6 四种类型的物品

2. 公共物品的分类:纯公共物品与准公共物品

具有完全的非竞争性与非排他性的物品,我们称之为纯公共物品,如国防、外交、法律、公安、交通安全、基础科学研究等。但是,生活中的纯公共物品毕竟是极端的例子。公共物品的竞争性与排他性是相对的而非绝对的。具有如下特征的物品我们通常称之为准公共物品:第一,在一定范围内无竞争性,即增加消费者无须增加提供成本,但消费量达到一定程度后,消费则具有竞争性。第二,可以有效地做到排他。准公共物品有时也被称为"俱乐部物品"。医疗、教育、交通、邮电和其他基础设施都是准公共物品,就像我们在日常生活中常见的电影院或俱乐部,不买票(会员资格也可理解为门票)就不能进去消费,可以做到排他、定价、收费,但是在所有位置坐满之前,增加若干观众并不影响其他观众,也无须增加电影院的成本。随着技术或其他条件的改变,产品的竞争性与排他性也会发生改变,例如,电视信号原来具有非竞争性和非排他性,现在,在技术上能够通过加密变成排他的,由此成了可以收费的准公共物品。

3. 公共物品与公共部门(政府)提供的物品

公共物品具有与私人物品不同的性质,完全由私人提供无法达到有效的结果,这为政府介入公共物品的生产提供了依据。但是公共物品并不一定要由政府来生产,政府提供的物品也未必都是公共物品。实际上,政府提供的物品要远比公共物品多,许多政府提供的物品在消费中不是竞争的,就是排他的。例如,教育作为一种服务既具有竞争性,又可以排他。私人提供的收费教育会把一些孩子排除在外。政府提供公共教育是因为它具有正的外部性,而不是因为它是公共物品。政府提供的国家公园,通过入园费和野营费,把一部分公众排除在外。公园的使用也具有竞争性——在拥挤条件下,继续进入会减少其他人的效用。这都是政府提供非公共物品的例子。

13.3.2 公共物品与市场失灵

1. 公共物品的有效产出

公共物品生产多少才是有效的,这里我们用局部均衡的方法来分析这一问题。为了简化起见,假设只有两个消费者——甲和乙。如图 13.7(a)所示,对于某物品,甲的需求曲线为 D_A,乙的需求曲线为 D_B。如果市场是完全竞争的,该物品是私人物品,那么,将两者的需求曲线 D_A、D_B 水平相加就可得到市场需求曲线 D。与市场需求曲线和市场供给曲线的交点对应的产出 OQ 为有效产出。这时,甲的边际收益为 CE,乙的边际收益为 FG,它们都与产出为 OQ 时的边际成本 QH 相等,即边际收益等于边际成本,满足资源配置有效的条件。

如果该物品是公共物品,两个消费者共同消费总产出,增加任何一单位产出,带来的边际社会收益等于这一单位产品给两个消费者带来的边际收益之和,因此,社会需求曲线应由两个消费者的需求曲线纵向加总得出[如图 13.7(b)所示]。如图 13.7(b)所示,产出为 OR 时,边际社会成本 RM(这里的生产没有负的外部性,社会成本即厂商的私人成本)等于边际社会收益 $OT(RL+ON)$,因此,OR 必然是有效产出。

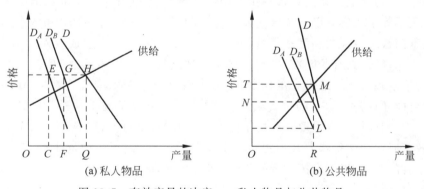

图 13.7 有效产量的决定——私人物品与公共物品

本章的分析说明了一个重要事实:对于私人物品,有效资源配置的必要条件是每个消费者的边际收益都等于产品生产的边际成本;而对于公共物品,有效资源配置的必要条件是所有消费者的边际收益之和等于边际成本。但是,如果消费者认为他们的支付取决于其显示的偏好,他们就有激励采取策略性行为来隐瞒自己的真实偏好,以图"搭便车"(Free Ride)。这样,图 13.6(b)的需求曲线 D 就不会自动显示了。

2. 搭便车与公共物品的私人提供

现在让我们来看看公共物品不同于私人物品的特征,会给社会带来什么问题。

假设一个小镇的公民喜欢在正月十五观看烟火,全镇有 100 000 个居民,每个人对烟火的估价是 5 元,放烟火的成本是 50 000 元。显然,放烟火的收益大于成本,小镇在正月十五放烟火是有效率的。

仅仅依靠私人市场能达到有效率的结果吗?设想该小镇的企业家丙决定举行一场烟火表演。当然,丙举行这场表演不仅仅是为了给乡亲们带来欢乐,而是利用这个机会赚点钱。丙可以考虑挨家挨户去收钱(假定收费的成本为 0),每人 5 元,也可以考虑出售门票。无论是收钱还是售票,丙很快就会遇到麻烦。因为烟火不具有排他性,不用付费也可以享用它所带来的效用,会有许多人不愿意付费,或者隐瞒自己的偏好,压低支付价格。丙最终会发现,筹办这个烟火表演活动是不合算的,丙只好放弃该计划,尽管从社会角度来衡量,为烟火表演活动配置必要的资源是有效的。在这种情况下,市场失灵了。

为什么公共物品会导致市场失灵呢?谜底在于与公共物品非排他性相关的外部性。如果丙举办烟火表演活动,就是给那些不付费的居民提供了一种外部收益,但由于无法做到排他,丙也就无法收费。因此,尽管从社会角度来看是合算的,但从私人角度来看是无利可图的,丙只好做出从社会角度来看无效率的决策。

3. 公共物品的政府提供

上例中,尽管丙做出了不举办烟火表演活动的决定,小镇的居民大可不必为看不到烟火而担心。解决的办法是,当地政府可以雇用丙提供烟火表演,为筹措相应经费,只需向每个人增加 0.5 元的税收即可。结果每个人的福利提高了 4.5 元。

市场在公共物品上的失灵为政府介入提供了依据,但这并不意味着政府应该生产全部公共物品,更不等于政府可以完全取代公共物品,尤其是准公共物品的"市场"。这是因为:第一,政府部门缺乏足够的利润动机,因此,由政府部门来生产会造成投入-产出效率低下;第二,政府生产、经营具有垄断性,导致政府企业缺乏提高效率的压力;第三,据有关研究,政府部门有追求各自预算最大化的倾向,如果由政府部门来生产公共物品,在预算最大化激励下,有可能导致公共物品的过度供给。实际上,人类经常处于这样一种政府与市场的两难选择之中。有时,可以采取一种折中的办法。例如,政府通过招标采购,由私人生产来解决生产效率问题。这意味着政府提供公共物品,未必一定要由政府生产,有时会采用政府与市场结合的办法,以便发挥二者的优势,达到有效的结果。

对于准公共物品,政府通常安排给私人生产,采取的方式主要有以下几种:

第一,授权经营。在一些市场经济国家,政府通常将现有的公共设施委托给私人公司经营,如自来水公司、电话、电台、报纸、供电等。

第二,资助。主要领域是科学技术研究、住宅、教育、卫生、保健、复员军人安置、图书馆、博物馆等。主要形式有优惠贷款、无偿赠款、减免税收、财政补助等。

第三,政府参股。主要应用于桥梁、水坝、发电站、高速公路、铁路、港口、电讯系统等。主要方式有股权收购、国有企业经营权转让、收益风险债券、公共参与基金等。

第四,其他合同形式。政府与企业签订合同提供公共物品是最为普遍的一种形式,主要适应于具有规模经济的自然垄断性产品。例如,政府通过与企业签订合同,允许企业投资建设基础设施,通过若干年的特许经营,收回投资并赚取一定利润,之后再由政府接收该基础设施(这种方式通常简称为 BOT,即建设—经营—转让)。

第五,自愿社会服务。在西方国家,许多公共领域允许、提倡个人和各种社会团体,在法律许可的范围内自愿提供服务。

4. 公共物品的成本补偿

无论是纯公共物品还是准公共物品,生产它都需要花费一定成本,其成本都需要补偿,成本补偿的形式大致有三种。第一种是税收形式。纯公共物品适用这一形式,如国防、立法、新闻等。消费者无须直接支付费用,但以税收的形式间接支付。第二种是价格形式。一部分准公共物品采用这种形式,如邮电、交通、供水、供电、供气等。第三种是补贴加收费形式。一些政府管理的公共物品供应部门,出于公平、社会稳定等因素的考虑,往往采取一种部分由政府补贴,另一部分以较低价格收费的形式补偿成本,如医疗、教育等。

13.3.3 公共资源的过度使用与保护

公共资源不具有排他性,任何人都可以免费使用它,但是它具有竞争性,也就是说,一个人对公共资源的使用,会减少其他人对它的使用。但是,每一个人在做出自己的公共资源利用决策时,并不考虑自己的行为对他人的影响,这在一定条件下会导致资源的过度利用。这一问题我们通常称之为"公地的悲剧"。

设想在一个小镇上,多数家庭都有自己的羊群,他们以此为生。居民的羊都在镇周围的草场上放牧,草场归居民集体所有。草场很大,每一家愿意养多少头羊就可以养多少头羊,不会造成草场退化,也不会对他人造成影响,即该镇集体草场不具有竞争性。小镇居民过着和睦而幸福的生活。

伴随着镇上人口的增加,由于贸易和毛纺工业的发展,羊毛的价格大幅上升,导致小镇公共草场上的羊越来越多,由于土地是固定的,羊的数量已经超出了草场的承载能力,草场开始退化,变得寸草不生。最终羊群消失了,曾经繁荣的羊毛业也消失了,许多家庭失去了生活来源。

为什么会发生这样的悲剧呢?图 13.8 解释了这个问题。假定羊毛市场是充分竞争的,对于小镇居民而言,羊毛价格可以看作外生给定的。随着草场上放牧的羊的数量增加,草场具有了竞争性,从而养羊也就具有了外部性,边际私人成本与边际社会成本发生了分离。养羊的边际社会成本等于边际私人成本加上它所造成的草场质量下降给其他牧民带来的损失。每一家的有效养羊量 F^* 由养羊的边际社会成本等于边际收益那一点决定。

但是,在草场集体共有这样一种产权安排下,每个家庭做决策时,并不考虑他的羊所带来的负的外部成本,而只考虑自己的私人成本,按照个人利益最大化原则,每一家选择的养羊量将为 F_C,大于有效的养羊量。解决这一问题有许多可供选择的办法,例如,可以通过征税把外部性内部化,或者拍卖有限量的养羊许可证等。也可以将草场分给每个家庭,每个家庭用栅栏把自己的土地圈起来,以防止过度放牧。当然,实施这样一种办法的前提是产权保护的成本较低。

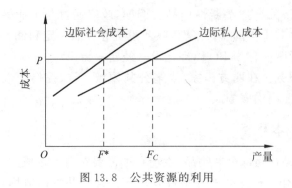

图 13.8　公共资源的利用

课程思政专栏

市场失灵与有为政府

市场经济本质上就是市场决定资源配置的经济。但即使是以西方发达市场经济为研究对象的微观经济学，也承认市场不是万能的，市场也有外部性即所谓市场失灵，因此也承认政府通过微观经济政策校正市场缺陷的必要性。我国实行的是社会主义市场经济，在肯定市场在资源配置中起决定性作用的同时，还强调更好发挥政府作用。改革开放以来，我国的经济增长取得了举世瞩目的成就，这些成绩除了与社会主义市场经济的活力密切相关，也离不开中国政府应对市场失灵的种种政策努力。

党的十八大以来，面对纷繁复杂的内外部环境，以习近平同志为核心的党中央坚持全面深化改革，创新经济治理方式，不断完善社会主义市场经济体制，经济社会发展取得历史性成就、发生历史性变革，中国特色社会主义焕发出强大生机活力。党的十八届三中全会提出，要发挥市场在资源配置中的决定性作用，并更好发挥政府作用。习近平总书记指出："准确定位和把握使市场在资源配置中起决定性作用和更好发挥政府作用，必须正确认识市场作用和政府作用的关系。政府和市场的关系是我国经济体制改革的核心问题。党的十八届三中全会将市场在资源配置中起基础性作用修改为起决定性作用，虽然只有两字之差，但对市场作用是一个全新的定位，'决定性作用'和'基础性作用'这两个定位是前后衔接、继承发展的。使市场在资源配置中起决定性作用和更好发挥政府作用，二者是有机统一的，不是相互否定的，不能把二者割裂开来、对立起来，既不能用市场在资源配置中的决定性作用取代甚至否定政府作用，也不能用更好发挥政府作用取代甚至否定市场在资源配置中起决定性作用。"

有为政府可以激发市场活力。虽然我国社会主义市场经济体制已经初步建立，但仍存在不少问题，主要是市场秩序不规范，以不正当手段谋取经济利益的现象广泛存在；生产要素市场发展滞后，要素闲置和大量有效需求得不到满足两者并存；市场规则不统一，部门保护主义和地方保护主义大量存在；市场竞争不充分，阻碍优胜劣汰和结构调整；等等。这些问题不解决好，完善的社会主义市场经济体制是难以形成的。市场作用和政府作用是相辅相成、相互促进、互为补充的。要坚持使市场在资源配置中起决定性作用，完善市场机制，打破行业垄断、进入壁垒、地方保护，增强企业对市场需求变化的反应和调整能力，提高企业资源要素配置效率和竞争力。发挥政府作用，不是简单下达行政命令，要在尊重市场规律的基础上,用改革激发市场活力,用政策引导市场预期,用规划明确投资方向,用法治规范市场行为。

有为政府也是经济安全的重要保证。在国内外环境不稳定性、不确定性增加的背景下,还须完善政府风险防控职能,增强宏观经济预警和应急处置能力,确保国家重要产业、基础设施、战略资源、重大科技等关键领域安全可控。党的十八大以来,习近平总书记多次对产业链、供应链安全稳定作出重要指示,强调"要把增强产业链韧性和竞争力放在更加重要的位置",着力构建自主可控、安全高效的产业链供应链""粮食、能源、重要资源上要确保供给安全,要确保产业链、供应链稳定安全"。习近平总书记在党的二十大报告中指出,"着力提升产业链供应链韧性和安全水平"。构建自主可控、安全高效的产业链、供应链,同样离不开政策配套安排与国有企业作为。

复习思考题

计算题

(1) 一种产品有两类生产者在生产,优质产品生产者生产的每件产品值 14 美元,劣质产品生产者生产的每件产品值 8 美元。顾客在购买时不能分辨优质产品和劣质产品,只有在购买后才能分辨,如果消费者买到优质产品的概率是 p,则买到劣质产品的概率为 $1-p$。这样,产品对于消费者的价值就是 $14p+8(1-p)$。两类生产者的单位产品生产成本都稳定在 11.50 美元,所有生产者都是竞争性的。

① 假定市场中只有优质产品生产者,均衡价格应是多少?

② 假定市场中只有劣质产品生产者,均衡价格将是多少?

③ 假定市场中存在同样多的两类生产者,均衡价格将是多少?

④ 如果每个生产者能选择生产优质产品或劣质产品,前者单位成本为 11.50 美元,后者单位成本为 11 美元,则市场价格应是多少?

(2) 苹果园附近是养蜂场,以 A 表示苹果产量,以 H 表示蜂蜜产量,果园和蜂蜜场的生产成本分别为 $C_{a=A}^2/100-H$,$C_h=H^2/100$。已知苹果的价格为 3 元,蜂蜜的价格为 2 元。

① 如果苹果和蜂蜜独立经营,苹果和蜂蜜产量各为多少?

② 如果果园和蜂场合并起来,产量各为多少?

③ 对社会说来,蜂蜜最佳产量是多少?如它们分开经营,为引导蜂场生产最佳产量,对蜂蜜的价格补贴应该是多少?苹果园愿不愿提供这一补贴?

(3) 在路易斯安纳阿特卡法拉雅流域生长着大量的龙虾,需求曲线为:$P=0.401-0.006\ 4F$,边际社会成本为:$MC_s=-5.645+0.650\ 9F$,边际私人成本为:$MC_p=-0.357+0.057\ 3F$,式中 F 代表捕捉量,单位为百万磅,C 代表每磅的边际成本,P 代表价格。假定没有进入限制,试求:

① 实际捕捉量;

② 有效捕捉量;

③ 自由进入带来的社会福利损失。

分析题

(1) 请解释保险市场上逆向选择与道德风险的区别。

(2) 外部效应怎样影响资源配置?

课堂自测

第 14 章

公 共 选 择

以上各章的内容表明经济学是一门关于选择的学问,但迄今为止,我们所研究的都是市场上的选择,这种选择又称为私人(或个人)选择。市场失灵意味着私人选择的结果并不总是最优的,在这种情形下,往往以另一种选择形式,即公共选择取而代之。本章将研究公共选择的一些基本性质及其所带来的问题。本章的研究结果表明,以公共选择替代私人选择,只不过是以一种不完善的选择方式替代另一种不完善的选择方式,人类在公共选择领域仍处于一种两难境地。

14.1 集体选择与阿罗的不可能性定理

14.1.1 私人选择与集体选择

到目前为止,我们所研究的市场选择,即消费者和厂商的选择,统称为**私人选择**(Private Choice)。以消费者选择为例,私人选择具有如下特征:

第一,消费者具有一个定义良好的偏好。

第二,选择是自愿的,其结果完全由消费者自己决定。

第三,消费者是理性的,其选择是以个人效用最大化为目标的,消费者具有完全信息及无限的信息处理能力,从而可以计算出自己的最优选择。

第四,消费者的选择用"货币投票",受预算约束。

但是,私人选择的结果并不总是理想的。例如,在存在外部性和公共物品的场合,如前所述,从社会的角度来看,私人选择的结果就是无效的。在私人选择失效时,需要有其他选择方式来替代,这就是集体选择。集体选择具有如下不同于私人选择的特征:

第一,经济主体用"手"投票,而不是用"货币"投票。

第二,选择结果并非完全由单个主体所决定,因而选择结果对于部分人而言有可能是强制的。

我们在许多场合都采用集体选择。如一项家庭事务、一次同学之间的集体出游,可能都会采用集体选择方式来做出决定。但是公共选择理论感兴趣的只是那些涉及政府行为的集体选择,特别是与外部效应的管理和公共物品的供给相关的集体选择。这种集体选择通常又称为**公共选择**(Public Choice)。下面我们统一使用"公共选择"这一术语。

公共选择可以看作在一系列可行的社会状态之间的集体选择,第 7 章中的社会福利函数以及与其相关的一些公平标准为公共选择提供了有用的工具。但是,这些工具仅仅是一些概念工具,通常对实际选择并不能提供什么指导。实际的公共选择通常通过投票来进行,投票的过程实际上可以理解为显示社会偏好的过程。通过投票这样的程序所显示的"社会偏好"是否能够完全反映所有个人偏好,是否能够像前面我们所研究的私人偏好那样,具有"合理"的性质,这是阿罗定理所研究的问题。

14.1.2 阿罗定理

假设社会有三种状态,分别记为 A、B、C,社会中有两个人——甲和乙。甲认为 A 比 B 好,B 比 C 好,分别记为 AP_1B(对于甲,A 比 B 好),BP_1C(对于甲,B 比 C 好)。假定甲是理性的,因此,对于甲而言,A 一定比 C 好,即 AP_1C。乙认为 C 比 A 好,A 比 B 好,分别记为 CP_2A(对于乙,C 比 A 好),AP_2B(对于乙,A 比 B 好)。假定乙是理性的,因此,对于乙而言,C 一定比 B 好,即 CP_2B。阿罗(Arrow)定理表明,这三种状态的社会合理排序并不存在。

阿罗定理首先要解决的问题是,什么是合理的社会偏好。在上述案例中,这一问题即什么是 A、B、C 的合理社会排序。阿罗首先假定了从表面上看社会偏好应该服从的 5 个无可非议的公理。

第一,所有的社会状态一定可以排序。即对于任意两种社会状态 A、B,APB(A is preferred to B——A 比 B 好)、BPA(B is preferred to A——B 比 A 好)、AIB(A is indifferent from B——A 与 B 等价)三种状态必有一种情况成立。

第二,社会排序一定是可传递的。即如果 APB、BPC 成立,APC 一定成立。

第三,排序与个人偏好正相关。就上述案例而言,即如果甲与乙一致认为 APB,则 APB;没有与个人偏好无关的排序。

第四,如果出现新的可行社会状态,不应该影响起初的社会状态排序,即如果起初有 APB 成立,现在出现了新的可行社会状态 D,APB 依然成立。

第五,不存在独裁,或者说,个人不能把自己的偏好强加于社会。

阿罗证明,尽管上述 5 个条件从表面上看都是合理的,但并不存在同时服从上述 5 个条件的一般社会关系,即社会偏好并不总是同时具有上述 5 个性质。此即**阿罗定理**(Arrow Theorem),也叫作阿罗不可能性定理(Arrow's Impossibility Theorem)。从甲与乙对 A、B、C 的偏好中,我们可以看到,在社会偏好中,上述 5 个性质之间的确存在着不一致。

甲和乙都喜好 A 甚于 B,即 AP_1B、AP_2B,因此,根据公理 3,应该有 APB 成立。由于 BP_1C、CP_2B,所以社会在 B、C 之间一定是无差异的,即 BIC。根据传递性公理 2,由 APB、BIC 可以推导出 APC 成立。但是,由于 AP_1C、CP_2A,所以 APC 违背了非独裁性公理 5。尽管这个例子是虚构出来的,但是它确实表明,在把个人偏好通过某种形式加总以形成社会偏好时存在着问题。

公共选择理论的许多研究,集中在阿罗的基本结论,以及对阿罗定理的基本假定(或者说公理)进行修改以消除假定之间的不一致。研究结果表明,这种不一致是难以消除的。这意味着期望社会选择同时具有理性、公平、确定的性质,是不切实际的。妥协是不可避免的,至于在哪里进行妥协是一个难度很大的规范问题。

尽管阿罗定理预示着公共选择可能是人类非常艰难的选择,但是人类的公共选择并没有因此而停滞。实际上,所有的社会都天天在做着这样的选择。人代会在讨论、通过法律草案;计生委在研究改进计划生育的措施;人力资源和社会保障部在制定社会保障制度。因此,我们下面不再研究什么是社会最优的决策方式这样的规范问题,而是集中研究现实中人们是如何做出社会选择的。

14.2 直接投票与资源配置

14.2.1 多数原则与投票悖论

投票决定是公共选择最常用的一种方式。投票决定的原则不是唯一的。我们通常见到的有:一致同意原则,即一项行动方案,只有所有参与者都同意,或者至少没有人反对时,该方案才能实施;多数同意原则,即行动方案只有在所有参与者中半数或半数以上同意,才能实施。除了上述两种投票原则之外,还有加权投票规则以及否决投票原则等。这里我们仅研究其中的多数投票原则,因为现实生活中的公共选择大都是按照多数原则进行的。

在美国国会,必须有60%以上的人投票同意才能限制对有争议的问题进行辩论;而对于美国宪法,至少2/3州投票同意,宪法修正案才能成为法律。由此可见,多数投票原则也是多样化的。针对某一具体情况,采用多大的比例才能最优,这是一个重要的问题,但我们在这里并不打算对此进行讨论。我们这里所要研究的是多数投票原则可能带来的结果的性质。

法国社会学家 M. 孔多塞(Condorcet)发现,多数投票原则可能带来这样一个问题:不存在均衡或者均衡与当事人的偏好无关。为了说明这一问题,我们来看一个简单的例子。假设关于某公共物品的供给有三个方案——A、B、C;有三个投票人——甲、乙、丙;投票原则是一人一票,超过半数通过。对于 A、B、C 三个方案,甲的偏好是 AP_1B、BP_1C、AP_1C,乙的偏好是 BP_2C、CP_2A、BP_2A,丙的偏好是 CP_3A、AP_3B、CP_3B。

如果我们假定三个人同时对三个方案进行投票,每人只能选择一个方案,那么甲、乙、丙会分别选择各自最喜欢的方案,结果是方案 A、B、C 各得一票,没有一个获得过半数的支持,这就是说均衡不存在。如果选择的程序是,选择先在 A、B 之间进行,中者再与 C 比较。那么,在 A、B 之间,甲和丙都选择 A,结果 A 被选中;而在 A、C 之间,乙、丙都选择 C,最终的结果是 C 被选中。如果选择程序是,选择首先在 A、C 之间进行,选中者再与方案 B 比较,可以证明最终被选中的方案是 B。如果选择程序是,选择首先在 B、C 之间进行,中者再与 A 比较,可以证明最终被选中的方案是 A。由此,我们看到另一种现象:尽管存在均衡,但均衡不是唯一的,并且均衡取决于投票程序,与偏好无关。如果我们排出社会偏好的次序,我们会发现 APB、BPC、CPA 等这样的周期循环。这种现象通常称为**周期多数现象**或**投票悖论**(Voting Dilemma)。

14.2.2 单峰偏好和中间投票人定理

投票悖论的产生源于投票人偏好的不可调和性。D. 布莱克(D. Black)发现,如果对偏好的类型加以限制,可以导致合理的均衡结果出现。关于这种可能性,布莱克给出了一个基本结论,即如果问题是一维的(如在某公共物品上花多少钱等),并且投票人的偏好是单峰的,那么均衡就会出现。为了简单说明这一结论,我们再来看看上一个例子。

为了形象生动起见,我们用横轴代表可供选择方案的某一特征(如在公共物品上的投入水平等),假定这一特征可以度量,那么就可以按照特征测度的大小将方案在横轴上排序,就甲、乙、丙的例子而言,方案在横轴上的排序如图 14.1 所示。纵轴代表方案给当事人带来的效用。甲、乙、丙三人的偏好如图 14.1 所示。

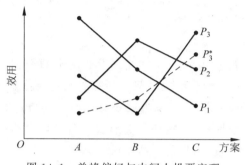

图 14.1 单峰偏好与中间人投票定理

图 14.1 中,曲线 P_1、P_2、P_3 分别显示了上例中甲、乙、丙的偏好。甲、乙的偏好曲线 P_1、P_2 具有如下性质:曲线如同只有一个顶峰的高山。这意味着曲线或者只有一个坡面,或上坡面,或下坡面;如果有两个坡面,则先上坡面,后下坡面。当然,单峰不可能有三个坡面。我们把具有这种性质的偏好称为**单峰偏好**(Single-peaked Preference)。用代数语言来表达,单峰偏好是指投票人的"效用函数"只有一个极大值点(这里把可选方案视为"消费品",投票人视为消费者。极大值点包括边界极大值点在内)。我们从图 14.1 中可以看到,丙的偏好不具有上述性质,所以不是单峰偏好。

正是由于丙的偏好为非单峰偏好,才导致了均衡的周期循环现象。如果丙的偏好是单峰偏好,由曲线 P_3^* 表示。那么,无论投票先在哪两个方案之间进行,最终的结果都是 B 战胜 A、C 而成为最终的选择。这样就产生了一个唯一的均衡选择,消除了周期多数循环现象。

比较一下 3 个人的偏好顺序我们就会发现,丙和甲虽然都认为 B 是中间方案,但他们对 A、C 的评价大相径庭:甲认为 A 是最佳方案,C 是最差方案;丙则相反,视 C 为最佳方案,A 为最差方案。而乙的偏好处于丙与甲两种极端情形的中间地段,认为 B 是最佳方案,A、C 都比 B 差。最终公共选择结果与其作为中间选民的最佳偏好一致。这种均衡结果与中间选民的最佳偏好一致的现象称为**中间投票人定理**(Median Voter Theorem)。

14.2.3 投票交易

公共选择问题通常并非一维的,选民的偏好也往往不是单峰的,这时就不会出现中间投票人定理所预示的唯一均衡结果,并且为投票人之间的交易创造了空间。投票交易通常包括以下两种情形:一是投票人在确信能得到足够的补偿之后,投票赞成于己不利或于己无关的方案;二是互投赞成票,即参与投票交易的双方,在投票于自己最为偏爱的方案的同时,互投对方最为偏爱、己利害关系不大的方案,以使双方最为偏爱的方案都能获得通过。如表 14.1 所示,A、B 分别代表两个方案,甲、乙、丙分别代表 3 个投票人,表中数字分别代表对应于不同方案各投票人所获得的支付。假设投票采用简单多数原则,那么,甲、乙很可能联合起来,互投赞成票以使两个方案都获通过。

表 14.1 互投赞成票——当事人总福利增进　　　　　　　　　(单位:元)

方　案	净　获　益			净获益总额
	甲	乙	丙	
A	200	−50	−55	95
B	−40	150	−30	80

互投赞成票意味着各投票人对不同方案的偏好程度存在着较大差异,它使得在过半数原则下本该遭到否定的方案因相互捧场而得以通过。如表 14.1 中所描述的例子,若无互投赞成票,两个方案将皆遭否决。互投赞成票总是给交易者带来福利的改善,与此同时,给交易的局外人带来负的外部性,即福利损失。互投赞成票对社会总福利的影响取决于个人福利改善与损失的比较,就表 14.1 中的案例而言,互投赞成票带来了社会总福利的改善。当然这种改善不具有帕累托改进的性质。

但是,互投赞成票并非总能带来社会总福利的增加。如果我们对上例中支付矩阵改造一下,如表 14.2 所示,假定甲、乙互投赞成票,以使 A、B 都获通过,结果两人福利都获得改善,但改善程度低于丙的福利损失,致使社会总福利减少,造成多数压迫少数的现象。由此可见,互投赞成票既涉及社会总福利水平的改善与恶化,也涉及公平问题。

表 14.2 互投赞成票——当事人总福利减少　　　　　　　　　(单位:元)

方　案	净　获　益			净获益总额
	甲	乙	丙	
A	200	−100	−105	−15
B	−40	150	−120	−10

14.3　代议制政府

14.3.1　政党理论

1. 政治纲领与公共物品需求

西方通行的是代议民主制,这种制度的特征是个人并不直接为政策投票,而是首先投票选举候选人,当选的候选人再在立法体系中就其偏好的政策进行投票。这些候选人通常被称作议员或者政客。他们对公共政策的偏好取决于许多因素,如当选的愿望,特殊利益集团的游说,政治信念与道德观,追求权利、地位、金钱、声誉的欲望等。其中,最为重要的是当选的愿望。

在选举前,每一个候选人都会宣布他的施政纲领,即一揽子"公共物品"提供计划。出于强烈的当选愿望,他们必须与大多数选民在立场上保持一致,因此,如果可能的话,他们会制定一系列反映大多数选民愿望的政策。就此而言,政治家不是为了制定政策而去争取赢得选举,而是为了赢得选举而制定政策。在政治家与选民的关系中,我们可以把政治家视作"公共物品"的供给者,而把选民看作"公共物品"的消费者。选民投票给政治家,实质上就等于间接投票给政治家的施政纲领所允诺提供的"公共物品"。选民对公共物品的需求决定政治家的政治纲领,即公共物品供给清单。

如果竞选纲领所含"公共物品"是单维度的,选民的偏好呈单峰分布,竞选人为两个,则竞选结果符合中间人投票定理。为了赢得选举,候选人会竭力使自己的观点向中间靠近。但是,现实中的竞选纲领所含的"公共物品"清单总是多维度的,包括许多议题,并且偏好也可能呈多峰分布,这样就会出现选民联合及周期循环现象。

表 14.3 表明,如果两个公共物品议案单独决定,则提出政纲 A 和 C 的候选人获胜。但如果结成一个二维议案同时决定,则有可能出现投票交易。例如,甲投票赞成 D 议案以换取乙投票赞成 B 议案,则提出政纲 B 和 D 的候选人获胜;如果丙投票赞成 D 议案以换取乙投票赞成 A 议案,则提出政纲 A 和 D 的候选人获胜。如此下去,随着投票交易组合的不同,提出 A 和 C 以及 B 和 C 的候选人都可能获胜。这样就出现了循环。当然,循环不可能出现在一次选举中,而是出现在多次选举中。

表 14.3 多维度公共选择 (单位:元)

方 案		净 效 用		
		甲	乙	丙
公共物品 P_1	A 议案	10	60	80
	B 议案	90	40	20
公共物品 P_2	C 议案	60	10	60
	D 议案	40	90	40
政纲	政纲 A 和 C	70	70	140
	政纲 B 和 D	130	130	60
	政纲 A 和 D	50	150	120
	政纲 B 和 C	150	50	80

本案例还意味着,每一个候选人都很难甚至可以说完全不可能制定出一个能够击败其他所有政纲的多维政纲。

2. 选举规则与政党数目

公共选择理论认为,政治中存在多少政党,与选举规则有很大关系。威廉·莱克(Riker W. H)认为,在多数制下,如果一个选区只选举一个代表,或者获得多数票的政党赢得全部代表名额,则会导致两党民主制,或者促进党派合作形成两个党派联盟。这是因为在这种情形下,每个党派必须争取半数以上的支持。在两个大党之外,其他小党派很难获得足够的支持,时间一长,它们要么消失,要么与某一大党合并或联合。故最终将出现两个规模相当的大党。对于威廉·莱克的结论，塔洛克(Tullock G.)做出了修改。塔洛克发现，在实行过半数规则和一区一票制的国家，一个选区内常常只出现两党，但在国家范围内有可能存在两个以上的有竞争力的党，因为在一个选区内因规模小而自动消失的党，有可能在另一选区获胜。

如果选举实行比例代表制，即每个选区有多个代表，获选票数量居前者当选，或参选各政党根据各自获票的多少分配议席，议席数与所获选票总数成正比。这种选举规则容易产生多党制，而政府更可能由多数党派或几个党的联盟组阁。按照这一规则，选举出的代表或议员将会广泛代表不同阶层利益，不会出现由中间投票人定理导致的议员集中代表中间人利益的现象。因为如果全部 n 个候选人都集中反映中间人利益，他们只能预期获得 $1/n$ 的选票，而偏离中间位置去反映其他阶层的利益，则可能获得更多的选票。因此，会有不同的候选人去代表其他各阶层的利益。但是，尽管在比例代表制下，各阶层在议会中都有自己的代表，但公共选择的最终结果还是反映议员中中间投票人所代表的那一阶层的利益。

14.3.2 利益集团

利益集团(Interest Group)是指那些由少数有共同利益尤其是有共同经济利益的投票人组成，力图影响公共政策的组织。集团的活动主要是进行政治游说，以争取通过有利于全体集团成员的立法或政策。对于集团成员而言，游说活动想要得到的结果是公共物品，有利于他们自己。但对于社会成员而言，游说结果是集团的私人物品，只对集团成员有利，尽管有时也会给集团外部成员带来正的外部性，但通常更多的是负的外部性。

奥尔森(Olson M.)将利益集团分为三类，即特权集团、中级集团和潜在集团。特权集团的规模较小，其某些成员甚至全部成员都有动机承担游说活动的全部成本，以为集团成员提供公共物品。中级集团的规模要比特权集团大一些，其任何成员都不能从集团的公共物品中获得足够的刺激去单独进行游说活动以提供公共物品。但是成员之间能够相互注意到彼此的行为，能识别别人是否为公共物品的提供尽了力。因此，在这种集团中，成员之间可以相互监督对方，通过允诺、威胁等而达成合作协议，保证公共物品能够提供出来。潜在集团是三种集团中规模最大者，因而不能提供足够刺激以促使个人参与生产属于集团全体成员的公共物品，但是共同的利益使他们具有组成一个集团进行政治游说活动的可能性。至于这种潜在可能性能否成为现实，则取决于种种条件。其中，促使潜在集团有可能成为现实的因素之一就是"选择性刺激"。选择性刺激是一种奖惩机制，它可正可负：正"选择性刺激"是一种收益，具有排他性，它只提供给那些对公共物品的生产做出贡献的人，如消费者协会只为自己的成员服务等；负"选择性刺激"是一种惩罚，它专门施加于那些不参与公共物品提供的人，例如，工会采取种种方法使非工会会员受损失等。通过这样的刺激，可以使得潜在利益集团成为现实利益集团。

迈克林(Mclean I.)对奥尔森的理论提出了异议。在迈克林看来，在特权集团中并不像奥尔森所说的那样，部分甚至全部成员都愿意承担公共物品生产的全部成本，更有可能的是每个成员都希望别人生产公共物品而自己搭便车，即采取一种策略行为。迈克林还认为，对于有些公益性游说，应从利他主义的角度来解释。利他主义包括善行利他主义和参与性利他主义。善行利他主义是指，一个人认为公益性游说的结果价值极大，惠及全社会，因而他愿意参与。参与利他主义是指一个人认为参与公益性游说是应该的,不管它是否影响结果,都能从中得到满足。

迈克林认为,游说作用的大小取决于政治家的反应。政治家既关心利益,也关心选票。关心选票一般意味着要疏远利益集团,关心利益则往往意味着要与利益集团合作。因此,游说力量的大小不能一概而论,要视具体情形而定。有时选票的力量大过游说的力量,如美国1980年通过的《反托拉斯法》和1970年通过的《净化空气增补法案》,都惠及整个社会,与此同时,在一定程度上不利于那些由部分企业构成的利益集团。有时游说力量又会战胜选票力量,例如,1824年通过的《关税法》和1930年通过的《斯默特-哈雷关税法》,二者都利于生产者而不利于消费者。

14.3.3　寻租

1. 寻租活动及其种类

政治往往与经济联系在一起,政治活动中的权力因素常常直接介入经济活动中,影响经济当事人的成本与收益。因此,很多人和组织,尤其是利益集团为了利用政府权力谋取私利的最大化,常常通过游说、贿赂等活动来争取获得政府特许(如垄断经营某些产品、垄断使用某些物资等)或其他任何方面的政府庇护以及有利于自己的政府干预,以保证按照自己的意愿生产,防止他人对其活动进行侵犯,获取高于甚至远远高于没有政府权力介入时所能够获得的利润水平。我们通常把租金视作某一资源所获得的高于其机会成本的收入。上述活动可以说就是一种寻求租金的活动,我们通常称之为**寻租**(Rent Seeking)。

有很多领域都可以寻租:棉纺业主可以要求配额与关税保护;航空业可以要求政府管制,阻止更多厂商进入;农场主可以要求政府批准一项农产品支持价格;工会可以要求政府通过最低工资法;等等。一般而言,我们可以将寻租活动分为三类:一类是为了获取垄断地位而进行的寻租,例如,争取政府对某未管制行业进行管制;一类是为了维持已获得的垄断地位而进行的寻租,如出租车行业要求政府维持既定出租车牌照数量,防止新来者侵蚀租金,这类活动又称为护租;还有一类是防止他人寻租对自己造成损害而进行的寻租,如烟草行业想方设法防止他人游说政府对本行业增加税收,以维持高额利润,这是一种反寻租,又称为避租。

寻租活动不仅影响经济效率,也影响收入分配的公平性,在很大程度上可以看作"看得见的脚"对"看不见的手"的践踏。

2. 寻租的社会成本

寻租带来的社会成本主要由三部分构成。

首先是消费者剩余的损失。寻租的结果通常是垄断,我们知道垄断会导致资源配置扭曲,即偏离相对有效配置的水平,垄断的一般结果是更低的产量和更高的价格。结果是消费者剩余减少,减少的一部分为生产者占有,但生产者占有的这一部分小于消费者损失的剩余,二者之差即社会净损失。

其次是寻租活动本身花费的资源。为了获得经济租金,厂商必须向政府展开各种公关活动,如雇用有才能的律师、社会活动家向国会游说等。与此同时,政府部门工作人员也要花费时间和精力去反游说、反贿赂等。花费的这些资源不会创造任何价值,因此构成社会福利净损失。

最后,经济寻租往往导致政治寻租,政治寻租活动也要花费资源。贿赂是政治寻租者通常采用的手段,这样又会鼓励一些政府工作人员为了获取这类贿赂,想方设法获取政治权力,如争取成为一名税务官或海关官员,这就是政治上的寻租。政治上的寻租同样耗费资源,这些资源同样是非生产性的,所以是一种社会浪费。

正是因为寻租导致资源浪费和效率损失,所以有的经济学家把寻租活动又称为直接非生产性活动。

3. 寻租的分配效应

寻租不仅造成浪费,也会引起收入再分配。在寻租活动中,消费者因支付更高的价格消费更少的商品而受损;不成功的寻租者因花费了资源却一无所获而受损;一些厂商也会因其他厂商寻租成功而受损,如农场主寻租成功,结果由政府出面强制降低农用机械的价格,导致生产农用机械的厂商受损。寻租的受益者不仅包括寻租成功的利益集团,还包括政府、政府工作人员以及具有寻租才能的律师、经济学家以及院外活动家等。受益者与受损者的不一致意味着寻租具有收入再分配的作用。我们几乎可以断定,这种收入再分配一般是有害无益的。

至此我们看到,公共选择面临着阿罗悖论、中间投票人定理、投票交易、寻租等问题,这些问题往往是难以消除的,并且会带来资源配置的扭曲和分配不公等。所以,在市场失灵领域,以公共选择取代私人选择,或者说,以政府替代市场,只不过是两害相权取其轻罢了。

复习思考题

分析题

(1) 说明阿罗定理及其含义。
(2) 说明中间投票人定理及其带来的问题。

课堂自测

教师服务

感谢您选用清华大学出版社的教材！为了更好地服务教学，我们为授课教师提供本书的教学辅助资源，以及本学科重点教材信息。请您扫码获取。

➤ 教辅获取

本书教辅资源，授课教师扫码获取

➤ 样书赠送

经济学类重点教材，教师扫码获取样书

 清华大学出版社

E-mail: tupfuwu@163.com
电话：010-83470332 / 83470142
地址：北京市海淀区双清路学研大厦 B 座 509

网址：https://www.tup.com.cn/
传真：8610-83470107
邮编：100084